Armin Thun

Entlassung aus der Lüge

Diktatur, Manipulation, Flucht –
Hintergründe des Exodus aus der DDR

Dresden, Stuttgart 1989 / 2019

FSC
www.fsc.org
MIX
Papier aus verantwortungsvollen Quellen
Paper from responsible sources
FSC® C105338

Bibliografische Information der Deutschen Nationalbibliothek:
Die Deutsche Nationalbibliothek verzeichnet diese Publikation in der Deutschen Nationalbibliografie; detaillierte bibliografische Daten sind im Internet über http://dnb.dnb.de abrufbar.

Herstellung und Verlag:
BoD – Books on Demand, Norderstedt
ISBN 9783748193920

Meinem Vater,
der mich stets selbst nach Wahrheit suchen ließ

Inhaltsverzeichnis

Die sozialistische Scheinwelt

Vorwort 2019

Vor 30 Jahren war das Interesse an dem, was sich gerade erst in der DDR zugetragen hatte, im Westen Deutschlands, den ich im August 1989 erreichte, erschreckend gering. Die deutsche Wiedervereinigung, die eigentlich ein Anlass gewesen sein müsste, sich mit diesen Dingen auseinanderzusetzen, bewirkte das Gegenteil. Das Manuskript verschwand im vielzitierten „Schubfach".

Die aktuellen Ereignisse in Deutschland veranlassen mich, einen neuen Versuch zu wagen. Als Zielgruppen sehe ich folgende, ohne jedoch mit dieser Aufzählung irgendjemanden ausschließen zu wollen oder der Reihenfolge der Aufzählung eine Bedeutung zuzumessen.

Erstens denke ich an jene nun schon etwas älteren Menschen, die die Entwicklung in den letzten Jahren der DDR bewusst miterlebt hatten. Ich selbst war beim erneuten Lesen des Manuskriptes erstaunt über die beschriebenen Sachverhalte im zweiten Teil. Wie schnell wird vergessen! Fast will man es nicht glauben – sollte es wirklich so gewesen sein? Jeder, der bewusst und kritisch in der DDR gelebt hat in dieser Zeit, der also bereit war, die Dinge auch *zu sehen*, die sich um ihn herum abspielten und *die mit ihm geschahen*, wird erkennen: Nichts von dem, was im vorliegenden Buch beschrieben wird, ist übertrieben oder unwahr. Genau so unfassbar, wie es sich heute liest, ist es damals gewesen. Nichts ist übertrieben, und eigentlich möchte ich sagen: Übertreibungen sind gar nicht möglich, so abgrundtief war der Sumpf.

Die zweite Gruppe mögen jene sein, die „keine Ahnung haben, wie das damals im Osten war", sich aber dafür interessieren. Mir sind „im Westen" immer wieder Menschen begegnet, die sich entweder keine Vorstellung machen konnten, weil sie einfach nichts wussten, oder aber völlig falsche Vorstellungen hatten, weil sie falsch informiert waren. Darunter waren Menschen jeden Alters, vor allem aber Jüngere.

Drittens hoffe ich auf das Interesse jener, die für das, was sich heute in vielen Ländern der Welt formiert – auch in Deutschland gibt es wieder Ansätze dazu – ein allgemeingültiges Muster suchen. Der Philosoph Isaiah Berlin sagte:

Verstehen heißt, Muster zu erkennen.

Wer diesen Satz gut findet, ist eingeladen, sich das Vorliegende zuzumuten. Obwohl heute „alles ganz anders ist", ist es doch zum wiederholten Mal alles nichts Neues. Darum muss es jetzt heißen, wachsam zu sein. Dazu darf George Santayana zitiert werden:

Jene, die sich nicht erinnern können, sind dazu verdammt, die Vergangenheit zu wiederholen.

Das Geschichtliche der DDR liegt in der Vergangenheit. Es kann in seiner Spezifik heute noch bedeutsam sein für Menschen, die selbst betroffen waren oder die sich einfach nur dafür interessieren, wie es damals war, aber in seinem Muster hat es Bedeutung für die Gegenwart – und für jeden.

Es mag leider noch immer weit hergeholt erscheinen, das Thema *Erziehung* mit der gesellschaftlichen Situation in der DDR zu verbinden. Das liegt daran, dass *Erziehung* bis heute nichts an Ehrenhaftigkeit verloren hat, dass immer noch der alte Ungeist herrscht, den eine Gruppe von Menschen in den 1980er Jahren aufzuklären versuchte. Die Überlegungen hierüber gehören nicht ins

Schubfach der Nebensächlichkeiten. Sie sind hochaktuell, ausgesprochen wichtig, und die Auseinandersetzung mit ihr gehört auf die Tagesordnung der Gegenwart. Zum einen liegen hier die Antworten auf drängende Fragen im Sinne der oben erwähnten Muster, zum anderen zeigt die Gegenwart in erschreckender Form, wie die beschriebenen Prozesse erneut in Gang geraten, wie sich erneut geistige Unfreiheit ausbreitet.

Deshalb soll die vierte Zielgruppe nicht vergessen werden genannt zu sein: Ich sehe sie in all jenen, die denken *wollen.*

Einem Missverständnis möchte ich noch an dieser Stelle vorbeugen: Trotz der Kritik, die das Bildungswesen er DDR in diesem Buch erfährt, muss ich nach 30 Jahren „West-Erfahrung“ feststellen: Natürlich machte die ideologische Indoktrination es unerträglich. Aber die Solidität des Gelehrten findet sich im neuen Deutschland nicht. Und wenn dies das einzige Lob ist, das auszusprechen ist: Die DDR hätte in Pisa besser abgeschnitten als das bundesdeutsche Bildungswesen. Aber das ahnte ich vor 30 Jahren noch nicht. So erscheint mir die Leistung der Lehrer von damals heute umso größer angesichts der politischen Verseuchung, mit der sie zurechtkommen mussten. Ihnen gilt also auch mein Dank.

Wenn die Frage aufkommen sollte, warum in der Abfolge der Stationen im Leben ein Kapitel über die Ausbildung an Berufsschulen fehlt, so sei gesagt, dass hier dieselben Schemata vorlagen wie anderswo. Meine persönliche Biografie enthält diese Station nicht. Ihre Details wären das Einzige gewesen, was nicht aus erster Hand hätte kommen können.

Weiterhin möchte ich vor einem Irrtum warnen. Im Westen klingt es nicht selten an, dass die Menschen der

DDR sich ihr Schicksal selbst bereitet hätten. Dies ist ein böser und falscher Gedanke. Die innerdeutsche Grenze als Folge der Besatzung durch die Siegermächte des Zweiten Weltkriegs richtete sich nicht nach einem Menschentypus – welch abstruse Idee! Maßgeblich für die Entwicklungen in der DDR war ausschließlich die Installation der Diktatur. Deshalb muss die Geschichte uns lehren, jeden Ansatz der Schaffung einer Diktatur zu verhindern. Der Grundstein von Diktaturen wird mit der Unfreiheit des Denkens gelegt. Diese Unfreiheit greift bereits wieder in erschreckendem Maße um sich. Und die Gegenwart zeigt, dass ein gutes Grundgesetz allein nicht hinreichende Sicherheit bietet.

In der vorliegenden Fassung habe ich im ersten Teil Namen abgekürzt, im Kapitel 7 des 2. Teils einige Namen ganz entfernt. Die tatsächlichen Personen sind für die Darstellung der Hintergründe, denen Diktaturen der Nährboden sind, nicht maßgeblich, und es geht mir nicht darum, sie anzuklagen.

Schon gar nicht sollen im Übrigen jene angeklagt werden – dies sei ausdrücklich betont –, die den schwerwiegenden Gründen, die DDR *nicht* zu verlassen, den Vorzug gaben und ausharrten.

Um die Aktualität der Themen auf allgemeiner Ebene zu unterstützen und den Eindruck des Antiquierten zu vermeiden, dessen Entstehen nicht gerechtfertigt wäre, wurde der Text der neuen Rechtschreibung angepasst (Zitate ausgenommen). Diese Anpassung erfolgte aber nicht, wenn bei konsequentem „Neusprech" der Verarmung der Sprache durch die Rechtschreibreform Vorschub geleistet worden wäre.

Vorwort 1989

Dieses Buch wurde in der DDR geschrieben, als das alte kommunistische Regime die Macht noch fest in den Händen hielt. Als die beiden Hauptabschnitte fertig und in den Westen gelangt waren, brach das Regime zusammen.

Trotzdem soll die Gegenwartsform der Darstellungen beibehalten werden. Denn zum einen dürfte es noch zu früh sein, um einschränkungslos in der Vergangenheitsform zu sprechen, auch wenn mit dem Verzicht der ehemaligen Staatspartei auf ihren Führungsanspruch der Nährboden für all das Übel entzogen worden ist, das in diesem Staat entstand. Die Anwendung der Vergangenheitsform wird erst dann berechtigt sein, wenn sich die revolutionären Turbulenzen gelegt haben werden und das Leben wieder in geordneten Bahnen fließt. Erst dann wird die nötige Distanz entstanden sein, aus der die alte DDR als ein Ereignis der Geschichte erscheint.

Doch auch die Schilderung historischer Ereignisse kann sich der Gegenwartsform bedienen, wenn es darum geht, die Ereignisse besonders nahe zu bringen. Im Übrigen beziehen sich nicht alle Einzelheiten auf die letzten fünf Jahre des DDR-Regimes. Die dargestellten Umstände und Zusammenhänge sollen ja in ihrer Wirkung auf die Generation betrachtet werden, die den Exodus der 80er Jahre im Wesentlichen bestimmt. Insofern gehören schon 1980 gewisse Dinge der Vergangenheit an, ohne dass man aber ihre bleibende Wirkung auf die Menschen übersehen dürfte.

Vor allem aber ist zum Zweiten die zeitliche Nähe dadurch gerechtfertigt, als ein gewisser Teil des Dargestellten ein von der DDR ganz unabhängig existierendes Phänomen betrifft. Am Wesen des DDR-

Regimes kann sich dieses lediglich ein weiteres Mal in der Geschichte auf gesellschaftlicher Ebene entfalten. Es soll hier ein wesentlicher Aspekt des Unbehagens in der Gesellschaft der DDR ergründet werden, der einen nicht geringen Anteil am Zustandekommen des Exodus haben dürfte.

Wer das Leben des DDR-Alltags aus eigener Erfahrung kennt, weiß, wie dieses Unbehagen das Leben in ihm sättigt. Obwohl das Unbehagen und die wirtschaftliche Misere die Gespräche der Menschen untereinander beherrschen, wird aber nur höchst selten das wahre Ausmaß jener Verkrüppelung und Perversität erkannt, die das gesellschaftliche Leben in der DDR kennzeichnen.

Der Erkenntnisprozess setzt erst mit den Umwälzungen 1989 ein.

Doch das besagte Phänomen bleibt abermals von ihm ausgespart. Und das, obwohl in ihm die Möglichkeit liegt zu erkennen, was die Erscheinungen des Stalinismus und des Faschismus zu nicht mehr als zu Spielarten ein und derselben Erscheinung macht, die sich lediglich in ihrer Dekoration unterscheiden. In ihm liegt darüber hinaus die Möglichkeit, überall und in den frühesten Anfängen die Wurzeln neu entstehenden Faschismus, Stalinismus – oder wie auch immer – zu erkennen.

Das erneute Übersehen des Phänomens im Erkenntnisprozess ist nicht verwunderlich. Denn seine Struktur ist nicht nur auf gesellschaftlicher Ebene zu finden. Sie beherrscht vielmehr alle zwischenmenschlichen Beziehungen und – sie führt auf *jeder* Ebene ins Leid und nicht selten ins Verderben.

Das Gesicht der Welt ist von dieser Struktur gekennzeichnet. Das Betroffensein des Einzelnen aber sorgt dafür, dass die Struktur verborgen bleibt, weil ihr

Erkennen nur mit der Aufgabe einer individuellen Scheinwelt einhergehen kann, aus der sich der Einzelne aber weder befreien will noch dies in der Regel auch kann.

Es handelt sich um nichts anderes als um das Gesicht der Unfreiheit. Das mag zunächst banal klingen. Gemeint aber ist Unfreiheit auf einer Ebene, auf der man sie fast nie als Gegenstand der Betrachtung zu empfinden pflegt. *Freiheit* kann nur beginnen als Freiheit *von* geistiger Bevormundung, und zwar völlig gleichgültig, in welchem Sinn die Bevormundung erfolgen soll.

Geistige Bevormundung aber ist etwas derart Alltägliches, und die Beziehungen der Menschen untereinander sind so auf ihren Vollzug eingerichtet, dass es zurzeit noch wenig Hoffnung gibt, diese Strukturen zu ändern.

Auch in der DDR ändern sie sich nicht. Sie sind nur nicht mehr der Inhalt des staatlichen Machtanspruchs. Mit der Aufgabe des Führungsanspruchs, des Anspruchs auf das Monopol der Macht also, verlieren die Strukturen jedoch ihr Substrat auf politischer Ebene.

In den vorliegenden Texten wird das Wort „DDR“ immer gebraucht als Synonym für den Staat. Den Staat als das „Machtinstrument der herrschenden Klasse“ zu verstehen (Marx), ist ohne Zugeständnis an den Marxismus wohl möglich, wobei die „Klasse“ fraglos durch die „Clique“ zu ersetzen ist. Und diese ist es, deren Willen mit dem Wort „DDR“ angesprochen sein soll.

Sicherlich ist vor allem die erste Identifikation der „DDR“ mit „dem Staat“ nicht ganz exakt. Das Wesen der Gemeinschaft, die auf dem Boden der sowjetischen Besatzungszone entstanden ist, hat einen speziellen Charakter entwickelt, der auch nach dem Machtverlust der SED 1989 nicht verlorengeht. Auch in diesem Wesen liegt

„etwas DDR". In den folgenden Texten muss also vom jeweiligen Sinn ausgegangen werden.

Einleitung

Anfang der 1980er Jahre setzte in der DDR eine Entwicklung ein, mit der ein Bedeutungswandel des Wortes „Antrag“ einherging. Sprach noch 1979 jemand von einem „Antrag“, so war es unumgänglich hinzuzufügen, *was* beantragt werden sollte. Spätestens seit dem Frühjahr 1984 verstand man in der DDR unter einem „Antrag“ schlechthin nur noch den „Antrag auf Übersiedlung“ oder den „Ausreiseantrag“. Die Zahl der Übersiedler erreichte damals ein Maximum. Täglich erreichten mehrere hundert ehemalige DDR-Bürger das Bundesgebiet Deutschlands. Das Aufnahmelager Gießen kam erstmalig in organisatorische Schwierigkeiten.

In den 70er Jahren und erst recht noch früher war die Tatsache, dass es überhaupt die Chance einer legalen Umsiedlung innerhalb Deutschlands von Ost nach West gibt, kaum bekannt. Die Fälle, in denen sie sich vollzog, waren Ausnahmen und zumeist mit langen Wartezeiten verbunden. Eine Frau wartete nach dem Tode ihres Mannes neun Jahre, ehe man sie endlich mit ihrem Sohn in den Westen zurückkehren ließ, aus dem sie einst kam, um in der DDR mit diesem Mann zu leben.

Doch mit Beginn der 1980er Jahre wurde das Ausreisen auf einmal publik. Dass auch die Gründe jemals publik werden, die den Staat veranlasst haben, dem Druck nachzugeben, ist zu bezweifeln. Der Staat handelt in dieser Angelegenheit geheimnisvoll und willkürlich. Immerhin aber kann man Mutmaßungen anstellen, nach denen mehrere Gründe in Erwägung gezogen werden können. In den betroffenen Bevölkerungskreisen werden sie in den sozialen Verhältnissen und in der innenpolitischen Situation gesehen, wie auch in dem, was für die DDR

Außenpolitik ist bzw. was nur sie so bezeichnet – nämlich in den innerdeutschen Beziehungen.

Jedoch wären diese Gründe gegenstandslos, gäbe es nicht den besagten Druck in der Bevölkerung. Fragt man nach der Ursache dieses Druckes, findet man eine Antwort durch die Betrachtung der zeitlichen Verhältnisse.

Seit dem Mauerbau ab August 1961 sind etwa drei Jahrzehnte vergangen, in denen eine neue Generation heranwuchs. In der Statistik der Übersiedler überwiegt deutlich der Anteil eben dieser Altersklasse – jener Menschen also, die nach durchstandener Ausbildung eine Familie gegründet haben oder im Begriff sind, dies zu tun. In diesem Alter hat man einen gewissen ideologischen Reifeprozess hinter sich und hat sich eine ziemlich feste Meinung gebildet. Wie überall auf der Welt, so sind auch in den Köpfen der DDR-Menschen diese Meinungen sehr verschieden. Daran konnte und kann auch die unausgesetzte Propaganda in der DDR nichts ändern. Sie hat vielmehr selbst Anteil am Zustandekommen ihrer extremen Gegnerschaft.

Wer schon vor 1961 alt genug war, sich einen Standpunkt zu wählen, ging, sofern dieser mit der vom Staat eingeforderten Meinung nicht vereinbar war, über die Demarkationslinie in den Westen, wo die politischen Ansichten nicht das Hauptkriterium für soziales Vorankommen waren. Der Strom der damals schon als „Flüchtlinge" bezeichneten war gewaltig und erfasste in besonderem Maße die intellektuelle Schicht der Bevölkerung, aber auch Handwerker, denen in der DDR die Grundlage zur privaten Wirtschaft entzogen worden war.

Natürlich gingen damals nicht alle, die „anders dachten". Es gab etliche Gründe zu bleiben, die mit dem individuell sehr unterschiedlichen Vermögen und Wollen, ein Dogma zu ertragen, abzuwiegen waren: Verwurzelung in der Familie, materieller Besitz, Freunde, Heimatgefühl und nicht zuletzt die Hoffnung, dass schon „alles noch gut werden“ würde. Auch ahnte ja niemand, dass der Wahnwitz des Mauerbaus Wahrheit werden könnte. Als das aber 1961 klar wurde, stieg die Flüchtlingszahl noch einmal steil in die Höhe, um dann ebenfalls steil, aber nicht schlagartig, auf ein inzwischen längst wieder verlassenes Minimum zuzustreben, ohne dass dieses freilich jemals null wurde. Viele aber gaben nun den Gedanken des Fortgangs auf und begannen, sich im Leben des sozialistischen Deutschlands einzurichten, entschlossen, „das Beste daraus zu machen“.

Ihre Kinder wuchsen heran; der sozialistische Staat umgab sie mit seiner Erziehung. Nach zwanzig Jahren lag die Vorbereitung auf das Leben hinter dieser Generation. (Kindheit und Jugend tragen in der DDR prinzipiell den Charakter der Vorbereitung.) Das „eigentliche Leben“ lag nun vor ihr.

Dieser Augenblick ist wie das Erwachen aus einem schönen Traum. Mit diesem Traum ist nicht die Kindheit an sich gemeint, doch wie in einem nächtlichen Traum hält man in ihr Wünsche und Ziele für durchaus erreichbar. Mit dem Erwachen und dem Erwachsenwerden in der DDR hat man ausgeträumt. Verklärende Schleier lösen sich auf in nichts, und die Hand, die man vor den sich öffnenden Augen sieht, ist leer. Fest vorprogrammiert liegen die weiteren Stationen des Lebens in der Zukunft. Für Träume ist keine Zeit mehr.

Was aber macht das Leben lebenswert? Wer sagt an seinem Sterbetag, dass er zufrieden geht, wenn auch nicht gern? Manfred von Ardenne, der Dresdner Technik-Baron, sagt in einem „Wort an die Jugend“, das die DDR-Presse unverfroren druckt: *„Ihr sollt Euer Leben nicht* *verträumen, sondern Eure Träume erleben.“* Er hat Recht, aber er sieht geflissentlich darüber hinweg, dass die Erziehung der Jugend in der DDR die Träume ihrer Zöglinge selbst zu bestimmen wünscht. Dies ist keineswegs eine Übertreibung. Die besagten unterschiedlichen Meinungen der DDR-Menschen zeigen immerhin, dass die Erziehung damit nur sehr mäßigen Erfolg hat – obwohl dieser bereits beängstigend ist.

Träume sind unreal im realen Sozialismus. Natürlich wäre es vermessen, „alle Blütenträume reifen“ sehen zu wollen. Doch das Reifen einiger gehört zum Glück. Gerade deswegen ist „Glück“ auch eines der wichtigsten Wörter im Sprachschatz der ostdeutschen Ideologie.

So sehr Erziehung und Propaganda auch zu perfektionieren versucht werden – es gelingt nicht. Dies hat seine Ursachen ganz sicher in der Beeinflussung des DDR-Gebietes durch westliche Medien und in der Tatsache, dass sich die Taktik der Abgrenzung als nicht durchhaltbar erwiesen hat. Hinzu kommt aber ein entscheidender Umstand, der mit dem Wesen des Regimes verknüpft ist. Dieses selbst nämlich bedingt ein Untergraben der ideologischen Front, indem ihre Träger selbst nicht verschont bleiben vom westlichen Einfluss. Der Marxismus ist auch für sie längst nicht mehr der Weisheit letzter Schluss. Sie führen ihre erzieherischen Handlungen nur noch weiter aus, um ihre soziale Stellung nicht zu gefährden. Dabei sind ihre Handlungen aber zu verselbständigten Formalismen geworden, die jede „Erziehung“ im ideologischen Sinn verfehlen. Dennoch bleiben sie nicht ohne Wirkung, was die Demonstration der Lebendigkeit verordneter Verhaltensnormen betrifft.

Durch diese Fehlleistung der ideologischen Beeinflussung blieb ein erhebliches Maß an innerer Freiheit in den Menschen der jungen Generation erhalten. Ihre

Vorstellungen vom Glück haben sie sich bewahrt, und diese unterscheiden sich wesentlich vom zukünftigen DDR-Leben. Entkleidet man dieses aller beschönigender Phrasen von der sozialistischen Lebensweise, nach der die Arbeit das oberste der zu habenden Lebensbedürfnisse ist, ständige Leistungssteigerung dabei inklusive, als zweites sofort die Bereitschaft zur Verteidigung der Errungenschaften des Sozialismus folgt und so weiter, dann bleibt etwas übrig, was man mit drei Worten umreißen kann: Arbeit, Rente, Tod. Ein wenig detaillierter bedeutet es folgendes.

Nach der bereits durchstandenen Schulzeit, der die Berufsausbildung oder ein Studium folgte, dem meist noch – bei Männern – der Wehrdienst vorausging, erfolgt die Delegierung in einen Betrieb oder eine entsprechende Einrichtung. Diese Delegierung ist eine gesetzlich verankerte Zwangslenkung. Meist erfolgt nach der vorgeschriebenen Frist von drei Jahren ein durch nunmehr eigenes Bestreben herbeigeführter Wechsel zu einer Arbeitsstelle, die den persönlichen Vorstellungen Rechnung tragen soll. Inwieweit dies möglich ist, hängt in hohem Maße davon ab, ob man überhaupt den Beruf der eigenen Wahl ergreifen konnte. Die Regel ist dies nämlich absolut nicht, was der bisherigen Beschreibung den segensreichen Schein wohl wieder nimmt, den dieser so beruhigend ablaufende Prozess der Lebensplanung für westliche Beobachter haben mag. Die meisten finden sich beizeiten mit ihrem Beruf ab und üben ihn aus – mehr schlecht als recht, lustlos und genötigt zum Broterwerb.

Es beginnt nun der Kampf um das garantierte Recht des Wohnens. Längst ist die Familie gegründet, wenn man endlich eine Wohnung hat, die eigentlich Voraussetzung für die Familiengründung hätte sein müssen und die man erst einmal als nicht-provisorische Lösung betrachten kann. Abstriche sind hier fast immer notwendig; angemessen ist der „einem zustehende“ Wohnraum selten. Doch abermals findet man sich ab angesichts der Zwecklosigkeit, mehr zu erwarten.

Selbstverständlich sind beide Ehepartner berufstätig, die Kinder sind in der Krippe, im Kindergarten, später in Schule und Hort. Es gibt drei bis vier Wochen Urlaub im Jahr. Irgendwann mag der große Wurf gelingen, ein Auto zu besitzen, mit viel Glück einen Garten oder gar ein Wochenendgrundstück zu pachten. Über diesem Bemühen, das fast schon wichtiger ist als das Ziel, vergeht der aktivste Teil des Lebens. Tagaus, tagein kämpft man um einen zur Norm erklärten Lebensstandard, und wenn man ihn erreicht hat, setzt sich der Kampf um seinen Erhalt fort.

So kommt das Rentenalter, dessen gepriesener Vorteil, nun endlich „reisen zu dürfen“, getrübt wird durch die geschwundene Jugend. Sonst aber hat dieser Lebensabschnitt in der DDR überhaupt nichts zu bieten – von möglichen familiären Freuden abgesehen. Und in finanzieller Hinsicht bleibt das Reisen auch im Rentenalter unmöglich. Der Staat lässt einen fallen. Seinen Vertretern wäre es am liebsten, man stürbe nun beizeiten, damit die Wohnung frei wird.

Auch in einem solchen Leben gibt es freilich Glück. Es bleiben die familiären Freuden; die Geburt eines Kindes ist fast immer und fast überall ein freudiges Ereignis. Doch ein *glückliches Leben* vermögen diese Momente allein nicht zu prägen.

Auf seltsame Art ist das Leben, grau, abenteuerlos, starr. *Warum* ist das so? Die Ursachen dafür liegen nicht in der Trägheit des Menschen, sondern in der Organisationsform der politischen Macht. Diese lässt ein „lebendiges“ Leben nicht zu, weil sie in einem solchen –

mit Recht – eine Gefahr für sich sieht. Das Ergebnis ist die traumlose Zukunft.

Wem ewige Illusionen nicht genügend Halt bieten, für den gibt es verschiedene Möglichkeiten, mit dieser Perspektive fertigzuwerden. Doch nur eine erlaubt es, sich dem persönlichkeitsbeschneidenden Einfluss des Lebens in der DDR *ganz* zu entziehen. Das ist die Auswanderung.

Eine *Möglichkeit* in dem Sinne, dass man sie mit Sicherheit in Anspruch nehmen kann, ist sie allerdings nicht. Wäre sie dies, löste sich zumindest dieser Aspekt des Buches auf in nichts. Nicht eine Weggabelung liegt hier also vor einem, an der man sich nur für einen der sich klar abzeichnenden Wege zu entscheiden brauchte. Als Antragsteller verschmäht man den sicheren Weg durch die öden Jahre des DDR-Alltages. Man wählt den Sumpf. Man begibt sich in einen Morast aus Willkür und Hoffnung, in dem es keine Orientierungshilfen mehr gibt. In der Hoffnung durchzukommen, vertraut man sich dem Schicksal an.

Dazu war nun wieder, nach zwanzig bis dreißig Jahren, eine breite Masse bereit. Die Zeit hatte auch die Voraussetzungen dafür geschaffen, dass sich die prinzipielle Chance zur Auswanderung plötzlich herumsprechen konnte. Die Erlasse im Gesetzeswerk der DDR wurden entdeckt, denen zufolge es ganz legal ist, den „Antrag auf Entlassung aus der Staatsbürgerschaft der DDR“ zu stellen. Die Menschen besannen sich auf die Mitgliedschaft der DDR in der UNO und darauf, dass die DDR einst wichtige Konventionen derselben ratifiziert hatte. Die ersten Anträge wurden gestellt. Es kam zu Vorladungen, zu „Diskussionen“ der „staatlichen Organe“ mit den Antragstellern, es kam zu Festnahmen und zu Verhaftungen. Aber – es kam auch zu „Entlassungen“. Dies war zunächst wohl unerwartet und eben völlig ungewöhnlich: Der Staat, der seine Bürger hinter Sperranlagen gefangen hält, *lässt sie mit einem Mal auf Antrag heraus*, er *„entlässt“* sie? Man ließ sich kaum Zeit, über das Warum nachzudenken. Es galt, die Gunst der Stunde zu nutzen: Antrag zu stellen und legal – also ohne Lebensgefahr durch Sperranlagen und Schießbefehl sowie mit allem Habe – den Staat zu verlassen. Die Zahl der Anträge schoss in die Höhe. Wo sich die gesetzliche Grundlage zur Rechtfertigung vor der Behörde nicht herumsprach, erzeugte das Wissen um die häufigen Stattgaben den nötigen Mut, und den Behörden ist die Gesetzeskenntnis der Bürger in diesem Fall absolut einerlei.

Je mehr das Ausreisen täglich zu erlebende Praxis wurde, desto mehr aber drängte sich nun die Frage nach der Motivation des Staates auf. Für viele derjenigen, die den Sumpf erfolgreich durchquerten, existiert sie kaum noch. Für sie geht sie unter im Desinteresse an der eigenen Vergangenheit. Das ist bedauerlich, wenn auch erklärlich. Denen aber, die von der Willkür weiter gefangengehalten werden, drängt sie sich unablässig auf, denn von dieser Frage sehen sie ihr Schicksal bestimmt. Kommen wir also auf die bestehenden Mutmaßungen über ihre Antwort zurück.

Eigentlich liegen sie auf der Hand. Zuerst und vor allem rückt sich der Staat ins positive Licht der Helsinki-Szene und ihrer Folgekonferenzen. Er gibt den westlichen Staaten nach, für deren Druck zwar zu danken ist, deren Lob für dieses Nachgeben aber unangebracht ist. Doch der Richter lobt den Gewohnheitsverbrecher, der einmal nicht straffällig geworden ist.

Zum Zweiten leistet der Staat einen Beitrag zur innerdeutschen Entspannung. Dieser Beitrag war zumindest zeitweise für ihn gleichermaßen finanziell lukrativ.

Denn ist es auch nicht mehr üblich, für jeden Übersiedler ein konkret auszuhandelndes Kopfgeld zu fordern, so hingen die Quoten der Freizulassenden doch ganz offensichtlich mit finanziellen und wirtschaftlichen Bewegungen innerhalb Deutschlands zusammen.

Drittens räumt der Staat im Inneren Störenfriede aus dem Weg. Zweifellos gehören viele Antragsteller zu den unzufriedensten Systemkritikern. Wie bedeutsam dieses Motiv ist, zeigen die Geschehnisse um die Mitglieder der sich vor allem in Jena seinerzeit konsolidierenden Friedensbewegung, die ihre Gedanken unabhängig von der staatlichen Doktrin zu proklamieren begann. Man siedelte hierbei sogar Menschen aus, die die Absicht, die DDR zu verlassen, gar nicht gehegt hatten. Dasselbe wiederholte sich 1988 nach den Ereignissen in Ostberlin, die unter der Bezeichnung „Luxemburg-Affäre“ in die Geschichte der ostdeutschen Dissidentenszene eingegangen sind.

Nicht so hoch einzuschätzen – vielleicht nicht als vierter Grund, wohl aber als willkommene Begleiterscheinung – ist die Wirkung des Ausreisestromes auf die Entkrampfung des Wohnungsproblems. Die DDR-Führung hat den Mund in diesem Punkt vor Jahren gar zu voll genommen, als sie versprach, dieses Problems bis 1990 Herr zu werden. Neben einer ganzen Reihe von Maßnahmen, insbesondere hinsichtlich der Neudefinition, wer seinen Wohnraum betreffend als „versorgt“ gilt und also gar nicht „wohnraumantragsberechtigt“ ist, könnte das Freiwerden von Wohnraum infolge der Auswanderungen als durchaus planbar und beabsichtigt erscheinen. Die 1989 erlassene Vorschrift, nach der Ausreisende ihre ehemalige Wohnung leer und „besenrein“ persönlich zu übergeben haben, bestätigt dies.

Auf gleicher Ebene kann der Einfluss des Auswanderns auf die Entwicklung des Arbeitskräftepotentials betrachtet werden. Dass hier nämlich eigentlich gar kein Mangel zu herrschen brauchte, de facto also gar nicht herrscht, ist von den führenden Wirtschaftlern der DDR zweifellos inzwischen erkannt worden. Freilich gilt es, das Gegenteil zu vertuschen; das Hauptargument der Westhetze – die Arbeitslosigkeit im Westen –, geriete sonst in Gefahr, seine Wirkung zu verlieren, und das herrschende Schmarotzertum müsste zum Gegenstand offizieller Auseinandersetzungen werden.

Und endlich kann es nur im Interesse der DDR-Staatsführung sein, wenn der Strom der Zuwandernden in der Bundesrepublik zu Problemen verschiedenster Art führt, und sei es nur die Uneinigkeit darüber, ob es nun zu Problemen kommt oder nicht.

Der einzige Grund aber, der dem Staat verbindlich sein müsste, nämlich die durch seine Gesetze und völkerrechtliche Abkommen zugesicherte Einhaltung der Menschenrechte, hat keinerlei Belang. Es ist dies eine der Feststellungen, die im Osten trivial und überflüssig sind, im Westen aber nicht oft genug wiederholt werden können.

In solchem Zwielicht erscheint das Resümee dieser Praxis. Der Staat handelt prinzipiell nicht im Interesse der Menschen, die ihn verlassen wollen. Zu seinen Handlungen motiviert ihn einzig und allein sein eigenes Interesse; *seinem* Bedarf, also dem Bedarf der herrschenden Oberschicht, wird er gerecht. Er nutzt den Ausreisedruck aus, um sich allein zu dienen. Die Befriedigung der betroffenen Antragsteller ist dabei zwar zwingend, als solche aber dem Staat völlig gleichgültig.

Natürlich unterstellt diese Sicht die totale Trennung von Staat und Volk. Aber diese besteht ja tatsächlich, und die Diktatur hat es nötig, sie durch die Tautologie „Demokratische Republik“ zu verdecken.

Allen Gründen des Staates zuwider läuft die Wirkung, die von der Ausreisepraxis auf die bislang zum Bleiben Entschlossenen ausging und ausgeht. Eben diese Wirkung ist auch der Grund für den exponentiellen Anstieg der Zahl der Antragsteller um die Jahreswende 1983/84 und auch zu späteren Zeitpunkten. Der Staat mag die „Welle" von 1984 als Folge des von ihm im September 1983 erlassenen Gesetzes deklariert und dies schon von vorn herein so inszeniert haben. Bei diesem Gesetz handelte es sich um die „Verordnung zur Regelung von Fragen der Familienzusammenführung" [1], mit der man versuchte, das Ausreiseproblem in den Griff zu bekommen, indem man den Kreis derer sehr eng zusammenzog, die überhaupt das Recht auf Antragstellung (nicht auf Übersiedlung!) haben sollten. Dass das Maximum von 1984 nicht das wirkliche Ergebnis dieser Verordnung war, zeigt ein Blick auf die damals Übergesiedelten. Ihre „Begründungen" waren dieselben wie vor- und nachher; ein Überwiegen der tatsächlichen Familienzusammenführungen war keineswegs festzustellen.

Je mehr die Zahl dar Übergesiedelten wuchs, desto niedriger wurde die Schwelle vor diesem Schritt, die jeder einzelne überschreiten muss, wenn er sich zum Antrag entschließt. Die Zahl uferte aus. Ein radikales Ende war geboten – zumindest musste etwas geschehen, was wie ein solches aussah. Am einfachsten ließ sich das bewerkstelligen, indem man die Information über das Geschehen unterband. Dem Anteil des Hörensagens war jedoch nur durch ein tatsächliches Senken der Stattgaben beizukommen. Der Anfang des Jahres 1987 bezeugte dies. Besonders aber musste der Anteil versiegen, den die westlichen Medien lieferten. Dies geschah so plötzlich, dass auf eine Absprache zwischen Ost und West geschlossen werden muss. Denn auf null sank die Quote nicht, so dass schlicht kein Stoff mehr für Informationen dagewesen wäre. Bis 1984 meldeten die Medien, besonders auch der für die DDR so bedeutsame Deutschlandfunk, die Übersiedlungsquoten so regelmäßig wie den Wetterbericht oder die Zahlen der nächtlichen Ungarnflüchtlinge von 1989. Der Deutschlandfunk widmete sogar eine ganze Sendung diesem Thema, in der viele frisch „entlassene“ DDR-Bürger interviewt wurden. Bald darauf war schlagartig Ruhe zu diesem Thema − als gäbe es keine Übersiedlungsproblematik.

Tatsächlich sank vorübergehend die Popularität dieses Geschehens. Zweierlei spricht dafür, dass hier ein Übereinkommen getroffen wurde. Erstens sollten die Ausreisen weitergehen, zweitens aber bitte sehr nach Ermessen der Staatsorgane der DDR und nicht nach Gutdünken der Bevölkerung. An einer gewissen Zahl ist die DDR zweifelsfrei interessiert − und die Bundesrepublik muss die Leute getreu ihrem Grundgesetz willkommen heißen. Weder der eine noch der andere Staat aber ist daran interessiert, diese Zahl ausufern zu lassen. Die Bundesregierung ließ in diesem Zusammenhang verlauten, dass ihr nicht an einer „Entvölkerung der DDR“ gelegen sein könne.

In der Tat ist die Aufnahme der Übersiedler nur eine symptomatische Behandlung des Problems – nichtsdestotrotz eine durchaus verpflichtende. Wer die Ursachen einer Krankheit bekämpfen will, wird dem Patienten nicht das Schmerzmittel verweigern. Die Frage danach, was der Westen denn gegen die Ursachen unternimmt, drängt sich damit allerdings auf.

Noch bevor das beiderseitige Schweigen ausbrach, versuchte es die DDR mit massiver Gegenpropaganda. Niemals hatten die ostdeutschen Zeitungen über die Ausreiseproblematik berichtet. Nun behaupteten sie plötzlich: „Über 20 000 wollen zurück“. Die allgemeine Kenntnis von der Sache wurde nun also vorausgesetzt, die Information über westliche Medien und das Hörensagen stillschweigend als Faktum anerkannt. Zum Verständnis des so überschriebenen Artikels war diese sogar notwendig. Er erzählte ausgiebig vom Elend ehemaliger DDR-Bürger, die in der „kapitalistischen BRD“ unter die Räder gekommen waren. Doch war dies eine klägliche Idee. Sie trug am ehesten noch dazu bei, die Antragsteller in den Augen der staatsergebenen Bürger zu verdummen, als dass sie jene, die ernsthaft über den Antrag nachdachten, hätte ins Bockshorn jagen können.

Nein, die Behauptung von der Masse derer, die sich nach der „sozialen Geborgenheit“ in der DDR zurücksehnten, fand in der Zielgruppe dieser Art Propaganda wenig Glauben. Man konzentrierte sich im Weiteren wieder auf die unabhängig vom Ausreisegeschehen zu betreibende Schwarzmalerei vom „Alltag im Westen“. Die Erfolgsbilanz ist hier beachtlich; viele DDR-Bürger glauben wirklich an ihre soziale Geborgenheit im Schoße der Partei und können sich nicht vorstellen, dass es Sicherheiten auch in Staaten der westlichen Welt geben könnte. Das Paradoxe daran – bezüglich der Leistungsfähigkeit der DDR-Propaganda geradezu Geniale – ist, dass an diese Geborgenheit geglaubt wird, obwohl das Niveau, auf dem sie sich befindet, diese Bezeichnung gar nicht rechtfertigt. Victor Klemperer sagte zur Propaganda im Dritten Reich: *„Die als Prahlen und Lügen erkannte Propaganda wirkt dennoch, wenn man nur die Stirn hat, sie unbeirrt fortzusetzen.“* [2] Was für die Goebbels-Reden galt, passt auch für die ebenso primitive Demagogie in der DDR.

Neben dieser Propaganda wird vom Staat eine weitgehende Isolierung der Antragsteller betrieben. Ihre problematisierte soziale Situation soll von Antragsneustellungen abschrecken. Doch die Geister sind gerufen. Endgültige Ablehnungen schwören seit 1988, besonders aber seit Mitte 1989, den Keim der Revolte herauf. Seit diesem Zeitpunkt nämlich ist gegen Entscheidungen, die auf Grund des seit Januar 89 geltenden Gesetzes über Reisen und Ausreisen von DDR-Bürgern [3] gefällt werden, der gerichtliche Protest möglich. Und – er hat sich als Farce erwiesen, was nicht anders zu erwarten gewesen war.

Der mit dem genannten neuen Gesetz versuchte neue Kurs in Sachen Ausreise hat zweifellos Anteil am Zustandekommen der Situation ab August 1989, wobei hier das Öffnen der ungarischen Grenzen für viele Betroffene gleichsam als Deus ex machina in Erscheinung tritt. Für den Staat DDR ist die Grenzöffnung Ungarns aber freilich ein gewaltiger Affront seines Verbündeten, der die verzweifelte Strategie von „Reiseerleichterungen“ und neuen Regelungen, mit denen er des Ausreiseproblems Herr zu werden versuchte, nun völlig über den Haufen wirft.

Die Massenflucht von 1989 ist mit Sicherheit in erheblichem Maße auf den Effekt des Mitreißens zurückzuführen. Viele der bislang noch Zweifelnden greifen die Gelegenheit beim Schopfe; durchaus nicht alle von ihnen sind potentielle Antragsteller, also Menschen, die den besagten Sumpf bereit sind zu durchwaten. Und natürlich waren auch unter den Antragstellern der letzten Jahre nicht nur wahrhaft Vertriebene. Eine zu erwartende durchschnittliche Wartezeit von zwei bis drei Jahren ließ auch so manchen profanen Karrieristen zur Abteilung Inneres gehen.

Doch jene waren nicht die Initiatoren der Ausreisebewegung, die sich vor zehn Jahren zu entwickeln begann.

Die Initiatoren laufen längst Gefahr, in der Masse der passiv Mitgerissenen unterzugehen oder über einen Kamm geschoren zu werden mit all jenen, denen es allein der Reichtum des Westens angetan hat. Aber gerade um die Motivation der Ersten, die den Mut zur Antragstellung fanden, soll es gehen. Diese Motivation ist auch heute noch aktuell, nur bestimmt sie kaum die Szene des Sommers 89.

Sie hat ihre Wurzeln in der sozialen Spaltung, der jeder DDR-Bürger zu verfallen hat, und diese wiederum ist ein Resultat des erzieherischen Konzeptes, mit dem der Staat „seine" Bürger konfrontiert. Tatsächlich ist das wichtigste Instrument für die Formung „seiner Menschen" das staatliche Bildungswesen. Der Charakter des Staates offenbart sich in diesem überaus deutlich, wenn man versucht zu erkennen, was das Bildungswesen sein soll und was es in einem Staat wie der DDR nur *sein kann.* Dieser Versuch wird im ersten Teil des Buches, der den sozialistischen Erziehungsanspruch beschreibt, unternommen. Er wird hinführen auf die soziale Spaltung im Denken der Menschen, die sich aber längst auf alle Bereiche des Lebens in der DDR ausgeweitet und zu einer Scheinwelt geführt hat, die im zweiten Teil beschrieben wird.

Der sozialistische Erziehungsanspruch

1. Erziehung oder Manipulation

1.1 Bildung und Erziehung

Das „Kleine Politische Wörterbuch“ des Dietz-Verlages Berlin (Ost) [4] beginnt einen eineinhalb Seiten langen Artikel zu dem Stichwort „Bildung und Erziehung“ so:

> *in der sozialistischen Gesellschaft umfassender Prozeß der zielgerichteten Einwirkung auf die allseitige Entwicklung der sozialistischen Persönlichkeit, der auf die Vermittlung von wissenschaftlichen Kenntnissen und Erkenntnissen, auf die Entwicklung von Fähigkeiten und Fertigkeiten (Bildung), auf die Herausbildung der sozialistischen Weltanschauung und Moral sowie eines entsprechenden Verhaltens (kommunistische Erziehung) gerichtet ist. Beide Seiten dieses Prozesses durchdringen einander und sind untrennbar miteinander verbunden.*

Daraus ist zunächst vor allem zu entnehmen, dass es in der DDR keine Bildung ohne Erziehung gibt. Gültigkeit hat dies in erster Linie für Bildung im Sinne von Ausbildung. Die Kopplung von Ausbildung und Erziehung wird hergestellt und zu einer gesellschaftlichen Gesetzlichkeit erhoben. Behauptet wird die Gültigkeit dessen jedoch auch für das, was unter „Bildung und

Erziehung“ noch verstanden wird, nämlich *„das Ergebnis dieses Entwicklungsprozesses, der erreichte Stand des Wissens und Könnens sowie der sittlichen Reife.“* [4] Mit „Ergebnis“ ist hier selbstverständlich nur der Erfolg im Sinne der erklärten Absicht gemeint. An seiner Einstellung sind Zweifel nicht zulässig.

Anders als bei der Behauptung von der Unzertrennlichkeit von Bildung und Erziehung liegt bei dem hier in der Praxis zu verzeichnenden Resultat der hypothetische Charakter dieser Bildungsideologie offen zutage. Es zeigt sich, dass die unausgesetzten Erziehungseinwirkungen den Ausbildungsprozess behindern und obendrein letztlich das erklärte Ziel nicht erreicht wird.

„Erziehung“ schlechthin findet man in dem genannten Nachschlagewerk nicht. Dafür stößt man unter „K“ auf „kommunistische Erziehung“. Die Erziehung dieser Art ist nicht beschränkt auf Kinder. Sie findet überall statt: in den Betrieben, an den Fachschulen und Universitäten, in „gesellschaftlichen Organisationen“, in Hausgemeinschaften, ja sogar in der Familie wird kommunistisch erzogen. Es ist klar, dass in Behauptungen wie dieser mehr der Anspruch gemeint sein kann als die Realität: Es soll erzogen werden. Der Einfluss des Staates ist unumschränkt in seinen Institutionen, zu denen fast alles gehört, glücklicherweise aber nicht auch in Hausgemeinschaften oder Familien. Gerade die Familie ist zumeist der letzte Zufluchtsort vor ihm. Doch außerhalb dieser privaten Sphäre trifft es zu: Die ganze Gesellschaft ist eine einzige *Erziehungsinstitution.* Für all dieses Einwirken auf den Menschen gibt es nur ein Ziel: Das Ideal der „sozialistischen Persönlichkeit“. Das kam im eingangs zitierten Text bereits zum Ausdruck.

Was ist eine solche „Persönlichkeit“? Sie ist Wesensmerkmal eines Menschen mit *kommunistischer Arbeitsmoral, der seine Fähigkeiten und Begabungen zum Wohle der sozialistischen Gesellschaft entfaltet, sich durch Arbeitsliebe und Verteidigungsbereitschaft, durch Gemeinschaftsgeist und das Streben nach hohen kommunistischen Idealen*

auszeichnet [5]. Ein solcher Mensch vertritt selbstverständlich die „einzig wissenschaftliche Weltanschauung", nämlich den Marxismus-Leninismus *„in der Einheit seiner Bestandteiles des dialektischen und historischen Materialismus, der politischen Ökonomie und des wissenschaftlichen Kommunismus"*. [5]

Wer sich diesem staatlichen Anspruch entziehen will, weil er etwa einen anderen Glauben hat als den an die Allmacht der Produktionsverhältnisse, kann dies tun. Das Recht auf Glaubensfreiheit ist ihm verfassungsmäßig zugesichert (Artikel 20) [6]. Jedoch muss er die Konsequenz daraus tragen, auch wenn die Verfassung ebenfalls versichert, dass einem Menschen kein Nachteil entsteht, wenn er von seinem Recht auf Meinungsfreiheit Gebrauch macht (Artikel 27). Zwar existiert hinsichtlich des weltanschaulichen Bekenntnisses kein solcher Passus, doch ist ein solches letztendlich auch nichts anderes als eine Meinungsäußerung. Es ist suspekt, dass es bei der Garantierung irgendeines Rechtes des Zusatzes bedarf, dass aus seiner Inanspruchnahme kein Nachteil erwachsen darf. Man könnte spitzfindig meinen, dass, wenn der Zusatz an der einen Stelle gemacht wird, er also dort nicht gilt, wo er nicht steht und also mit einer Benachteiligung infolge eines nichtmarxistischen Bekenntnisses durchaus zu rechnen sei. Einer solchen Auslegung würde natürlich widersprochen. Tatsächlich aber führt ein nichtmarxistisches Bekenntnis „an den Rand der Gesellschaft", sofern es mit praktischen Konsequenzen verbunden wird.

Diese nämlich erschöpfen sich dann nicht im Besuch des Gottesdienstes, den der Staat demonstrativ großzügig toleriert. Der Staat erklärt sich als vollendet human und gibt sich somit das Recht, jeden Angriff auf sich als Angriff auf die Humanität brutal zurückzuschlagen. Auf Änderungen zielende praktische Konsequenzen Andersdenkender werden immer in der gleichen Weise gedeutet – als Angriff auf die Humanität –, womit die Andersdenkenden zur Passivität verurteilt sind.

Dieselben, die soeben noch widersprochen hätten, finden diese vermeintlich defensive Reaktionsweise des Staates nun ganz selbstverständlich. Der Satz „Wer nicht für uns ist, ist gegen uns", ist absolut aktuell. Wer das Postulat von der Humanität in Frage stellt, weil er in der Realität nur das Gegenteil bewiesen findet, ist nicht nur Dissident, sondern Staatsfeind. Das ist jeder, der an der Fähigkeit des marxistisch-kommunistischen Systems, human zu sein, zweifelt. Einem solchen ist auch die Bildung versperrt, was kaum überrascht. Bildung und Erziehung bilden eine untrennbare Einheit. Wer sich nicht im sozialistischen Sinne beeinflussen – *erziehen* – lassen will, weil er nicht an den Sozialismus glaubt, der soll sich auch nicht bilden lassen. Für ihn gilt nicht mehr als die Schulpflicht, die hier nur als die Pflicht des Staates aufzufassen ist, und die bis zur zehnten Klasse der allgemeinbildenden Schule reicht.

Der umfassende Erziehungsanspruch steht also ganz offenbar im Widerspruch zur grundgesetzlich garantierten Meinungsfreiheit einschließlich der absurden Zusicherung straffreien Ausgangs bei seiner Inanspruchnahme.

1.2 Der Erziehungsanspruch

Beschränkt man sich auf die Diskussion über diesen Widerspruch, lässt man der Erziehung an sich stillschweigend ihr Existenzrecht. Dieses in Frage zu stellen, gilt noch immer geradezu als Ungeheuerlichkeit. Und dies, obwohl man anerkennt, dass die Welt von Ungeheuerlichkeiten voll ist. Hier einen Zusammenhang zu sehen, ist noch nicht üblich. Dabei tut sich an dieser Stelle eine weit tiefere Kluft auf, als sie sich in dem Widerspruch zwischen Bildungs- und Meinungsfreiheit in der DDR offenbart. Diese Kluft zu erkennen, setzt voraus, dass Klarheit geschaffen wird über den Begriff „Erziehung". Das geschieht in der Regel überhaupt nicht. Nicht nur im Sozialismus, sondern weltweit herrscht hier ein Dunst aus traditioneller Überzeugtheit, dessen Dichte und Trägheit lähmend wirken.

In der westlichen Welt aber gibt es Stimmen, die wenigstens die Möglichkeit bieten, diesen Dunst zu durchdringen. Das Bildungsmonopol der DDR gestattet es natürlich nicht, dass diese Stimmen in ihrem Hoheitsgebiet laut werden. Man verhindert das nicht gezielt, es ergibt sich vielmehr von selbst infolge der geistigen Einspurigkeit, zu der die Alleinherrschaft des Marxismus führt. Das Regime lässt keinen Ideenreichtum zu, am allerwenigsten in gesellschaftswissenschaftlicher Hinsicht. Philosophische oder sozialpsychologische Literatur aus der westlichen Welt gibt es in den Buchhandlungen der DDR nicht, es sei denn, sie ist marxistisch. Namen wie Theodor W. Adorno, Bertrand Russell oder Albert Camus, die stellvertretend sein mögen für ungezählte auch weniger bekannte, werden nicht geführt, von wenigen Ausnahmen in ihrem Werk abgesehen. Das ist sicherer – von zu vielen Seiten fühlt sich das Regime angreifbar, ohne selbst diese Seiten genau zu kennen. Sein

Erziehungsanspruch, vor allem der tatsächliche Hintergrund der eigentlichen Erziehung, ist eine solche Schwachstelle.

Doch das ahnen die Erziehungsideologen zumindest der unteren und mittleren Ebenen nicht. So kommen westliche „Erziehungsbücher" durch den Zoll, selbst wenn sie Gedankengut der *Antipädagogik* erhalten, denn dieses Wort ist jenen noch nicht zum Begriff geworden. „Erziehung" genießt noch immer, meist auch in oppositionellen Kreisen, das Flair des Notwendigen, ja sogar Ehrenhaften. Dort mehren sich zum Beispiel die Stimmen, die anstelle des Wehrkundeunterrichts in den Schulen der DDR eine „Friedenserziehung" fordern. Der Ursprung ist gut, doch das Ziel, das hinter diesem Wunsch steht, ist mit Erziehung nicht zu erreichen. Diese Erkenntnis steht aus.

Nun ist die greifbare Existenz von aufklärendem Schrifttum nicht unbedingt Voraussetzung für das Entstehen freier, guter Gedanken. Es ist klar, dass solche da sein müssen, bevor sie publiziert werden können. Es gibt sie auch in den Köpfen von DDR-Bürgern – nur dort liegen sie zum größten Teil brach. Die Zensur sowohl der Texte als auch der Thematik verhindert die Publikation und somit die Anregung neuer Gedanken in neuen Köpfen. Unter derartigen Bedingungen kann sich eine neue Sichtweise, wie sie hinsichtlich der Erziehung vonnöten ist, nicht verbreiten. Das allgegenwärtige Unbehagen, das die Menschen beherrscht, wird selbst von den rege denkenden stets kompliziert zu begründen versucht.

Vielleicht ist es die unverschämte, absolute Besitzergreifung des Staates von den Kindern, die manche Eltern endlich aufmerksam werden lässt. Sie beginnen, auf einer bisher unerreichten Ebene über Erziehung nachzudenken.

Schon immer gehen die Ansichten hier in sehr verschiedene Richtungen. Doch die *Erziehung an sich* bleibt fast überall unangetastet.

Dabei hat sich dieses Wort längst verselbständigt. Auf die Frage an jemanden, was er eigentlich unter Erziehung versteht, gibt es kaum konkrete Antworten. Die Klarheit über den Inhalt eines Begriffes ist aber eine notwendige Voraussetzung für die Auseinandersetzung über ihn. Das „Kleine Politische Wörterbuch" ist, wie zu sehen war, nicht in der Lage, eine befriedigende Erklärung zu liefern, obwohl sich seine Autoren die Kompetenz dazu anmaßen. (Diese Feststellung ist wieder eine Konzession an die deutsche Spaltung, denn in einem Buch dieses Titels überhaupt das Stichwort „Erziehung" zu suchen, dürfte im Westen befremdlich sein, wohingegen im Osten es „ganz logisch" ist.)

In seinem Buch „Zeit für Kinder" [7] steht Ekkehard von Braunmühl vor demselben Problem mit dem Begriff *Erziehung*. Ekkehard v. Braunmühl ist einer derjenigen, die den tieferen Inhalt der Erziehung aufdecken. Bei der Definition des Begriffs orientiert er sich an Janpeter Kob [8]. Beide Autoren werden selbstverständlich nicht in der DDR verlegt; sie gehen bei der besagten Pauschalabschirmung unter. Das aber ermöglicht den Import ihrer Gedanken in Form von Einzelexemplaren ihrer Bücher, zu dem es nicht käme, wenn sich die Zensoren in der DDR über den Inhalt im Klaren wären. Denn Kob führt den Nachweis, dass Erziehung und Demokratie unvereinbar sind. Was also ist unter *Erziehung* ganz konkret zu verstehen?

Zunächst wird bei v. Braunmühl unterschieden zwischen *funktionaler* und *intentionaler* Erziehung. Zur funktionalen Erziehung gehören alle Erfahrungen, die ein Mensch im Umgang mit anderen Menschen macht. Dieser

Teil der Erziehung wird meist gar nicht als solche bezeichnet, und das Wort „Erziehung“ verrät bei genauerem Hinsehen, dass es erst später auf diesen Bereich ausgedehnt wurde. Wo von „Erziehung“ die Rede ist, ist fast ausschließlich die *intentionale* Erziehung gemeint. Sie ist, wie das Wort sagt, von einer *Absicht* getragen. Im Gegensatz zur funktionalen vollzieht sie der Erziehende stets *bewusst*. Die ihr zuzuordnenden Handlungen sollen Kinder (im weiteren Sinne Menschen) *einem bestimmten Ziel näherbringen.*

Es ist erforderlich, diese Form der Erziehung noch einmal zu unterteilen in *ergänzende* und *substantiell beeinflussende* Handlungen. Ergänzende Handlungen sind solcherart wie Hilfeleistungen, unverbindliche Ratschläge, zu deren Präsentierung man bewusst über ihren Zweck nachdenkt. Auch eine Auskunft soll den Betreffenden *einem Ziel näherbringen*; man wird sich Mühe geben, sie verständlich zu formulieren.

Diese ergänzenden Handlungen gehen dem Betreffenden aber nicht „an die Substanz“. Sie achten die Souveränität seiner Persönlichkeit. Der andere Teil der intentionalen Erziehung aber strebt genau dies an, weshalb er *substantielle Erziehung* genannt wird. Durch sie wird versucht, das Denken und Fühlen des zu Erziehenden so zu steuern, dass bestimmte, vom Erzieher gewünschte Handlungen, Haltungen und Ansichten vom Erzogenen „von sich aus“ ausgeführt bzw. vertreten werden. Man erkennt schon hier, dass das Ziel der „kommunistischen Erziehung“, der es ganz besonders um Haltungen und Denkweisen geht, nur auf dem Wege dieses Intentional-Substantiellen zu erreichen sein kann. Es wird also angestrebt, dass der zu Erziehende nur noch will, was er entsprechend dem Willen einer äußeren Macht „wollen soll“.

Wer die intentional-substantielle Erziehung noch als loyales Mittel im zwischenmenschlichen Umgang betrachten mag – wenn er an das Steuern von Denken und Fühlen denkt, wird sich spätestens bei der absurden Formulierung „wollen sollen“, um die man aber im Wesen der intentional-substantiellen Erziehung nicht herumkommt, doch sträuben müssen. Denn hier entsteht sehr deutlich der Beigeschmack von Dressur und der von *geistiger Manipulation.* Doch dieser Beigeschmack ist völlig berechtigt und er führt unmittelbar hin zur Bloßstellung der intentional-substantiellen Erziehung. Die Verwerflichkeit ihres Anspruchs wird besonders auch dann deutlich, wenn man sich vergegenwärtigt, was allen Theorien über Erziehung gemein ist (und wo über Erziehung theoretisiert wird, ist *immer* von der intentional-substantiellen die Rede), nämlich das Ansehen der Kinder (Menschen!) *„als Zöglinge, als Erziehungsobjekte, als Unreife, als nicht Vollwertige... Kindheit wird als Durchgangsstadium angesehen, als Vorstufe des richtigen Menschentums.“* [7]

An der punktierten Stelle des Zitats fügt v. Braunmühl ein: *„letztlich als Gefahr für die Gemeinschaft.“* Dieser Einschub ist sehr geeignet, den Vorwurf der Übertreibung zu provozieren. Doch seine Aussage ist nur die logische Folgerung aus den Attributen „unreif“ und „nicht vollwertig“, deren bloßes Bestehen zumindest jeder, der sich ehrlich bemüht, dem Gedanken zu folgen, eingestehen muss.

An anderer Stelle zitiert v. Braunmühl Helmut Ostermeyer, der über Erziehung sagt: *„Erziehung heißt der Anspruch zu wissen, was das Kind sein und werden soll, und die Gewalt, die diesen Anspruch durchsetzt.“* [9]

Beide Autoren beschränken ihre Betrachtungen auf die Beziehungen zwischen Erwachsenem und Kind. Davon handeln ihre Bücher. Doch das heißt nicht, dass die dargestellten Zusammenhänge nicht darüber hinausgingen. Wo sich der Staat das Recht der Erziehung des Menschen allgemein anmaßt, darf in dem zuletzt angeführten Zitat ohne weiteres gesetzt werden: „...der Anspruch zu wissen, was der Mensch sein und werden soll." Und natürlich die Gewalt, die diesen Anspruch durchsetzt. Auf sie wird noch wiederholt Bezug zu nehmen sein.

Es ist das Bemühen der Antipädagogen, Kinder wieder zu Menschen zu machen: Was man mit solchen – nämlich Erwachsenen – nicht tut, kann man auch an Kindern nicht geschehen lassen. Es kann jeder sein Verhalten Kindern gegenüber selbst prüfen, indem er versucht, sich vorzustellen, mit Erwachsenen ebenso umzugehen wie mit diesen und sich dann fragt, was er wohl damit anrichtete. Als Beispiel denke man daran, über jemanden in dessen Gegenwart und über ihn hinweg zu reden, eine Kindern gegenüber ganz und gar übliche Handlungsweise.

Die Erziehungsideologie in der DDR geht in umgekehrter Richtung. Sie macht aus „ihren Menschen" Kinder im alten Sinn, indem sie sie entmündigt. Sie beendet die Erziehung nie. So klingt auch der Zusatz von der „Gefahr für die Gemeinschaft", die ein „erst noch zu Erziehender" bedeutet, gar nicht mehr übertrieben. Denn ein solcher ist gleichzusetzen mit einem „Nichterzogenen", und von diesem ist es nur noch ein kleiner Schritt zum „Nichterziehbaren". Der Staat erkennt stillschweigend an, dass ein Erwachsener, der keine „sozialistische Persönlichkeit" geworden ist, es wohl auch nicht mehr werden wird. Ein solcher Mensch ist und bleibt ein Fremdkörper in der Gesellschaft, und zwar umso mehr, je weniger er passiv bleibt und sich dennoch juristisch unangreifbar verhält. Tut er letzteres nicht, schlägt die

Gewalt des staatlichen Erziehungsanspruches freilich sofort zu.

Mit den nun zur Anwendung kommenden Mitteln wird der Staat jedoch das Ziel einer substantiellen Beeinflussung schon gar nicht mehr erreichen. Auch dies erkennt er insgeheim an. Er setzt daher mit der Beeinflussung „seiner Menschen" viel früher ein: direkt mit der Übergabe der Kinder an den Staat, nämlich an die Krippe oder an den Kindergarten, indirekt schon zum Zeitpunkt der Geburt.

Ein dem Erziehungsprinzip innewohnender Grundsatz ist der des *Misstrauensvorschusses*. Anstatt Gutwilligkeit und die Bereitschaft zur Mitarbeit vorauszusetzen, macht die Erziehung das Gegenteil. Somit *„unterstellt jede erzieherische Maßnahme ihre eigene Notwendigkeit."* [7] Das Misstrauen ist die Rechtfertigung der Erziehung.

Warum dies alles so ist, muss für Ost und West unterschiedlich beantwortet werden. Auf beiden Seiten aber darf man davon ausgehen, dass trotz des objektiv kinderfeindlichen Charakters der Erziehung im Regelfall das Wohlwollen der Erwachsenen vorliegt. Vor allem in der häuslichen Erziehung sind es die Tradition und die durch das Erzogensein der nun Erziehenden bedingte mangelnde Bereitschaft, mit den Praktiken der substantiellen Einwirkung aufzuhören. Wenn es aber in der Schule und schon zuvor im Kindergarten ganz konkrete Pläne zu dieser Einwirkung gibt, die darüber hinaus später fortgesetzt wird und dabei alles auf ein Ziel ausgerichtet ist, so liegt etwas qualitativ Andersartiges vor. Es ist dies nicht etwa etwas Neuartiges – dergleichen gab es schon im antiken Sparta. Es ist nichts anderes als die Reinform *geistiger Manipulation* mit dem ihr immanenten Prinzip der ganz bewussten Absicht *zu ihr*.

Entgegen der durch DDR-Ideologen vertretenen Behauptung, die Entwicklung zur sozialistischen Persönlichkeit vollziehe sich im Einverständnis und unter aktiver Teilnahme des Menschen selbst, was den etwaigen Vorwurf der Manipulation von vorn herein haltlos machen soll, ist festzustellen, dass die Menschen bereits in einer Lebensphase mit Gegenständen des Denkens und Handelns konfrontiert werden, in der sie weder von Persönlichkeit noch von Sozialismus etwas verstehen können. Begriffe wie diese sind leere Formeln, die von den Erziehern systematisch mit positiven Werten verbunden werden. Noch zeitiger, wenn selbst mit diesen Werten noch nichts angefangen werden kann, bereitet man die Zöglinge auf das widerspruchsfreie Schlucken der später zu verabreichenden Dogmen vor. Die Fremdherrschaft über den Willen wird so früh wie möglich injiziert.

Dergleichen geschieht, wie gesagt, überall auf der Welt. Aber das totalitäre Erziehungsmonopol in Staaten wie der DDR hat noch eine höhere, der elterlich-individuellen überlagerte Intention. Was vielfach nur das kaum noch gewollte Resultat einer trägen Gewohnheit ist, gilt hier als angestrebtes Ziel. Noch einmal sei v. Braunmühl zitiert [7]:

> *In der üblichen Gewissenserziehung wird Kindern mindestens mit der Drohung des Liebesentzuges angewöhnt, daß sie nur wollen, was sie wollen sollen. Gelingt diese Gewissenserziehung, dann ist die Freiheit ihrer Opfer ebenso eine Illusion wie die des Zwangsneurotikers. Es gibt keine eigenen Entscheidungen, die Stimme des Gewissens verkündet den Willen der Erzieher, der Zögling ist eine bloße Marionette geworden. Jetzt kann der äußere Freiheitsspielraum so groß sein wie er will, der gewissenbehaftete Mensch*

kann ihn nicht nutzen, er kann zwar tun, was er will, aber sein Wille gehört ihm nicht selbst. Er wurde innerlich versklavt. „Innerlich versklavt" bedeutet: Er wird sich seiner Sklaverei nicht bewußt, er identifiziert sich mit seinen Angreifern (um wenigstens zu überleben). Er fühlt sich zwar verschwommen unwohl bis verzweifelt, aber anders als ein äußerlich versklavter Mensch kennt er den Grund dafür nicht, gibt sich selbst die Schuld, kann keinen Widerstand leisten. Die Behauptung, ein Mensch, der dem ihm eingepflanzten Gewissen gehorcht, sei ein freier Mensch, ist blanker Hohn und Zynismus. Ebenso die Behauptung, dieser Gehorsam sei ein freiwilliger. Ein gut dressierter Dackel bringt auch „freiwillig" die Zeitung.

Dass der hierin genannte „gewissenbehaftete Mensch" nicht der „gewissenhafte Mensch" ist, der auf *sein Gewissen* hört, ist klar. Das fremde, von außen eingeimpfte Gewissen hat das individuelle verdrängt, das den Menschen andererseits zum *Individuum* werden lässt, somit zur Persönlichkeit, zur Autorität oder zum Menschen mit einem *autonomen Selbst*. Jeder dieser Ausdrücke meint denselben Begriff: den innerlich freien, über sich selbst bestimmenden Menschen. Es ist völlig unmöglich, durch Aufprägung fremden Wollens einen wahrhaft eigenen Willen zu „erziehen". Vom fremden Willen aber ist der Prozess des Erziehens nicht zu lösen. Dass es gilt, den Willen eines trotzenden Kindes zu brechen, kann man oft in aller Deutlichkeit hören, ebenso die als Klage vorgebrachte Feststellung, dass ein Kind „eben schon seinen eigenen Willen habe". Eine sprachliche Üblichkeit verrät die erzieherische Intention geradezu: Man fordert den anderen auf, dass er dies oder jenes „tun möchte". Woher weiß man, was der andere tun *möchte*? Man weiß es nicht, aber man will, dass der andere es möchte, und so redet man es ihm ein.

Was sich in einer übergestülpten Form entwickelt, nimmt zwar die Gestalt dieser Form an, ist aber nicht entfaltet. Perfekt ist diese Manipulation, wenn die Form dicht ist und nach Abheben derselben – nach dem „Entlassen in die Mündigkeit“ – die Struktur des Geformten so verfestigt ist, dass alle faltige Zerknautschtheit für immer bleibt. Das Resultat ist ein seelischer Krüppel, der niemals mündig werden kann.

Wie sehr dieser Prozess und sein Resultat gewollt sein können, also Inhalt einer Intention sind, belegt eine historische Textstelle, die auch v. Braunmühl in seinem Buch zitiert und die so treffend ist, dass sie gar nicht oft genug wiederholt werden kann, wenn irgendwo über das Wesen der Erziehung gesprochen wird. Jean Jaques Rousseau schreibt in seinem klassischen Buch „Emile oder Über die Erziehung“ [10]:

> *Schlagt den entgegengesetzten Weg mit Eurem Zögling ein; er meine stets Herr zu sein, während ihr es jederzeit seid, der ihn leitet. Es gibt durchaus weiter keine so vollkommene Unterwerfung als die, welche den Schein der Freiheit für sich hat. Man nimmt auf diese Weise den Willen selbst gefangen. Das arme Kind weiß nichts, kennt nichts; ist es darum nicht eurer Gnade verfallen? Verfügt Ihr denn nicht durch das Verhältnis zu ihm über seine ganze Umgebung? Habt ihr nicht Macht, es nach eurem Belieben anzuregen? Seine Arbeiten, seine Spiele, seine Vergnügungen, seine Kümmernisse, liegen sie nicht alle in Euren Händen, ohne daß es dessen sich bewußt ist? Allerdings soll es nur tun, was es will; aber es soll nichts wollen können, als was ihr wünscht, dass es tue. Es darf keinen Schritt tun, den Ihr nicht*

vorausgesehen hättet, es darf nicht den Mund öffnen, ohne daß Ihr wüßtet was es sagen wollte.

Damit liefert Rousseau das absolut treffende Modell für das erklärte Ziel der Erziehung in der DDR. Das „arme Kind" ist der Mensch in diesem Staat.

Einem Missverständnis soll an dieser Stelle noch vorgebeugt werden, zu dem es infolge der leider üblichen Unklarheit über das Wesen der Erziehung leicht kommen kann. Das Vorstehende soll damit nun nicht als vergebliche Mühe abgetan werden. Jedoch sitzt der Erziehungsgedanke zumeist dermaßen fest, dass hier eine Verwechslung immer noch möglich erscheint.

Das, was soeben umrissen wurde, ist Gedankengut einer Anschauung, die sich als *Antipädagogik* im Begriff ist zu verbreiten. Sie hat nichts zu tun mit „antiautoritärer Erziehung". Diese ist auch *Erziehung* und sie ist überdies selbstverständlich auch substantiell-intentional. v. Braunmühl beschreibt ein Modell für die Eltern-Kind-Beziehung. Danach ziehen die meisten Eltern einen Kreis um ihr Kind, den es nicht verlassen darf, wenn es keinen Ärger bekommen möchte. Ein nicht-erzieherischer (antipädagogischer) Umgang mit Kindern bedeutet, dass der Erwachsene den Kreis *um sich* zieht und ihn gegen Angriffe von außen verteidigt. Im Leben der Erwachsenen „unter sich" ist dies die normale Form sozialen Verhaltens. Wer in den individuell festgelegten Kreis eines anderen eindringt, also auch das Kind, bekommt Ärger. Der Radius des Kreises ist das Resultat des Sozialisationsprozesses. Ein Mensch kann soziales Verhalten nur erlernen, indem er die Grenzen (Kreise) der ihn umgebenden Persönlichkeiten erkennt und respektiert.

„Antiautoritäre Erziehung“ aber bedeutet die Grenzenlosigkeit der Beziehungspersonen. Dem Kind wird alles erlaubt, auch das, was die berechtigten Interessen seiner Eltern beeinträchtigt. Das Kind kann keine Maßstäbe erkennen, es tastet den Boden des Erlaubten immer weiter ab. Es kann dabei übermäßig aggressiv werden und unsozial.

Folgende Begebenheit soll sich abgespielt haben. Eine Frau sitzt mit ihrem fünfjährigen Kind auf dem Schoß in der Straßenbahn. Das Kind spuckt seinem Gegenüber fortlaufend kleine Speichelportiönchen ins Gesicht. Da der Frau das gleichgültig ist, fordert der Mann sie auf, das Kind zu veranlassen, die Spuckerei zu unterlassen. Die Frau lehnt ab: Das Kind sei antiautoritär erzogen. Als die Frau aufsteht, um auszusteigen, spuckt ihr ein anderer Fahrgast ins Gesicht. Als die Frau sich entrüstet, sagt dieser: „Ich bin auch antiautoritär erzogen.“

Schuld an dergleichen Geschehnissen und an der in ihnen erkennbaren Hilflosigkeit sind die Erziehungsideologen, die immer irgendetwas „erreichen“ wollen, anstatt der Intelligenz des Menschen zu vertrauen, die ihm soziales Verhalten ermöglicht. Schuld ist die Mutter, die den Unsinn glaubt, ohne selbst nachzudenken, und Schuld ist der angespuckte Mann, der die Mutter, nicht aber das Kind zurechtweist. Wieder geht es über das Kind hinweg. Dieses aber ist schuldlos daran, dass man ihm keine Gelegenheit gibt zu lernen. Im Übrigen darf nicht unterstellt werden, dass das Kind nicht wüsste, dass sein Tun ein Ärgernis ist, im Gegenteil, sein Handeln resultiert aus dem verzweifelten Suchen nach einer Grenze persönlicher Souveränität.

Mit einem derart kurzen Abriss über das Wesen der Erziehung kann es nicht möglich sein, den Skeptizismus gegenüber ihrer grundsätzlichen Ablehnung derjenigen zu vertreiben, denen dieser Gedanke neu ist. Ihn zu vertreiben setzt aber vor allem die Bereitschaft voraus, die Problematik zu durchdenken. Eine solche Bereitschaft wird sich am ehesten bei jenen finden, die infolge verschiedener günstiger Umstände ihr Selbst gegen den Einfluss der Erziehung retten oder es wiederentdecken konnten. Mit Sicherheit gibt es auch Menschen, die in ihrem Elternhaus weitgehend erziehungslos aufwachsen konnten. Jene aber, die der Erziehung völlig unterlagen, werden auch nach eingehenden Studien des Gedankengutes der Antipädagogik diesem gegenüber verständnislos und ablehnend sein – mehr noch: die Ablehnung verhindert bereits das genauere Hinsehen. Gegenargumente sind reichlich zur Hand, weil die objektiv kinderfeindliche Umwelt zu viele Zwänge auch im antipädagogischen Verhalten fordert.

Die Thematik kann hier nicht annähernd ausgeschöpft werden. Es gibt heute schon viel Literatur, in der dies geschieht. Wo immer die Möglichkeit besteht, sollte die Thematik Antipädagogik diskutiert und sollten Bücher zu ihr gelesen werden. Die Aufforderung, etwas Bestimmtes zu lesen, hat freilich ihrerseits den Anschein einer erzieherischen Absicht. Doch diese hier hat damit nichts zu tun – sie ist keineswegs substantiell-intentional. Sie soll vielmehr einem Denken den Weg ebnen, das Voraussetzung ist für wirkliche Freiheit. *„Zeit für Kinder heißt Freiheit für Kinder, sonst ist es mit der Freiheit überhaupt vorbei. Freiheit ist kein Luxus und auch keine Utopie. Sie ist die Notwendigkeit unserer Zeit.“* [7] Freiheit für Kinder aber bedeutet auch das Ende der Erziehung [7]:

> *...es bleibt ... eine Aufgabe ersten Ranges, den Irrtum, der Erziehung heißt, in großem Stil und in allen Kreisen aufzuklären. Diese Aufgabe muß von jedem Menschen,*

der Leben und Freiheit liebt, in Angriff genommen werden, sonst läuft die Zeit für Leben und Freiheit ab.

1.3 Manipulation

Was man in der DDR unter Manipulation verstehen soll, erläutert abermals das „Kleine Politische Wörterbuch“ [4]:

Die g.M.[1] *ist der planmäßige, unter Mißbrauch wissenschaftlicher Erkenntnisse geführte psychologische Krieg gegen das Denken, die Vernunft und die Gefühle. Die g. M. wird sowohl mit staatlichen als auch mit außerstaatlichen Mitteln betrieben. Dabei werden alle ideologischen Beeinflussungsmöglichkeiten (Massenkommunikationsmittel, Bildungseinrichtungen u.a.) genutzt. Unter dem Deckmantel einer angeblich unbeschränkten Presse- und Meinungsfreiheit wird versucht, das Denk- und Urteilsvermögen von Millionen Menschen systematisch zu zerstören, sie zur geistigen Unmündigkeit zu verurteilen und zu willfährigen Untertanen zu erziehen, die keiner Kritik am Herrschaftssystem mehr fähig sind, die ökonomische Ausbeutung und politische Unterdrückung geduldig ertragen, die Pseudoideale dieses Systems als die ihren ansehen und sich für die Politik mißbrauchen lassen. Dabei erscheinen sowohl die g. M. als auch die daraus resultierende Handlungsweise als „frei“ gewählte Entscheidung der Betroffenen.*

[1]) g. M.: geistige Manipulierung. Wenn im Folgenden von „Manipulation“ die Rede ist, ist immer die *geistige Manipulierung* gemeint, und zwar der Vorgang derselben, nicht ihr Ergebnis. Das Ergebnis soll als „Manipuliertheit“ bezeichnet werden.

Trotz der Herkunft dieses Textes aus einem in Ostberlin verlegten Buch muss man eine solche Beschreibung ohne weiteres gelten lassen. Hinsichtlich der Verhältnisse in der DDR ist sie an Treffsicherheit nicht zu überbieten. Dies ist eine Behauptung, die jedem halbwegs innerlich frei gebliebenen DDR-Bürger keines Beweises bedarf. Ungeachtet dessen wird in den später folgenden Abschnitten dargestellt, wie sehr der zitierte Text auf die DDR zutrifft. Das tatsächliche Vorliegen einer „geistigen Manipulierung“ im eigenen Staat muss offiziell selbstverständlich geleugnet werden. Aus diesem Grund ist der erste Satz des Artikels auch nicht der oben zitierte, sondern folgender:

System und Methode ideologischer Herrschaftsausübung im staatsmonopolistischen Kapitalismus unter den Bedingungen der allgemeinen Krise des Kapitalismus.

Ferner meint die „Kritik am Herrschaftssystem“ (erstes Zitat) selbstverständlich das „staatsmonopolistische Herrschaftssystem“, und die Menschen sind keineswegs für eine beliebige, sondern nur oder besonders für die „imperialistische Politik“ zu missbrauchen.

Diese Ergänzungen sind die Autoren der formalen Logik schuldig: Wenn alle Menschen Lügner wären, könnte niemand eine wahre Aussage darüber machen, ohne mit ihr diesen Tatbestand zu negieren. Wer selbst auf Manipulation aus ist, darf das billigerweise nicht eingestehen. Man muss sich stets vergegenwärtigen, dass es in der DDR keinen Dritten gibt, der ein öffentlicher Sprecher über die Verhältnisse in ihr sein könnte, also zum Beispiel der Verfasser des Zitats. Dergleichen Autoren sprechen im Dienste des Staates, nicht im Dienste der Wahrheit und des Wissens. Sie haben die eine Stimme.

Die andere Stimme haben Menschen aus dem Volk, doch diese dürfen sie nicht erheben.

Es sei eben etwas völlig anderes, wenn das Herrschaftssystem und die betriebene Politik kommunistisch sind. Von Manipulation könne dann keine Rede mehr sein. Doch der Vorgang der Manipulation existiert losgelöst von politischen Deklarationen. Er setzt zwangsläufig dort ein, wo die Voraussetzungen für ihn entstehen oder geschaffen werden und wo auf sein Ergebnis nicht verzichtet werden kann. So ist Manipulation überall dort erforderlich, wo eine Ordnung aufgebaut oder erhalten werden soll, die mit dem *Menschen an sich* nicht zu realisieren ist. Im Falle der DDR, wo, wie wir sahen, ununterbrochen kommunistisch erzogen wird, sind die dem Aufbau der Ordnung zuwiderlaufenden nicht etwa die „noch bürgerlichen" schlechten Eigenschaften des Menschen, wie in den Anfangsjahren dieses Staates oft behauptet wurde. Es sind auch nicht die angeblich durch den „schlechten Einfluss des Westens" verursachten Unarten, die die ständige Erziehung erforderlich machen.

Wäre dies der Fall, genügte es, alle Einflüsse erzieherischer (oder manipulatorischer) Art vom Menschen fernzuhalten, um die für den Kommunismus gewünschten Individuen zu erhalten. Der angeblich positive Einfluss der kommunistischen Erziehung wäre überflüssig.

In welches Gleis soll dieser Einfluss den Menschen zwingen? Ist der Mensch als Mensch nicht gut genug für eine humane Ordnung? (In dieser Fragestellung liegt übrigens der Grund dafür, dass Albert Camus philosophisches Werk in der DDR auf dem Index steht und er für diese Dinge als nicht kompetent gilt.)

Es ist dem nationalen Sozialismus wie auch dem realen Sozialismus der Gegenwart wesenseigen, den *gegebenen*

Wert des Menschen, durch den dieser jenseits der Biologie zum Menschen wird, zu leugnen. *„Der deutsche Faschismus beleuchtet besonders klar Vorgänge, die es überall dort gibt, wo Menschen von ihrem Inneren abgetrennt sind“*, sagt Arno Gruen [11]. Genau diese Abtrennung ist das erklärte Ziel der Manipulation. Gruen sagt weiter: *„Mit dem Ende des Dritten Reiches wurden seine Voraussetzungen keineswegs abgeschafft. Noch immer wird statt menschlicher Substanz das äußere Erscheinungsbild gefördert, wird Anpassung statt innerer Unabhängigkeit belohnt.“* (Im Original nicht hervorgehoben.)

Ob dies nun offen und zynisch oder indirekt geschieht, ist belanglos. Es gilt letztendlich für jede Ideologie, welche eine Unterschiedlichkeit der Menschen braucht, ganz gleich, ob sie die Möglichkeit einer Veränderung des Menschen in Erwägung zieht oder nicht.

Der Faschismus nahm die von ihm definierte rassische Unterschiedlichkeit zum Anlass des Völkermords; die Unterschiedlichkeit war für ihn ein unabänderlicher Fakt. Eigentlich hätte schon dadurch die Fragwürdigkeit der Erziehung „seiner“ Menschen offenbar werden müssen. Denn wäre sie nicht fragwürdig gewesen, warum erklärte man sie hinsichtlich der Juden und der anderen von ihm als „Untermenschen“ deklarierter Völker als zwecklos? Natürlich, seine Erziehung hatte nicht mehr als der Indoktrination einer lebensfeindlichen Ideologie zu dienen.

Kommunist jedoch ist man nicht von Geburt, wie man das als Deutscher oder als Jude einst war. Man wird es durch eine harte Schule, die aber als solche nichts als eine Veränderung zum Ziel hat. In dieser Schule wird demgemäß – und wie nicht anders zu erwarten – mehr erzogen als gelehrt. Von Geburt an ist man „nur“ substantieller Mensch.

In diesem Sinne erschien 1976, als der chilenische Kommunist Luis Corvalán aus seinem Lande freikam, in der DDR-Zeitung „Junge Welt“ die Schlagzeile *„Ein Mensch kann viel – ein Kommunist noch mehr!“*

Keineswegs also ist der Mensch an sich das höchste Ziel. Damit leugnet man das „ewig Menschliche“, man verneint somit die Existenz eines apriorischen Bezugspunktes. Man konstruiert einen neuen Maßstab. (Es ist dies heute nicht nur das Bestreben der Kommunisten.)

Im Dritten Reich war „Recht, was der nordische Mann als Recht ansah.“ Die Kommunisten der Gegenwart betrachten als Recht, was dem Kommunismus dient. Damit werden sie zwar Marx untreu, der es wenigstens sagte, dass er keine unlauteren Mittel im Kampf um sein Ziel dulden will, folgen aber Lenin, dem schon einige Jahre später jedes Mittel recht war, wenn es nur seine Revolution weiterbrachte.

Doch der Zweck heiligt nicht die Mittel, sondern unlautere Mittel sind Verrat am Zweck. Wer freilich meint, das Wort „unlauter“ sei relativ, der gesteht jedem seinen eigenen Maßstab zu in der Beurteilung dessen, was Recht sei. Das mag den Anschein von Toleranz oder philosophischer Tiefe haben, ist aber nichts anderes als eine Folge des vollzogenen „Verrats am Selbst“ (Gruen) durch bewusstes oder unbewusstes Unterdrücken des apriorischen Rechtsempfindens, das im Widerspruch zu einer äußeren Macht steht.

Es ist notwendig, sich über das Wort „Recht“ ebenso Klarheit zu verschaffen wie über „Erziehung“. Denn es gibt grundsätzlich zwei Inhalte zu diesem Wort, deren Existenz man beide, im Sinne, eines Homonyms anzuerkennen – und zu vermischen – pflegt.

Das eine „Recht“ ist die Summe der geltenden Gesetzlichkeit eines Staatswesens. Es wird auch als das „geltende Recht“ bezeichnet, woraus schon ersichtlich ist, dass es offenbar auch ein „nicht geltendes Recht“ gibt. Eine solche Bezeichnung ist nur dann nicht unsinnig, wenn „Recht“ als Synonym für den gedruckten Paragraphen verstanden wird. Sie ergibt sich daraus, dass das Gesetzeswerk eines Staates laufenden Veränderungen unterworfen ist. Neue Gesetze oder Verordnungen kommen hinzu, alte werden verändert oder ganz aufgehoben. Was in der Masse der erlassenen Bestimmungen momentan verbindlich ist, wird als das „geltende Recht“ bezeichnet. Der andere Begriff des Wortes „Recht“ ist über Gültigkeitsvermerke so erhaben, dass der Zweifel daran grotesk wird. Das Verbot des Mordes in Form eines Satzes etwa der Gestalt „Mord ist verboten“ muss nicht im Gesetzblatt stehen. Dort, nämlich im Strafgesetz, findet man nur die im Falle des Mordes anzuwendende Strafe. Dass „man“ nicht mordet, wird als Selbstverständlichkeit vorausgesetzt; wer sich über diese hinwegsetzt, wird bestraft. Er kommt nicht ins Gefängnis, weil das Strafgesetz das vorsieht, sondern das Strafgesetz sieht es vor, damit er für das Überschreiten eines selbstverständlichen Verbotes eingesperrt werden kann.

Gerade diese Selbstverständlichkeit aber ist die zweite Bedeutung des Wortes „Recht“. Nur diese verdient auch genau genommen die Bezeichnung „Recht“. Denn zum Gesetz (besser gesagt, zum Gesetzblatt, weil für „Gesetz“ dieselbe Doppeldeutigkeit besteht wie für „Recht“) kann unter Umständen alles erhoben werden. Auf diese Umstände kommt es an. In genau diesem Sinne sagte der ehemalige Weihbischof Dr. Alfred Bengsch in einer Predigt aus Anlass des 15. Jahrestages der Befreiung des KZs Sachsenhausen [3]:

Es gibt nur eine Sicherung gegen die Wiederholung von Sachsenhausen: Daß die Völker und Staaten, die Staatsmänner und alle Bürger sich zu den ewigen Rechten des Menschen bekennen, die keiner Bedingung unterworfen sind, Rechte, die auch der Gegner, auch der Andersdenkende hat. Sachsenhausen und Dachau, Mauthausen und Auschwitz sprossen aus dem Boden, nachdem man die furchtbare Parole ausgegeben hatte: „Recht ist, was dem Volke nützt." Dieses Recht wurde zum bittersten Unrecht, zur Rechtlosigkeit. Wenn die Würde des Menschen nicht unantastbar ist, wenn er nicht unverlierbare Rechte hat, wenn sein Gewissen und seine Freiheit nicht die absolute Grenze darstellen, dann ist bereits jene Landschaft, jene gespenstische Welt geschaffen, in welche Vernichtungslager mit ihren Krematorien hineinpassen. Der Mensch ist nicht Ware und nicht Funktionsglied, und das Recht ist nicht zum Dienst der Macht da. Es gibt ewige Gesetze und Normen, die über der Macht stehen. ... Und man müßte blind, sein wollte man nicht den Zusammenhang sehen: Wo es kein Recht gibt, vor dem sich alle beugen, wo es nicht im Ewigen verankert ist, da kann es dahin kommen, daß die Vernichtung eines Volkes in wahnsinniger Verblendung als Recht betrachtet wird...

Recht und Recht sind, wie man sieht, zweierlei − sie waren es damals und sie sind es noch heute. Das apriorische Rechtsempfinden, von dem weiter oben die Rede war, entspricht diesen „ewigen Gesetzen und Normen". Immanuel Kant nannte sie „das moralische Gefühl in uns".

Trotz Kant oder Bengsch ist die Existenz einer apriorischen Moral sehr umstritten. Eine Diskussion um sie soll hier nicht ausgeführt werden. Es sei nur gesagt, dass das Handeln alles Lebendigen insofern als moralisch zu bezeichnen ist, da es das Leben in seiner Gesamtheit fördert. Ohne ein solches Prinzip wären weder die Evolution noch der Fortbestand des Lebendigen möglich. Erst der Mensch ist in der Lage, diesem Prinzip zuwiderzuhandeln. Die großen Probleme der Gegenwart, die die Zukunft in Frage stellen, werden heraufbeschworen durch die Ignoranz gegenüber der apriorischen Moral. Die Ignoranz aber wird erzeugt durch die Strukturierung der menschlichen Gesellschaft nach Gesichtspunkten der Macht, und diese bedarf zu ihrem Erhalt der Manipulation.

Für den etablierten Marxismus gibt es keine ewigen Rechte und keine apriorische Moral [4]:

> *Die Werte und Normen der Moral sind keine ewig geltenden, z.B. von Gott oder von irgendeinem obersten Sittengesetz abgeleiteten Handlungsmaximen, sondern sie wurzeln in den materiellen gesellschaftlichen Verhältnissen der Menschen, widerspiegeln diese und verändern sich mit ihnen.*

(Nebenbei sei bemerkt, dass die Erneuerungen Michail S. Gorbatschows auch vor diesem materialistischen Axiom nicht Halt machen: *„Obwohl der Mensch nicht ewig ist, ist ewig, was menschlich ist."* [13])

Für den Marxismus hat die Moral Klassencharakter, bei der Entwicklung der Produktionsverhältnisse entwickelt sie sich mit, wird zur sozialistischen und zur kommunistischen Moral und führt zur Herausbildung der „politisch-moralischen Einheit des Volkes". [4] Ihrem Wesen entsprechend muss sie jedoch auf das Materielle beschränkt bleiben. Aber es kann *keine* Moral geben und *kein* Recht, wenn es der Ansicht der jeweils Herrschenden überlassen bleibt, was sie darunter verstanden wissen wollen. Die marxistische Auffassung ignoriert die Tatsache, dass es von „Moral“ keinen Plural gibt.

Dies alles gehört zum theoretischen „Überbau“, den man über dem Geschehen des wirklichen Lebens mitunter kunstvoll, öfter aber plump konstruiert hat, an dem man auch ständig herumbastelt, um die Phänomene der Wirklichkeit in die Theorie pferchen zu können, der sich aber ohne jede tatsächliche Verbindung zum Leben über diesem wölbt.

Natürlich werden die Ideologen der DDR nie explizit behaupten, ihre „sozialistischen Persönlichkeiten“ bauten nicht auf „dem Menschen“ auf, könnten ohne ihn als Grundlage auskommen. Doch das Wesen der sozialistischen Persönlichkeit, demzufolge sich der Mensch vorbehaltlos zum politischen System der DDR einschließlich ihrer Machtstruktur und Weltanschauung bekennen soll, kann gar nicht zusammenleben mit dem Menschen, auf dem es aufbauen soll. Das Wesen der sozialistischen Persönlichkeit muss ihn verdrängen, um sich an seine Stelle zu setzen. Denn könnte es wirklich die der Tugendhaftigkeit entlehnten Eigenschaften annehmen, die es kennzeichnen sollen und die das Zitat auf Seite 37 nennt, müsste es die eigenen Erkenntnisse über das wirkliche gesellschaftliche Leben für nichtig erklären. Der Mensch dieses Wesens muss es lernen – und er bekommt es gelehrt –, solche Erkenntnisse gar nicht zu haben. Die Erkenntnis etwa, dass er *nicht* zur zuständigen Behörde gehen kann, um dort seinen Pass für eine x-beliebige Reise in Empfang zu nehmen, wenn *er* es nur will, verdrängt er, wenn das Thema darauf kommt, mit der Feststellung: „Da will ich doch gar nicht hin.“ Er will es tatsächlich nicht, er redet sich das nicht ein. Doch *er* könnte auch das Gegenteil nicht wollen, denn *sein* Wille ist abgestorben. Was er für seinen Willen hält, ist der Wille der Macht.

Dies erinnert unweigerlich an die Äußerungen Rousseaus über die Erziehung (Seite 48). Ohnehin ist die Darstellung der Manipulation, wie sie die DDR-Ideologie selbst liefert, nur eine etwas andere und politisierte Formulierung genau dessen, was Rousseau an dieser Stelle sagt. Man sieht, dass Erziehung im pädagogischen Sinn, also die intentional-substantielle Erziehung, und Manipulation eigentlich Synonyme sind, die denselben Vorgang einmal beschönigend und einmal abwertend benennen.

Um dem durch sie bezeichneten Vorgang der Vernichtung der inneren Freiheit überall auf die Spur zu kommen, wird sich die Erkenntnis dieser Identität durchsetzen müssen. Jemandem, dem sie einmal klargeworden ist, erscheint auch „Erziehung" nicht mehr als etwas Legitimes.

Erziehung – oder Manipulation – tritt auf, wenn die Beziehungen zwischen den Menschen durch einen Machtanspruch gekennzeichnet sind. Die Tatsache, dass es heute keine Galeerensklaven mehr gibt, über deren Rücken die Peitsche knallt, dass es nicht mehr zu öffentlichen Autodafés kommt oder dass in den Schulen die Prügelstrafe abgeschafft worden ist, wird kaum jemanden veranlassen zu sagen, dass damit auch die Machtansprüche der einen über die anderen zu Ende seien. Der einzige Fortschritt, den die soziale Entwicklung in der Geschichte der Menschheit in den sogenannten hochentwickelten Gesellschaften zuwege brachte, ist die *öffentlich verfemte* Gewaltanwendung. Währenddessen aber existiert die Gewalt weiter, nur dass man sie ins Unsichtbare, ins Geistige verlagert hat. Die Bezeichnung „körperliche Manipulation" für obige Beispiele ist nicht gebräuchlich, obwohl sie für das Anlegen von Ketten doch geeignet wäre. Das Wort „Manipulation" entstand erst später und „geistige" fügt man inzwischen nur noch wegen des gegensätzlichen lateinischen Wortstammes in ihm hinzu. In gesellschaftlichen Belangen ist „Manipulation" heute immer „geistig".

Sie also hat nun die Ketten, die so hässlich sklavisch aussehen, verdrängt.

Rousseau wollte in seinem „Gesellschaftsvertrag" den Menschen die Ketten abnehmen, in denen sie überall lagen, obwohl sie doch frei geboren waren. In seinem Buch über die Erziehung legt er sie ihnen wieder an, und zwar auf moderne Weise − unsichtbar und nicht einmal spürbar für seine Sklaven. Deshalb braucht Rousseau nicht vergessen und verdammt zu werden. Er spürte *seine* Ketten ebenso wenig, wie er das Anlegen von Ketten zu proklamieren glaubte.

Ein weiteres Zitat aus seinem Buch über die Erziehung ist geeignet, ihn zu rehabilitieren, wobei die Widersprüchlichkeit zwischen den beiden Textstellen diejenige Rousseaus offenbart. Leider bestätigt genaueres Hinsehen nicht die rettende Idee, Rousseau möge an der zuerst zitierten Stelle ironisch gewesen sein [10]:

> *Ein Kind verbringt auf diese Weise sechs oder sieben Jahre unter den Händen der Frauen als ein Opfer ihres und seines Eigensinns, und wenn man es dies und das hat lernen lassen, d.h. wenn man so sein Gedächtnis beschwert hat, entweder mit Wörtern, die es nicht versteht, oder mit Dingen, die ihm zu nichts nützen, wenn man sein Naturell durch Eigenschaften, die man aufzog, erstickt hat, so gibt man dies gekünstelte Wesen in die Hände eines Führers, der nun vollends sich anstrengt, die schon gebildeten künstlichen Keime zu entwickeln, und der es alles lehrt, nur nicht, sich selbst kennenzulernen, nur nicht, sich selbst zu bestimmen, nur nicht die Kunst, zu leben und glücklich zu sein. Wenn nun endlich dies Kind, das Sklave und Tyrann zugleich*

> *ist, vollgepfropft voll Wissenschaft und leer an Verstande, gleich schwach an Geist und Körper, in die Welt geschleudert wird und hier seine Albernheit, seinen Hochmut und alle seine Fehler zur Schau trägt, so hebt man an, das menschliche Elend und die menschliche Verkehrtheit zu beklagen. Aber man irrt! Das hier ist bloß das Geschöpf unserer Einbildung; der Mensch nach der Natur ist ganz anders.*

Man wird Rousseau wegen dieser seiner Widersprüchlichkeit schwerlich als Dummkopf bezeichnen wollen. Und doch ist ihm für seinen zuerst zitierten Ratschlag im Sinne Bertolt Brechts zu verzeihen, der Galilei sagen lässt: *„Wer die Wahrheit nicht kennt, ist bloß ein Dummkopf. Aber wer die Wahrheit kennt und sie eine Lüge nennt, der ist ein Verbrecher."* Nur Unkenntnis der Wahrheit ist eben nicht hinreichend für Dummheit, dann schon eher die Unfähigkeit, die Wahrheit zu begreifen. Doch sowohl die Unkenntnis der Wahrheit wie auch die Unfähigkeit, sie zu begreifen, können Folgen der gelungenen Erziehung sein.

Unter den Bedingungen der technisch entwickelten Zivilisation muss die ideologische Massen-Manipulation mangelhaft sein. Zumindest technisch sind die Menschen in der Lage, in sehr kurzer Zeit beliebige Länder zu besuchen und zu sehen, was dort geschieht. Die elektronischen Medien sind fast überall wirksam. Auf internationaler Ebene bieten sie Informationen und Meinungen, die die Beeinflussung durch ein Meinungsmonopol erschweren. Aus diesem Grund reicht in Staatssystemen, die auf Manipulation angewiesen sind, diese nicht mehr aus, um die Existenz der bestehenden Machtverhältnisse zu sichern. Die Menschen sind nicht mehr in dem Maße manipulierbar, wie es dem Staat wünschenswert erscheint. Das macht es erforderlich, auch die äußere Freiheit der Menschen einzuschränken, und das verlangt äußere, sichtbare Gewaltanwendung. Je weniger wirksam die Manipulation ist, desto höher ist das Maß dieser Art staatlicher Gewalt.

Das praktische Resultat in der DDR sind die Unmöglichkeit für Bürger der DDR, frei zu reisen (dies hat aber noch weitere Gründe), die militärisch befestigte Grenze in Deutschland und der im Verborgenen wirkende riesige Apparat der Staatssicherheit. Derartige Freiheitsbeschränkungen fand man bis in die jüngste Vergangenheit auch in den übrigen Ostblockstaaten, oder man findet sie noch immer. Die Gegenwart zeigt, dass ihre Verringerung immer gekoppelt ist mit der Einschränkung des kommunistischen Machtmonopols.

Im Übrigen bestimmen die jeweiligen geographischen und ethnischen Bedingungen eines Landes die Ausprägung der Freiheitsbeschränkungen. So ist zum Beispiel das bulgarische Volk durch seine Sprache und die Lage des Landes so „gut“ ideologisch beeinflussbar, dass man dort erstaunlich oft echte Gesten des Bekenntnisses zum Staat beobachten kann. So kann es einem dort durchaus geschehen, von einem ganz gewöhnlichen Mann aus dem Volke daran gehindert zu werden, ein Wasserkraftwerk zu fotografieren. Der Staat verbietet das – der besagte Mann also auch; er hat sich mit dem Staat identifiziert und er vertritt ihn, ohne selbst über den Sinn seines Verbotes gegenüber offensichtlich arglosen Rucksacktouristen nachzudenken. Auch wird der Name Todor weiterhin vergeben. Nichts gegen diesen Namen, nur ist es der Vorname des bulgarischen Staatschefs Schiwkow. Dessen Bild hängt in jedem öffentlichen Gebäude, auch in Hotels; sogar in Berghütten findet man es. Gar so verbreitet ist Honeckers Portrait in der DDR nicht, und die Vergabe seines Vornamens ist durch ihn völlig unmöglich geworden. Bulgariens Grenzen sind auch nicht derartig gesichert wie die innerdeutsche Trennlinie. Sehr viele Bulgaren stehen zu ihrem Staat und wollen ihn keineswegs verlassen. Hinzu kommt freilich, dass es kein „Westbulgarien“ gibt. Doch im Gespräch mit Bulgaren kann man oft hören, dass ihr Land so ungefähr das fortschrittlichste der Welt ist.

Extrem wird diese Erscheinung in den asiatischen Steppen der Sowjetunion, wo in trostlosen Ansiedlungen Menschen in erbarmungswürdigen Hütten vor einem Fernsehgerät sitzen und der Überzeugung sind, ein sehr gutes Leben zu führen – sowohl des Fernsehprogramms wegen als auch wegen der Möglichkeit, es zu empfangen, aber auch auf Grund der Tatsache, dass einmal pro Woche der Tankwagen frisches Trinkwasser bringt.

Die geographischen, politischen und natürlich die ethnischen Gegebenheiten können für eine erfolgreiche Manipulation in der DDR nicht ungünstiger sein. Das Ziel der kommunistischen Erziehung, Menschen zu formen, die das ganze armselige Leben in diesem Staat als höchstes Glück empfinden, wie es Aldous Huxleys Epsilon Minus' das Fahrstuhlführen war, ist trotz oder wegen seiner Niedrigkeit unerreichbar hoch angesetzt.

1.4 Pseudomanipulation

Das Versagen des Erziehungsprozesses ist den Chefideologen der DDR durchaus bewusst. Das veranlasst sie jedoch nicht, irgendetwas an ihm zu verändern. Im Gegenteil, sie intensivieren ihn, als wollten sie sich selbst wenigstens damit Recht geben.

Die Formung des Menschen misslingt und wird bereits während der Schulzeit zu einer *nur noch zum Schein erfolgenden Manipulation.* In dieser Zeit nämlich beginnen sich die ersten Zweifel zu regen an dem täglich zu konsumierenden Gedankengut der offiziellen Ideologie. Der eiserne Vorhang ist zwar immer noch eisern, doch er ist in zunehmendem Maße fadenscheinig geworden. Dies hat die DDR zum größten Teil selbst bewirkt. Allein mit der Einrichtung hunderter „Intershops" hat die DDR in sich ebenso viele kleine Inseln geschaffen, auf denen dem Bürger ein wahrhaft glänzender Eindruck, wenn auch nur in materieller Hinsicht, vom westlichen Wohlstand vermittelt wird. Aber der Westen dringt auf vielfältigere Weise in das Leben der DDR ein: Durch das Fernsehen, durch die mit ihren „Westwagen" einreisenden Besucher, durch den technischen Fortschritt, dem die DDR mühevoll hinterherzulaufen versucht, endlich durch die Flut verschiedenartigster Literatur, die einen Eindruck von der geistigen Vielfalt des Lebens auf Messen und Ausstellungen immer wieder gewährt. Dem DDR-Bürger offenbart sich das Wesen des Westens vordergründig in der Forderung nach höchster Qualität für zu produzierende Exportgüter und in der Existenz zahlreicher Spitzenhotels und Restaurants, die nur Besuchern mit Devisen zugänglich sind. Jedes Kind glaubt: Was aus dem Westen kommt, ist besonders gut, ist besser als das, was man in der DDR zu normalen Preisen bekommt.

In einem ärztlichen Wartezimmer hob ein dreijähriges Mädchen stolz seine Beinchen und sagte zu einer ihm fremden Frau: „Ich habe Westschuhe an!" Gegen die mit dem Westen verbundene Wertvorstellung kommt die Propaganda von der Überlegenheit des Sozialismus nicht mehr an. (Dresden-Neustadt, 1987)

Das Überraschende aber ist, dass ihr daran auch gar nichts mehr zu liegen scheint. Sie sorgt selbst mit für die Identifizierung von Westen und Qualität. Das allgemein verbreitete, selbstverständliche Wissen um diesen Tatbestand ist auch eine Voraussetzung für die sogenannte „positive Entwicklung im Reiseverkehr“ ab 1986. Es ergibt sich die Frage, ob die DDR dermaßen auf ihre „Erziehung zur sozialistischen Persönlichkeit“ baut, dass sie darin keine Gefahr sieht, oder ob es ihr nicht längst nur noch auf den äußeren Schein ankommt, auf die rote Hülle, mit der die Menschen ihre eigenen Meinungen geflissentlich verdecken. Das Zweite ist der Fall.

Damit ist den Ideologen der DDR die Manipulation entgleist. Ihrer eigenen Philosophie gemäß kann man ein Umschlagen der Qualität registrieren. Das Übermaß an marxistischer Manipulation, verstärkt durch die Kontrastierung gegenüber der westlichen Welt, hat zu einer nur scheinbar stattfindenden und nur scheinbar erfolgreichen Manipuliertheit geführt, die *Pseudomanipuliertheit* genannt werden kann. Bei dieser kommt es darauf an, die gelungene Manipuliertheit vorzutäuschen. Das Ergebnis ist im Grunde nicht mehr die sozialistische, sondern die ideologisch gespaltene Persönlichkeit. Nicht jene ist mehr gefragt, sondern der Heuchler in der roten Hülle, der Marx predigt, ansonsten aber ein westliches Auto fährt und im „Delikatladen“ einkauft. Dieser „höheren Form“ der Manipulation, nämlich der zum *bewussten* Doppelwesen, kann niemand mehr entrinnen, der nicht offen mit dem Staat bricht.

Ja, es gibt ehrenvolle Mindestmaße beim Engagement für den Staat. Man kann schweigen und sich treiben lassen. Doch letztlich dient auch jeder, der dem Regime untersteht, diesem Regime und trägt zu seinem Fortbestand bei. In einer unvermeidlichen Weise erkennt er es somit doch an.

Ein wesentlicher Unterschied dieser Pseudomanipulation zur Manipulation besteht darin, dass das Wesen der

Ersten nicht offiziell eingestehbar ist, wie es mit der Zweiten indirekt geschieht, wenn sie beschönigend als „Erziehung“ bezeichnet wird. Dabei ist eine „Pseudoerziehung“ in diesem Sinn absolut nichts Absonderliches. Wenn der „Zögling“ bewusst den Forderungen des Erziehers nachkommt, nur um seine Ruhe zu haben vor weiteren Erziehungsattacken, wenn er also durchaus nicht will, was er wollen soll, sondern sich nur aus dem Muss heraus dem Willen seines Erziehers beugt, könnte man von einer solchen sprechen. Doch das tut niemand. In solchen Fällen wird lediglich Falschheit oder Hinterhältigkeit des „Zöglings“ unterstellt, die es obendrein zu bestrafen gilt. Unter der Pseudomanipuliertheit verhält sich der Mensch so, als sei er erfolgreich manipuliert – also wohlerzogen –, um die weitere Beeinflussung in Grenzen zu halten und der Strafe zu entgehen, die droht, wenn sichtbar wird, dass die Manipulation – also die Erziehung – ihr Ziel verfehlt hat. Im Unterschied zur Kindererziehung aber wird diese Art des Mitmachens nicht als Falschheit gewertet und auch nicht bestraft: Sie wird *erwartet*.

Sowohl die Ideologen als auch ihre Opfer sind sich der Entartung der Manipulation bewusst. Mit keiner staatlichen Argumentation ließe sich auch gegen dieses Wissen im Volk ankommen. Rückwirkend trägt dieser Umstand nun dazu bei, dass der Zustand der Spaltung sich weiter verschärft. Die positive Rückkopplung macht das System instabil. Es ist den Machthabern aus der Kontrolle geraten, was sie mit einem Übermaß an Staatssicherheitsmaßnahmen zu kompensieren versuchen. Dabei verrät sich ihre Nervosität immer öfter durch offenen Terror.

Die Pseudomanipulation ist überall dort präsent, wo man dem kommunistischen Erziehungsanspruch Genüge tut. Ausgenommen ist die Vorschulerziehung. In ihr ist die

Manipulation noch echt. Jedoch reichen die Gelegenheiten des Zugriffs, vor allem die dafür zur Verfügung stehenden Jahre nicht aus für eine endgültige Fixierung auf die gewünschten Denkbahnen. Sobald das Kind ein eigenes Urteilsvermögen zu entwickeln beginnt, verlässt es zumeist diese Bahnen und begreift nun sehr bald, dass zwischen seinem autonomen Denken und den von ihm erwarteten Äußerungen eine Diskrepanz besteht, die es tunlichst zu kaschieren hat. Mit dieser Spaltung wächst es auf und es wird sein Leben mit ihr verbringen, wenn es DDR-Bürger bleibt. Das ist sehr wohl die „Lebenslüge" der DDR, die verschiedene Stimmen in der Bundesrepublik schon für unwahr zu erklären versucht haben.

Selbstverständlich existieren hinsichtlich der Tiefe dieser Zerrissenheit graduelle Abstufungen. Bei wem aber gar keine Zerrissenheit besteht, liegt das nicht am Fehlen der Lüge, sondern daran, dass die Manipulation erfolgreich war und die Lüge gegenstandslos geworden ist. Das Ich eines solchen Menschen ist in so tiefe Bereiche seines Unterbewusstseins gedrängt worden, dass es bei der Annahme des neuen Ich's, für das er die Summe des von außen injizierten Wollens hält, kaum noch stört. Ihn stört auch nicht die äußere Unfreiheit, weder im psychischen noch im physischen Bereich, denn seine innere Freiheit ist auf null zusammengeschmolzen.

Doch wie gesagt bietet die DDR für eine gelungene Manipulation sehr schlechte Voraussetzungen, so dass derartige Fälle recht selten sind.

Es dürfte außerordentlich schwierig sein, die Ursachen zu analysieren, die für das individuelle Maß der sozialen Zwiegesichtigkeit, der Pseudomanipuliertheit, verantwortlich sind. Es ist anzunehmen, dass sie in der jeweiligen Eltern-Kind-Beziehung liegen, aber auch in genetisch bedingten Veranlagungen. Die Annahme der letzten liegt nah, wenn man Verhaltensstrukturen noch sehr kleiner Kinder beobachtet. Es wäre aber mit Sicherheit falsch, solche Veranlagungen als hinreichende Voraussetzungen für spätere Entwicklungsresultate zu halten. Sie können lediglich eine Wechselbeziehung mit den Einflüssen der Umwelt und den Ansprüchen der Erziehung eingehen und mit diesen zusammen den späteren Charakter des Menschen bestimmen.

Die Erziehung aber führt, sofern sie existieren, stets zur Entfaltung *negativer* Veranlagungen, weil die durch sie bedingte Identifikation mit dem Angreifer und das damit verbundene Machtstreben diese Veranlagungen besonders gut nutzen können. Daraus wiederum ist nicht abzuleiten, dass sich negative Verhaltensstrukturen nicht ohne die Veranlagung zu ihnen entwickeln können. Der Mensch ist lernfähig und er neigt natürlicherweise zum Nachahmen, so dass er, wenn die Erziehung es durchaus will, auch ohne solche Veranlagungen auskommt. Der Auffassung, die Veranlagung sei notwendige Voraussetzung für negatives Verhalten, kann nur widersprochen werden. Der erste Schritt, der von dem Übel wegführen soll, kann also nicht der gegen solche Neigungen sein, sondern nur der gegen die Erziehung.

War das eine Extrem auf der Skala der sozialen Zwiegesichtigkeit also der Fall der gelungenen Manipulation, bei dem es scheinbar keine Spaltung mehr gibt, so ist das andere der Fall der Ablehnung der Spaltung überhaupt. Dies ist der Ausstieg aus dem Spiel der Pseudomanipulation, der, wie schon gesagt wurde, den offenen Bruch mit dem Staat bedeutet. Besonders diese Offenheit ist es, die nur eine Konsequenz zulässt – und das ist die Entscheidung, diesen Staat zu verlassen.

Was heute für die DDR ein Teil der Übersiedler und Flüchtlinge ist, das waren für das Dritte Reich die

Emigranten. Sie zählten damals und zählen heute nach tausenden. Bis zu einem gewissen Zeitpunkt war das Verlassen des Landes damals auch recht unproblematisch. Dennoch kam es nicht zu einem solchen Exodus, wie er sich heute aus der DDR vollzöge, wenn ihn die Mauer nicht verhinderte. Die Flüchtlingsströme des Jahres 1989 sind nur eine Andeutung dessen, was sich bei besseren Fluchtmöglichkeiten abspielen würde.

Die Manipulation des Dritten Reiches war sicher erfolgreicher als die der DDR. Das unerhörte Maß der Verbrechen unter Adolf Hitler lässt diese nicht so leicht in Vergessenheit geraten. Deshalb haben es die neuen Herrscher schwerer. Die unterschiedliche Manipulierbarkeit des deutschen Volkes damals und heute ist unter anderem begründet in der unterschiedlichen historischen Ausgangsposition.

Eine Frage könnte sich hier auftun: Welches System ist das Üblere: das, in dem die Menschen in der Überzeugung der Redlichkeit dem Ungeist dienen oder jenes, welches die Menschen wider ihren Willen dazu zwingt? Mitunter mag es so aussehen, als sei das Verwerfliche am realen Sozialismus nur diese seine Verlogenheit. Der Nationalsozialismus hat doch wahrlich Schlimmeres auf seinem Konto. Dass dies so ist, „verdanken“ wir diesem selbst. Er hat seine Verbrechen hoffentlich auf lange Zeit unmöglich gemacht. Nur beginnt das Verbrechen nicht erst in der Gaskammer. J. W. Stalins Rolle im Zweiten Weltkrieg, der Einmarsch der Warschauer-Pakt-Truppen in die Tschechoslowakei 1968, die „Politik“ eines Nicolae Ceauşescus und immer wieder die Existenz der Mauer, hinter der Willkür und Terror den Menschen bei Bedarf in tausend Einzelschicksalen das Rückgrat brechen, sind nur einige Beispiele für Taten, denen die Existenz einer sozialistischen Ordnung in keiner Weise hinderlich ist, und die durch die KZ's Hitlers nicht zu Kavaliersdelikten oder Bagatellen werden können.

Die Frage nach dem größeren Übel ist daher nicht besonders fruchtbar. Das Übel beginnt mit dem Machtanspruch der Diktatur und der von ihr ausgehenden Gewalt, mit der sie „diesen Anspruch durchsetzt", gleichgültig, ob sie sich dabei einer mehr oder einer weniger gelungenen Manipulation bedienen kann. Dieses ist die Basis, auf der jedes Verbrechen von neuem gedeihen kann, wenn nur ausreichend Gras über dem Vergangenen gewachsen ist. Was Hitler und Konsorten den Juden antaten, glaubten viele nicht – aber *möglicherweise* hätten sie es geglaubt und nicht geduldet, wenn über der Million armenischer Opfer der Herrn Enver Pascha und Talât Pascha und deren Gefolge nicht bereits eben dieses Gras gewachsen gewesen wäre.

2. In den Vorschuleinrichtungen

2.1 Grundsatzfragen

Die erste unausweichliche Pflicht des Menschen der zivilisierten Welt begegnet ihm in Form der Schule. In der DDR ist die Schule das Hauptinstrument der Erziehung, genauer gesagt, der kommunistischen Erziehung, allgemein gesagt, der intentional-substantiellen Erziehung – und also der Manipulation.

Zum Zeitpunkt des Eintritts in die Schule hat der Mensch bereits sechs bis sieben Jahre gelebt. Schon diese Zeit war angefüllt mit Formungsversuchen der Macht. Orte dieses Geschehens sind erst in zweiter Linie das Elternhaus. An erster Stelle stehen die Krippen und vor allem die Kindergärten. In der Krippe beschränkt man sich auf vorbereitende Dressur. Die Krippen sind dem Gesundheitswesen angegliedert, die Kindergärten, in denen die unmittelbare ideologische Einflussnahme beginnt, der „Volksbildung".

Niemand ist gesetzlich verpflichtet, sein Kind in eine Krippe oder einen Kindergarten zu geben. Zum „Leidwesen" des Staates gibt es auch noch immer nicht genug Krippenplätze. Dennoch ist ihre Zahl so hoch, dass es als Ausnahme gilt, wenn ein Kind bis zum dritten Lebensjahr zu Hause bleibt. Bei den Kindergärten ist das anders; hier ist der Bedarf vollständig gedeckt. Bleibt ein Kind trotzdem zu Hause, so ist das beinahe eine Sensation, über die die Lehrerin der ersten Klasse verständnislos den Kopf schütteln wird.

Der „Bedarf" an Krippen- und Kindergartenplätzen wird vom Staat stimuliert. Liegt sein Interesse an einer hohen Zahl von Krippenplätzen noch in der Arbeitskraft der Eltern begründet, so überwiegt hinsichtlich des Kindergartens der Wunsch, den neuen Menschen möglichst bald unter seinem Einfluss zu haben. Für die Bedarfsbildung ist dieser Unterschied unerheblich. Der Bedarf des Kindes schließlich, an den nach Maßgabe der Vernunft als erstes zu denken wäre, interessiert den Staat überhaupt nicht. Er erreicht sein Ziel einfach durch ökonomischen Druck.

Das Monatseinkommen einer Familie ist für die zum Standard erhobene Lebensqualität nur dann ausreichend, wenn beide Eheleute verdienen. Dieser Standard ist keineswegs hoch. Unter westdeutschen Verhältnissen grenzt er bereits an Armut. Die Lebensqualität, die für eine Familie bei nur einem Verdiener noch möglich wäre, kommt im Westen auch für Sozialhilfeempfänger kaum in Betracht.

Durch anhaltende Propaganda hat es der Staat außerdem erreicht, dass dem ökonomischen Druck auch jenseits des Ökonomischen kein allzu großer Widerstand entgegengesetzt wird, meist gar keiner. Die strapazierten Argumente dieser Propaganda sind das von der Selbstverwirklichung des Menschen im Arbeitsprozess und das vom Wert der Gemeinschaft, in der das Kind sowohl in der Krippe wie auch im Kindergarten lebt. Dass die Eltern selbst viel mehr für ihre Kinder da sein müssten und könnten, bedenken nur wenige.

Dafür hört man oft von jungen Müttern, dass sie sich zu Hause langweilten (wenn überhaupt einer der beiden Ehepartner zu Hause bleiben soll, so kommt dafür zuerst die Frau in Betracht). Da das gesamte Leben in der DDR auf das Arbeitengehen ausgerichtet ist, haben diese Frauen nicht unbedingt Unrecht. Eine Frau, die zu Hause bleibt, ist sehr wahrscheinlich in weitem Umkreis die einzige. Ihr Lebensbereich beschränkt sich tatsächlich auf kaum mehr als Kinder, Küche, Kochtopf. Der Umgang mit anderen fehlt ihr und sie sucht ihn auf der Arbeitsstelle. Dabei kommt ihr das zweite Argument der Propaganda zur Hilfe, das im Gegensatz zum ersten, das seinen Ursprung allzu offensichtlich zur Schau trägt, bedenkenlos geglaubt wird. Doch die Behauptung, Kleinkinder brauchten den Umgang mit Gleichaltrigen notwendig für ihre soziale Entwicklung, ist betreffs der Kinder im Krippenalter durchaus ein Streitpunkt.

2.2 Die Krippe

Informationen darüber, etwa an Hand von Literatur über frühkindliche Psychologie, sind unzugänglich, denn derartige Literatur wäre zu importieren. Aufklären darf nur der Staat. Schon dieses Vorrecht beweist, dass er es nicht tut. Sein Monopol kann nur dazu dienen, irrezuleiten, was ihm so gut gelingt, dass die Eltern das panische Geschrei ihrer Kinder nicht erreicht, wenn sie diese auf den Armen fremder Frauen zurücklassen. Irgendwann finden sich die Kinder ja ab, und den Erwachsenen zeigt ihr Ruhigwerden, dass wieder „alles in Ordnung“ ist.

Der sich in den ersten Lebensjahren des Menschen entwickelnde Intellekt ist nach drei Jahren noch nicht in der Lage, sinnvoll mit Gleichaltrigen kommunizieren zu können. Dementsprechend besteht danach auch kein Bedarf. Die Versuche der Kinder, mit anderen Kontakt aufzunehmen, richten sich in erster Linie auf die Betreuungspersonen, die in der Sprache der DDR „Krippenerzieherinnen“ heißen. Denn Kommunikation beinhaltet immer das Eingehen des Einen auf die Äußerungen des Anderen. Ebenso wie das Sprechenlernen erfolgt das Erlernen des Kommunizierens mit Hilfe von Menschen, die bereits sprechen bzw. kommunizieren können. Erfolgt das Eingehen nicht, redet man „aneinander vorbei", jeder führt dann nur noch einen Monolog. Auch ein Monolog kann sinnvoll sein, wenn er beim Ordnen des Gedachten hilft.

Der Dialog hat auf Grund seiner ergänzenden Funktion jedoch ein viel höheres Erkenntnispotential. Voraussetzung für ihn ist aber eine gegenseitige Identifikation, die aus dem Mitdenken der Äußerungen des Anderen erwächst. Die Fähigkeit dazu ist bei vielen Erwachsenen nicht vorhanden; sie muss aber unweigerlich fehlen, solange sich noch nicht einmal das eigene Ich manifestiert hat, wie es in den ersten Lebensjahren des Kindes der Fall ist. Darüber hinaus sind die Kinder genötigt, mehrere Beziehungspartner zu haben, was den ständigen Wechsel ihrer Einstellung auf diese bedeutet. Für sie ist das eine schwer zu bewältigende Aufgabe, die die psychische Entwicklung entscheidend belasten kann.

Doch Grundsätze frühkindlicher Entwicklung sind in der Bevölkerung fast völlig unbekannt. Wo sie zur Diskussion gebracht werden, stoßen sie oft auf Widerstand. Die Phrasen der kommunistischen Propaganda nehmen die Plätze der notwendigen Erkenntnis ein. So ist man viel eher geneigt zu glauben, was unter „Volksbildungswesen" etwa im „Kleinen Politischen Wörterbuch" unter anderem steht, dass nämlich *„die Kinderkrippen eine gesunde Entwicklung der Kinder bis zum 3. Lebensjahr, die Herausbildung ihrer körperlichen und geistigen Kräfte, des Sprechens und Denkens sowie die Gewöhnung an Ordnung und Sauberkeit gewährleisten."*

In der DDR existiert eine Zeitschrift, die den Titel trägt „Neue Erziehung im Kindergarten". Aus ihr wird noch reichlich zu zitieren sein, weil sich das Wesen der kommunistischen Kindererziehung kaum besser belegen lässt. Gelegentlich werden in ihr auch Beiträge zur Krippenerziehung unterbreitet. Ein solcher steht unter der Überschrift *„Zur Entwicklung von gegenseitiger Zuwendung und Aufmerksamkeit der Kinder im Säuglingsalter durch das Manipulieren mit Spielzeug“*. (Es ist bemerkenswert, dass es in diesem Artikel auch um Kinder im Alter *unter* einem Jahr geht. Die Aufnahme von Kindern dieses Alters ist nicht die Regel, jedoch unter bestimmten Bedingungen möglich.) Es lohnt sich, hieraus großzügig zu zitieren, wenn man sich das Wesen der Erziehung hinsichtlich ihrer Intentionalität und ihrer Identität mit Manipulation stets vergegenwärtigt. Um *„Aufmerksamkeit und gegenseitige Zuwendung systematisch zu fördern“*, ging man folgendermaßen vor [14]:

> *Wir begannen mit <u>individuellen Anleitungen</u>. Darunter verstehen wir die kurzdauernde Einflußnahme der Erzieherin auf das einzelne Kind. Während dieser Anleitungen entwickelte sich zwischen der Erzieherin und dem einzelnen Kind ein enger Kontakt. Die Erzieherin rief jeden Säugling beim Vornamen, streckte ihm die Arme entgegen, lächelte, setzte oder legte ihn an den Ort, wo sie sich mit ihm gerade beschäftigen wollte. Jede einzelne Handlung an oder mit dem Kind begleitete sie mit einfachen und liebevoll betonten Worten. Mit viel Geduld spornte sie den Säugling an, motivierte jede Aktivität, belohnte den kleinsten Erfolg und die emotionalen Reaktionen durch Streicheln, auf den Arm nehmen, liebkosen. Die anderen Kinder konnten dieses Verhalten der Erzieherin ständig von der Box aus beobachten. Durch lebhafte Bewegungen, Mimik, Gestik und Vokalisation versuchten sie, die Aufmerksamkeit der Erzieherin auf sich zu lenken bzw. ihr mitzuteilen, daß sie auch spielen möchten. Anita (10,5 Monate alt) gelang es mehrere Male, durch das Gitter zu greifen und*

die Erzieherin am Kittel zu zupfen, während diese mit Enrico auf der Matte beschäftigt war. Das Kontaktbedürfnis der Kinder zum Erwachsenen war so groß, daß sie ständig nach neuen Mitteln und Wegen suchten, auf sich aufmerksam zu machen. Es erwies sich als äußerst günstig, wenn die Kinder die Erzieherin sowohl bei der Vorbereitung auf die individuelle Anleitung als auch während der unmittelbaren Beschäftigung mit dem einzelnen Säugling beobachten konnten. Das stimmte sie freudig auf das bevorstehende gemeinsame Tätigsein ein und stimulierte sie, bestimmte Bewegungen und Handlungen nachzuahmen.
Doreen (8 Monate alt) gab sich bei einer individuellen Anleitung große Mühe, die Bewegungen der Erzieherin zur Singzeile „Backe, backe Kuchen“ nachzuahmen. Sie zappelte mit beiden Armen, war freudig erregt, zeigte mit ihren Fingerchen auf den Mund der Erzieherin und rief: „Da!“ Es gelang ihr noch nicht, die Hände aneinanderzuklatschen. Die Erzieherin liebkoste Doreen und lobte sie. Etwa sieben Minuten später führte die Erzieherin das gleiche Spiel mit Dajana durch. Doreen beobachtete sie, schlug ihre Hände freudig aneinander und lachte laut dabei. Auch diesen Erfolg würdigte die Erzieherin entsprechend. Die unmittelbare Einflußnahme auf einzelne Kinder förderte sowohl die Zuwendung zum Erwachsenen als auch die Bewegungsentwicklung und das Hantieren mit Spielgegenständen.
...

Gewiss ist dies noch nicht die „höhere“ geistige Manipulation, die später einsetzen wird, aber es werden genau dieselben Strukturen sichtbar. Jedes Lächeln der Erzieherin ist Bestandteil ihres pädagogischen Kalküls. Die Freundlichkeit ist nicht spontan aus einem Gefühl mütterlicher oder menschlicher Liebe da. Sie ist intentional geplant und somit notwendigerweise falsch. Sie gilt nicht mehr dem Kind, sondern dem pädagogischen Ziel. Das zweimal erwähnte große Kontaktbedürfnis zum Erwachsenen wird nicht etwa in entwicklungspsychologischer Sicht gedeutet. Die Tatsache, dass „Einflussnahme auf" vom Kind nur als „Beschäftigung mit" gewertet werden kann, wird übersehen.

Dem Thema des Beitrages gemäß wird im weiteren Text ausgeführt, dass man das „Hantieren mit Gegenständen" nun „angelernten" Säuglingen überließ, woraufhin der „Effekt" auftrat, dass ein anderes Kind sich für eben diesen Gegenstand interessierte. Dies bewirkte eine Kontaktaufnahme zwischen beiden, die man nun als das erreichte Ziel interpretiert. Doch dafür hätte man sich die Mühe sparen können – jede Mutter weiß, dass sich ein Kind auch ohne diese „professionelle" Einflussnahme immer für jenes Spielzeug besonders interessiert, das sich gerade in den Händen eines anderen Kindes befindet.

Doch worin bestand die Mühe? Finden die Kinder die richtige Mimik, erhalten sie Zuwendung. Das ist eine sehr alte Methode: Findet die Ratte die richtige Taste, erhält sie Nahrung. Ein sechs Monate altes Kind lernte es in kurzer Zeit, zu einem Spielzeug zu robben: *„Vier Wochen später robbte er achtmal, dann zehnmal zu einer begehrten Schachtel."* Anstatt dem Kind die Freude am Erfolg zu lassen, wird es sieben- oder neunmal frustriert und zurückgesetzt, wie ein Marienkäfer, der den Weg zur Fingerspitze zehnmal, klettern muss, ehe er losfliegen darf.

Dies ist das Niveau wissenschaftlicher Pädagogik; der Beitrag beschreibt den Inhalt einer Diplomarbeit. Freilich ist nicht jede Krippe Ort derartiger wissenschaftlicher Forschungen. Immerhin aber erhebt man den Anspruch, dass die *„Erzieherinnen die gewonnenen Einsichten unter den jeweils vorhandenen Bedingungen anwenden"*. Da die Krippen sehr oft personell unterbesetzt sind, bleibt glücklicherweise entsprechend wenig Zeit zum Experimentieren.

Trotzdem bleibt die Krippe in erster Linie der Aufbewahrungsort der Kinder während der Arbeitszeit der Eltern. Weil dies so ist, wird die leichte Handhabbarkeit der Kinder gewünscht und gefordert. Daher ist auch die Aufnahme von Kindern unter einem Jahr eine an bestimmte Voraussetzungen gebundene Ausnahme, über die von Fall zu Fall entschieden wird. Die Dressur, durch die die verlangte Handhabbarkeit erzielt wird, die Schmutzarbeit gewissermaßen, überlässt man den Müttern. Die Kinder haben „sauber" zu sein und aus der Tasse trinken zu können. Da die Mütter an der baldigen Wiederaufnahme ihres sozialen Umgangs im Berufsleben interessiert sind, den sie durch ihr Kind ein Jahr lang zu entbehren hatten (somit der Prozess ihrer Selbstverwirklichung ein Jahr lang ruhte), setzen sie einiges daran, um ihr Kind die Aufnahmequalifikation erreichen zu lassen. Schon jetzt also muss das Kind die Bedürfnisse seiner „Erzieher" über die eigenen stellen, die es schon jetzt zu verdrängen hat. Denn diesen gemäß, die angepasst sind an die freie Entwicklung der Motorik und der Fähigkeit, körperliche Funktionen zu steuern, hat es an der dem Erwachsenen zweckdienlich erscheinenden Verwendung einer Tasse kein Interesse, ebenso wenig an der Regulierung seiner Ausscheidungsvorgänge.

Die Krippe setzt die zu Hause begonnene Linie natürlich unmittelbar fort. Auch ohne die anspruchheischenden Pädagogikmätzchen bleibt sie ein Ort der Dressur. Die Kinder werden gefüttert, schlafengelegt, geweckt, ausgeführt und „getopft". All dies geschieht nicht nach Maßgabe ihres Organismus, der einzig sinnvollen Maßgabe also. Das machte ein tatsächlich *individuelles* Eingehen erforderlich, wozu aber letztlich nur die Mutter in der Lage wäre. In der Krippe bestimmt das Interesse der Erwachsenen an leichter Handhabbarkeit und einem rationellen Tagesablauf das Geschehen. Wie sie gleichzeitig schlafen, so sitzen sie dann auch in langer Reihe auf ihren Töpfchen und drücken, am Aufstehen mitunter gehindert, weil man sie festgebunden hat. Zum Fixieren eignen sich zum Beispiel Windeln und die Heizkörperverkleidung. Liegt nach normierter Zeit der Erfolg im Topf, so folgt das obligate Lob, andernfalls ein bedenkliches Gesicht – die Tante ist dann sehr traurig.

Der Aspekt des Erzieherischen ist jedoch nicht hinreichend, um das Wesen der Einrichtung Krippe zu kennzeichnen. Deshalb sei hier auch auf den zweiten Gesichtspunkt eingegangen, zumal er dasjenige beinhaltet, was häufig Eltern noch zur Kritik an der Krippe veranlassen kann. Gleichzeitig lenkt er den Blick auf ihre übergeordnete Institution, das Gesundheitswesen, und auf die Umweltproblematik.

Es handelt sich um die permanente Durchseuchung der Krippen mit Erkältungskrankheiten, die in der alltäglichen Medizin in der DDR kurz als „Infekt" bezeichnet werden. Dem Staat sind sie eine große Sorge, obwohl sie aus dem Wesen der Krippen erst hervorgehen. Denn dieses besteht ja, wie gesagt, in ihrer Funktion als staatlicher Massenbabysitter, der die Eltern für Wichtigeres freihalten soll. Dies bedingt, dass Krankschreibungen der Mütter wegen Erkrankungen ihrer Kinder prinzipiell zu kurz bemessen werden, so dass die Kinder noch nicht wieder gesund sind, wenn sie wieder in die Krippe kommen. Sie stecken andere Kinder an und werden selbst oft rückfällig. Die sehr kritische Luftverschmutzungssituation schafft darüber hinaus die organischen Voraussetzungen für eine erhöhte Anfälligkeit. So gilt es schon weitgehend als normal, dass Krippenkinder ständig krank sind. Wegen anhaltenden Hustens oder Schnupfens geht man schon kaum noch zum Arzt, man wertet dies kaum noch als Kranksein.

Anlass zu tiefgreifender Überlegung ist dies kaum. Am ehesten denken die Eltern noch darüber nach, ob sie nicht dem Drängen ihres (fast immer staatlichen) Betriebes nachgeben und der sogenannten „Freiwilligen Zusatz-Rentenversicherung“ (ebenfalls selbstverständlich staatlich) beitreten sollten. Diese als „FZR“ bezeichnete Versicherungsform verspricht nämlich nicht nur eine höhere Rente, sondern lockt auch mit wesentlich mehr Krankengeld, wenn die Summe der Krankschreibungszeiten im Jahr ein bestimmtes Limit überschreitet. Für Eltern eines Krippenkindes ist sie also durchaus lukrativ.

Die Wertschätzung der beruflichen Arbeit geht so weit, dass die Eltern über die Erkrankung ihrer Kinder während des Krippenaufenthaltes nicht benachrichtigt werden dürfen, wenn damit eine Störung ihrer beinahe als Kult angesehenen Berufstätigkeit verbunden wäre. Erst am späten Nachmittag, wenn sie ihr Kind abholen, teilt man den Eltern mit, dass ihr Kind erkrankt sei, Fieber habe und sie mit ihm zum Arzt gehen müssten.

Die Arbeitszeit ist heilig, unabhängig davon, inwieweit sie richtig genutzt werden kann. Das Gesundheitswesen der DDR hat in erster Linie die Aufgabe, die Arbeitskraft des Menschen zu erhalten oder wiederherzustellen. Man wird nicht mehr „krankgeschrieben“, sondern „AU“, was „arbeitsunfähig“ heißt. Mit der Zuordnung der Krippen zum Gesundheitswesen gesteht der Staat letztlich ungewollt ein, dass ihm Kinder ein pathologischer Fall sind. Er muss sie in Kauf nehmen, weil Menschen nicht anders beschaffbar sind. Ihre Aufzucht soll aber den

Produktionsprozess möglichst wenig beeinträchtigen. Deshalb, und nicht weil sie unangenehm sind und schicksalsschwer sein können, versucht man, Krankheiten zu vermeiden. Man ist diesbezüglich mitunter erstaunlich offen [15]:

> *Die hohe Morbidität macht Masern zu einem sozioökonomischen Problem. Vordergründig zu nennen sind die hohen volkswirtschaftlichen Kosten durch den Arbeitsausfall der erwerbstätigen Mütter und die Kosten für stationäre und ambulante Behandlung. Die durch Masern-Erkrankungen hervorgerufenen volkswirtschaftlichen Gesamtkosten wurden für die DDR auf 50 Millionen Mark pro Jahr geschätzt.*

Dies ist der Grund für die gesetzlich vorgeschriebene Masern-Schutzimpfung in der DDR; sinngemäß gilt es für alle zwangsweise verabreichten Medikamentierungen.

Über die Berechtigung eines Impfzwangs, mit dem die Nötigung zum Tragen des Impfrisikos verbunden ist, kann man vielleicht streiten, auch wenn das Risiko noch sovielmal geringer ist als die Wahrscheinlichkeit einer komplikativ ablaufenden Erkrankung. Über die hinter all diesen Maßnahmen stehende Absicht, für die die Gesundheit nur Mittel zum Zweck ist, muss sich jeder Streit erübrigen. Denn hier zeigt sich, dass nicht der Mensch im „Mittelpunkt aller Bemühungen“ steht, sondern sein Arbeitsvermögen, nicht die Zahnschmerzen gilt es zu vermeiden, sondern die Kosten für die Behandlung, nicht die Diphterie eines Kindes ist das Übel, sondern der Arbeitsausfall der Mutter.

Eine solche Abtrennung vom humanistischen Aspekt kann nur unvollkommen sein. Sie kann nur gewaltsam erzwungen werden, was letztlich ein Grund für das Ambodenliegen des DDR-Gesundheitswesens und für den hohen Anteil von Ärzten unter den Antragstellern ist. Wenn man dennoch ein wenig das Gefühl hat, dass einem beim Arzt geholfen werden soll, so liegt das daran, dass der Arzt als Mensch mit Menschen umzugehen hat und nicht irgendwelche Industrieroboter repariert. Er bildet einen mehr oder weniger wirksamen Puffer zwischen der staatlichen Absicht und der letztlich eintretenden Wirkung.

Die in den Krippen stets umgehenden Viren sterben aber auch aus einem anderen Grund nicht aus. Bei ausreichender Widerstandskraft wären verfrühte Gesundschreibung, gegenseitige Ansteckung und schadstoffreiche Luft möglicherweise viel weniger wirksam. Dieser Grund besteht in der äußerst mangelhaften Versorgung der Bevölkerung mit vitaminreichen Nahrungsmitteln und in dem durch den Arbeits- bzw. Krippenalltag bedingten Tagesablauf. Der Tag steht im Zeichen der 8 3/4 Stunden währenden Arbeitszeit, aus der sich zusammen mit den vorgeschriebenen Pausen 9 1/2 Stunden Aufenthalt im Betrieb ergeben. Der Arbeitsweg ist eine wesentliche Quelle täglichen Stresses, da er zumeist in überfüllten und häufig unpünktlichen öffentlichen Verkehrsmitteln zurückgelegt wird. Die täglich notwendigen Verrichtungen und Besorgungen sind zeitaufwändig und zudem Anlässe zu Frustrationen, wenn es bei vergeblichen Versuchen bleibt, was sehr oft der Fall ist. Am Ende bleibt fast keine Zeit für ein Familienleben. Der Kontakt zwischen Eltern und Kindern beschränkt sich auf die Prozedur des Zubettbringens und steht unter den Anzeichen allgemeiner nervlicher Überlastung aller. Um diese gering zu halten, müssen die Kinder zeitig zu Bett, denn zu typisch deutsch früher Stunde werden sie wieder geweckt, um vor dem Arbeitsbeginn der Eltern wieder in der Krippe zu sein.

Unter derartigen Bedingungen kann von „gesunder Lebensweise" nicht die Rede sein. Solche Bedingungen wirken sich aber nicht nur auf die physische Widerstandskraft aus, sondern ebenso auf die psychische Gesundheit. Diese liegt nur nicht im Blickfeld des instandhaltenden und instandsetzenden Gesundheitswesens. Die bestehenden Abteilungen für Psychiatrie, auch für Kinderpsychiatrie, treten erst bei sehr auffälliger Abnormität in Aktion. Trotzdem sind auch sie völlig überlaufen. Die unauffälligen Gemüts- und Verhaltensstörungen aber, die massenhaft auftreten, werden entweder nicht gesehen oder bagatellisiert. Der Einsatz von Psychologen in Kindereinrichtungen ist nicht üblich. Ausrichten allerdings könnten diese ohnehin nichts, denn nähmen sie ihre Arbeit ernst, müsste ihnen schon beizeiten die Erkenntnis kommen, dass keine Therapie vonnöten ist, die bei den Kindern anzusetzen hätte.

So wird auch am Prinzip nicht gerührt – die Krippe bleibt das Normale, über eine Diagnose dessen ist man erhaben.

Beantragt eine Frau einen Krippenplatz, ohne dass er ihr zur Verfügung gestellt werden kann, gewährt ihr der Staat eine finanzielle Unterstützung. Dies ist keine freundliche Geste, sondern einer der seltenen Fälle der Einsicht des Staates in das Notwendige. Die Verteilung der Krippenplätze erfolgt nicht nach der Reihe der Bestellungen, wie es bei Autos und Gefrierschränken der Fall ist, sondern nach dem „gesellschaftlichen Wert" der Arbeit der Mutter. Ärztinnen erhalten grundsätzlich Krippenplätze für ihre Kinder, sofern sie sie beantragen. Wer von ihnen das unterlässt, verliert den Anspruch auf seine Arbeitsstelle nach Ablauf des ersten Lebensjahres des Kindes. Da niemand „irgendwo" arbeiten möchte, sondern fast jeder auf seinen alten Arbeitsplatz zurückwill, wird die Krippe auch hierdurch de facto zur Notwendigkeit. „Sein Kind nicht in die Krippe geben *zu müssen*“, ist das glückliche Ergebnis des Zusammenspiels mehrerer günstiger Umstände für die Frau, die dies nicht möchte. Eine freie Entscheidung ist es nur insofern, da es keine gesetzliche Verpflichtung gibt.

2.3 Der Kindergarten

Das zuletzt über die Krippen Gesagte ist hinsichtlich der Kindergärten nicht anders. Von einem Sozialisierungs*zwang* kann jedoch nun nicht mehr gesprochen werden. Die Kinder haben die Bindung an ihren ersten Beziehungspartner gelockert und wenden sich nun auch gleichaltrigen zu. Das aber können sie aus praktischen Gründen nur im Kindergarten, wo sich nämlich fast alle Kinder die meiste Zeit des Tages über aufhalten. Sehr oft werden auch Kinder von Müttern, die wegen eines weiteren Kindes noch zu Hause bleiben, in den Kindergarten geschickt, damit sie Spielgefährten finden, aber auch zur Entlastung der Mutter. So gesehen ist der Kindergarten unter Hinzunahme der weiterhin geltenden ökonomischen Gründe ebenso obligat wie die Schule.

Nur besteht hier noch nicht so unumschränkt das Monopol des Staates, denn noch haben sich die Kirchen aus alter Tradition heraus das Recht bewahrt, Kindergärten zu unterhalten. Dem Staat missfällt dies, weshalb er sie umso argwöhnischer überwacht. Bei Verletzungen der Hygiene- oder Sicherheitsbestimmungen droht er ihnen schnell mit Schließung. Eine solche Einrichtung darf es sich nicht erlauben, länger als zehn Tage zu schließen, denn dies wertete der Staat als Beweis der Entbehrlichkeit, woraufhin er die Wiedereröffnung unterbände.

So unbeliebt sie beim Staat sind, so begehrt sind die kirchlichen Kindergärten in einem Teil der Bevölkerung. Vor allem viele akademisch Gebildete versuchen, ihre Kinder hier unterzubringen. Bei nur wenigen liegen die Gründe dafür tatsächlich im religiösen Bereich. Der große, nicht zu bewältigende Zustrom beruht im Wesentlichen auf der Flucht vor dem, was in den staatlichen Kindergärten geschieht.

Gemeint ist hier nicht die Methode, sondern der Inhalt des Gedankengutes, das den Kindern dort vermittelt wird. Denn die Methode ist überall gleich; noch nirgendwo hat man bislang auf Methode schlechthin verzichtet. Sobald man das aber nicht tut, schwimmt man im Fahrwasser des Intentional-Substantiellen, mithin der Manipulation.

Was soll ein vier- bis sechsjähriges Kind darüber denken, wenn man es singen lässt „Niemand ist größer als unser Herr und Gott“ oder „Das Meer, die Wiesen und den Wald, alles hat Gott gemacht“? Die Kinder singen das nach, weil es verlangt wird, nicht, weil sie den Worten irgendeinen Sinn abgewinnen könnten. Die „Erzieherin“ ist mit dem mechanischen Nachsingen auch völlig zufrieden. Das Verstehen komme später von selbst. Aber wo das Verstehen kommt, kommt es auch ohne solche Verse – es kommt ohne solche Verse sogar leichter. Sie sollen die Richtung vorsichtshalber schon mal immer bestimmen, doch das bedeutet bereits Unfreiheit der geistigen Entwicklung.

Verglichen mit den staatlichen Kindergärten aber ist die Intensität dieses Einwirkens geradezu harmlos. Was in jenen geschieht, möchten viele Eltern ihren Kindern nun doch nicht so einfach angedeihen lassen – die Schule beginnt ohnehin früh genug. Man muss sein Kind nicht schon ab dem dritten Lebensjahr der „Rotlichtbestrahlung“ aussetzen. Dieser Wunsch erleichtert weniger das Los der

Kinder als das der Eltern. Die Kinder nämlich empfinden den ideologischen Druck noch gar nicht als solchen. Damit das so bleibt, müssen die Eltern gute Miene machen zum bösen Spiel. Gerade die kindliche Unbefangenheit ist es, die die Kinder so leicht manipulierbar macht und die den Staat so großen Wert legen lässt auf den frühestmöglichen Einsatz seiner Erziehung. Bewahrung vor der materiell-militaristischen Manipulation des staatlichen Kindergartens durch die Eltern bedeutete schon jetzt die Offenbarung der Notwendigkeit einer Doppelgesichtigkeit und Zerstörung des in Unwissenheit begründeten Seelenfriedens des Kindes. Bewahrung vor der Manipulation zwänge somit zur Pseudomanipulation. Die Ehrlichkeit der Eltern ihren Kindern gegenüber bedingt die wissentliche Unehrlichkeit der Kinder gegenüber ihrer gesellschaftlichen Umwelt. Dies ist das Dilemma der Lüge − den Eltern bliebe nur, ihren Kindern zu sagen: So ist die Welt, in der ihr lebt.

Einen Ausweg, wenigstens bis zum Schulalter, bilden die kirchlichen Kindergärten, und daher der große Zustrom dorthin. Ein zusätzlicher Grund für den Andrang in kirchlichen Kindergärten besteht bei vielen, die sich nicht über die ideologischen Inhalte und schon gar nicht über die Methode Gedanken machen, im herrschenden Ton. Von Ausnahmen abgesehen ist dieser eher ein freundlicher als in den staatlichen Einrichtungen. Das ergibt sich daraus, dass hier die Liebe gepredigt, selbst wenn sie zum Dogma erhoben, dort aber der Hass gezüchtet wird.

Eine solche Behauptung muss den Widerspruch der Betroffenen erzwingen. Denn schließlich führt auch der Staat die Liebe in seinem Vorschullehrplan. Er will die Kinder *„zur Liebe zum sozialistischen Vaterland und zum Frieden erziehen"* [16], will *„freundliche Gefühle* [der

Kinder] *zu den Menschen in der Sowjetunion herausbilden"* [17]. Es liegt in der Natur der Sache, dass Liebe, wenn sie wie ein fokussierter Lichtstrahl auf einen Ort gerichtet wird, den Rest der Welt im Dunkeln lässt. Fehlende, das heißt nicht suggerierte Liebe aber wird sehr leicht als Hass verstanden, wenn nur der leiseste Anstoß dazu erfolgt und wenn die Struktur der traditionellen Machtverhältnisse durch den intentional-substantiellen Umgang bereits angelegt worden ist.

An derlei Anstößen mangelt es nicht. Der Effekt ist beabsichtigt, nur nimmt er sich nicht fein aus. Man lässt ihn wirken, ohne ein Wort darüber zu verlieren. Im Übrigen kann Militarismus gar nicht ohne Hass bestehen, und dass es sich in der Praxis des staatlichen Kindergartens um diesen handelt, wird noch zu sehen sein. Gemessen an den Ungeheuerlichkeiten, die die Zeitschrift „Neue Erziehung im Kindergarten" (übrigens die einzige in diesem Ressort) großformatig immer wieder publiziert, nähme sich dabei die offene Hassproklamation gar nicht seltsam aus.

Die Wirksamkeit dieser Zeitschrift dürfte indes gering sein, was tröstlich ist. Schlägt man ein beliebiges Exemplar auf, so begegnet einem auf der ersten Seite ein Beitrag zur „marxistisch-leninistischen Weiterbildung". Für die Durchschnitts-Kindergärtnerin, die diese Zeitschrift auf dem Schreibtisch ihrer Leiterin, die sie pflichtgemäß abonniert hat, findet, dürfte sich die Lektüre schon mit dieser Überschrift erledigt haben. Kein Mensch, der nicht zu den aktiven, publizierenden Verbreitern der Ideologie gehört, „bildet" sich freiwillig auf diesem Gebiet selbst. Ohnehin ist das Gerede, das die Parteischreiber in dieser Zeitschrift monatlich zum Besten geben, derselbe alte „ML-Kram", den man während seiner Ausbildungszeit jahrelang über sich ergehen lassen musste. Auf die dauernden Rüstzeiten hierzu verzichtet der Normalbürger nach Möglichkeit.

Hat also die Zeitschrift gewiss nicht viel Einfluss, so ist sie doch ein Beleg dafür, was in den Kindergärten der DDR geschehen soll und immerhin verschiedentlich tatsächlich geschieht; und hier und da mag eine „300%ige“ 22-jährige Genossin Erzieherin sein, die doch weiterblättert.

Selbst wenn nur selten so heiß gegessen wird, wie es in dieser Zeitschrift gekocht sein will, sind die Berichte in ihr bestimmt nicht anzuzweifeln, und der sichere Anspruch auf Beispielhaftigkeit ist erschreckend genug.

Wie gesagt – es geht jetzt nicht um das alles durchdringende, schier unausrottbar scheinende Prinzip der intentional-substantiellen Erziehung. Es ist vielmehr die unglaubliche Primitivität und Brutalität seiner Anwendung zum Zwecke der ideologischen Indoktrination, in deren Mittelpunkt ein unfasslicher Militarismus steht. Dafür soll ein Artikel beispielgebend sein [18], wobei es schwerfiel, die Wahl zu treffen, denn die Beiträge überbieten einander an Ungeheuerlichkeit.

Wie Vorschulkinder an der Vielfalt unseres sozialistischen Lebens teilnehmen.

Die Kinder an das Leben heranzuführen, sie mit ihrer Umwelt bekannt zu machen, ist eine schöne und zugleich verantwortungsvolle Aufgabe für jede Kindergärtnerin. Und gerade den 35. Jahrestag der Gründung unserer Deutschen Demokratischen Republik sollten wir verstärkt zum Anlaß nehmen, bei unseren Kindern das Gefühl der Verbundenheit mit der sozialistischen Heimat und den Stolz auf sie weiter zu prägen. Die Einstellung jeder Kindergärtnerin zur gesellschaftlichen und natürlichen Umwelt, ihre Verbundenheit mit den vielfältigen Erscheinungen, die für unser sozialistisches Land kennzeichnend sind, ihre Ausstrahlungskraft sind ausschlaggebend dafür, daß sich bei den Vorschulkindern Gefühle der Liebe zu ihrem sozialistischen Vaterland herausbilden können. Die Erlebnisse, die die Kinder unter feinfühliger Führung der Erzieherin in diesem Alter haben, die Vorstellungen, die sie gewinnen, die Beziehungen, die sie zu den arbeitenden Menschen ihres Heimatortes aufnehmen oder zu den Soldaten der NVA, die unser Land schützen, formen ihre Einstellung und ihr Verhalten.

Im Artikel kommt nun eine Kindergärtnerin zu Wort. Sie berichtet zunächst über die Schönheit von Freundschaften im Gruppenleben und welche Rolle das richtige Verhalten dabei spielt. Es wird berichtet von Ausflügen in die Natur und zu „revolutionären und kulturellen" Gedenkstätten. Im Anschluss daran wird berichtet:

„In meiner langjährigen Tätigkeit als Gruppenerzieherin konnte ich auch immer wieder feststellen, daß die Kinder großes Interesse für die Soldaten der Nationalen Volksarmee zeigen. Das traf auf meine ältere Gruppe besonders zu. Und ich meine, daß es wichtig ist, sie mit dem Leben der Soldaten bekannt zu machen. Diese Aufgabe ist so bedeutungsvoll, daß man damit nicht erst am 1. März beginnen kann, sie muß Bestandteil der täglichen pädagogischen Arbeit sein.*

...

Mein Ziel war es, den Kindern anwendungsbereites Wissen zu vermitteln. Ich wollte sie zu folgenden Erkenntnissen führen:

– Solange es Menschen, gibt, die Krieg wollen, brauchen wir unsere Soldaten.

– Wir brauchen unsere Soldaten, weil unsere Republik geschützt werden muß. Zu unserer Republik, der DDR, gehören die Menschen und alles, was uns umgibt, die Städte und Dörfer, auch unsere Kindergärten und die Blumen, die Tiere, das Meer und der Wald.
– Soldaten müssen viel wissen, deshalb lernen sie fleißig.
– Die Soldaten halten ihren Körper sauber und treiben Sport. Sie achten auf Ordnung in ihren Schränken und in der Kaserne.
– Sie sind Freunde und helfen einander.
– Jeder Soldat hat einen Beruf.
– In ihrer Freizeit lesen sie, basteln, schreiben, machen Musik und treiben Sport.
Zur Verwirklichung meines Zieles nutzte ich die Bildserie „Bei der NVA“ sowie die Bildmappe über das Leben unserer Soldaten, aber auch Bilder, die die Kinder sehr eifrig von zu Hause mitbrachten.

...

Schon lange hing ein Bild vom Brandenburger Tor im Gruppenzimmer. Eines Tages wollten die Kinder das Tor nachbauen, und das gelang ihnen sehr gut. Auch die Staatsgrenze kennzeichneten sie durch Aneinanderreihen der Bausteine. Dann überlegten sie genau, welche Soldaten sie brauchten. Sie wußten, daß die Soldaten an der Grenze Wache stehen und Grenzsoldaten heißen. Sie suchten sich also die Soldaten mit den Gewehren aus. Während der Spielzeit entstanden noch Aufenthaltsräume für die Wachhabenden. Mit Eifer bauten sie große Kasernen mit Schlaf-, Aufenthalts- und Waschräumen und einer Kantine.

...

Der Tag der Nationalen Volksarmee sollte für meine Kindergruppe ein Festtag werden. Sie wußten, daß uns

der Vater eines Kindes aus unserer Einrichtung besuchen wird. Sie wußten auch, daß er seinen Dienst an der Staatsgrenze versieht. Die Kinder fertigten viele kleine Geschenke an, und wir bereiteten uns gut auf den Besuch vor. Am 1. März führten sie „ihrem" Soldaten ein kleines Programm vor. Danach hörten sie seinen Ausführungen aufmerksam zu. Sie waren ganz stolz, daß auch sie ihm viel erzählen konnten. ...
Für uns ist das Bekanntmachen der Vorschulkinder mit den Angehörigen der NVA, die Anerziehung freundlicher Gefühle zu den Menschen, die die DDR schützen, fester Bestandteil der Bildungs- und. Erziehungsarbeit. Wir wissen, daß das eine wichtige politisch-pädagogische Aufgabe ist, der noch nicht überall genügend Aufmerksamkeit geschenkt wird, ob in Beratungen des Erzieherkollektivs oder in der Zusammenarbeit mit den Eltern." (im Original nicht hervorgehoben)

* „Tag der NVA"

Immer wieder werden die Beziehungen zum Militär an die erste Stelle des „sozialistischen Lebens" gesetzt. Dem für sich selbst sprechenden zitierten Beitrag folgen unter derselben Überschrift noch drei weitere, die allerdings alle wesentlich kürzer sind. Der Schwerpunkt liegt eindeutig auf dem ersten.

Im zweiten Beitrag geht es um die Einrichtungen des Heimatdorfes, die den Kindern nahegebracht werden sollen. Für wenigstens einen kleinen Blick in Richtung Militär müssen die Uniformen der – wenn auch nur – Freiwilligen Feuerwehr des Ortes herhalten. Natürlich machen sie *„besonderen Eindruck"* auf die Kinder.

Der dritte Beitrag bahnt bereits bei *„jüngeren Kindern das Gefühl der Liebe zu unserer Republik an"*, indem die

Urlaubskarten der Eltern an eine Wandzeitung geheftet werden, wodurch es den *„Kindern nicht schwerfiel zu begreifen, daß es nicht nur ihre Heimatstadt gibt, sondern viele schöne Orte, die zu unserem Land gehören, in denen fleißige Menschen leben und arbeiten und am 7. Oktober ebenso feiern wie wir."*

Der vierte Beitrag ist endlich völlig harmlos; er beschreibt die Gartenarbeit der Kinder. Da sein ideologischer Anteil somit sehr bescheiden ist, muss wenigstens darauf hingewiesen werden, wie die Kinder begreifen, *„daß der Mensch durch Arbeit die Natur verändern kann"*. Abgesehen von der typisch sozialistisch-konservativen Naturignoranz, die hier zum Ausdruck kommt, erhält aber auch dieser Aufsatz die richtige Linie, denn die Ökonomie ist untrennbarer Bestandteil der marxistisch-leninistischen Weltanschauung: *„Bis in den Oktober hinein konnten die Kinder Tomaten ernten und essen."* Das ist von Wichtigkeit, denn auch die heimische Tomate wird in der DDR von Jahr zu Jahr mehr zu einer Rarität des Gemüsehandels und steht, wenn überhaupt, nur in den Sommermonaten ausreichend zur Verfügung.

Doch noch einmal zurück zum Hauptinhalt des sozialistischen Lebens. Die Definition des Militarismus gemäß der staatlichen Ideologie verbindet ihn selbstverständlich untrennbar mit dem Kapitalismus, wie es schon mit der „geistigen Manipulierung" der Fall war. Der Wachaufzug in Ostberlin, Militärparaden und die Militarisierung aller zivilen Bereiche des Lebens haben selbstverständlich nichts mit Militarismus zu tun. Auch nicht der Kinderreim, der einst in der Vorschulkinderzeitschrift „Bummi" erschien, und der ungefähr so lautete:

Regen, Sonne, Wind und Schnee,
wann komme ich zur Volksarmee?
Sonne, Regen, Schnee und Wind,
wenn Du groß bist, liebes Kind!

All dies ist Ausdruck der „patriotischen Verteidigungsbereitschaft des Volkes“. Da der Militarismus der DDR per Definition keiner sein kann, treibt er so phantastische Blüten.

In einem anderen Beitrag der „Neuen Erziehung im Kindergarten“ heißt es, wiederum dem „gesellschaftlichen Leben“ untergeschoben: *„So sieht es bei unseren Soldaten aus“* [19]:

> *Enge Beziehungen zwischen den Vorschulkindern und den Menschen, die unsere Heimat schützen, zu knüpfen, darin sehen wir in unserem Kindergarten eine wichtige Aufgabe. Sie trifft sich mit den Wünschen und Bedürfnissen unserer Mädchen und Jungen, denn oft, wenn Vati oder Onkel von den Soldaten auf Urlaub nach Hause kommen, gibt es in der Gruppe viel Interessantes über das Leben des Soldaten und ihren verantwortungsvollen Dienst zu erzählen, das wir bewußt ergänzen durch Bildmaterial, die Dia-Reihe „Besuch bei der NVA“, das Kunstwerk „Unteroffizier Bossler“ und durch Malarbeiten zum Thema „Unsere Soldaten“ vertiefen...*

Die Pädagogin S. P. aus Hirschfeld, Verfasserin dieser Zeilen, sieht es als Erfolg an, wenn die Kinder in der Lage sind, den Marschrhythmus zu erkennen, beim *„Sprung über den Graben“* so mutig zu sein wie die Soldaten, *„Weckruf und Zapfenstreich von der Scholaschallplatte ... ohne Schwierigkeiten“* erkennen.

Die Gruppenerzieherin B. L. aus Eibau berichtet [20]:

Ich wollte erreichen, daß sich das Bestreben der Kinder, so zu sein, wie die Soldaten, in Ansätzen im eigenen Handeln und Verhalten zeigt. Ein auf Tonband aufgenommenes Sirenengeheul (Auslösung eines Alarms) war für die Kinder Anlaß, der Schnelligkeit der Soldaten nachzueifern. Es war ein schönes Gefühl zu sehen, wie sich die Kinder zum Beispiel in der Garderobe zügig anzogen, weil das die Soldaten auch so machen. Sie spornten sich an, halfen einander und ließen auch die notwendige Ordnung nicht außer acht. Mein Lob und der Vergleich mit den Soldaten erfüllte sie sichtbar mit Stolz. So zu sein, wie die Soldaten, wollten sie auch mit Elementen der Uniform zeigen. Deshalb griffen sie begeistert den Vorschlag auf, Käppis zu falten und eine kleine DDR-Fahne zu malen, damit man erkennen kann, für welches Land die Soldaten ihren Dienst versehen. Das Kreisspiel „Wenn ich groß bin, gehe ich zur Volksarmee" spielten sie sehr gerne, es bot den Kindern die Gelegenheit, ihre Gefühle in Bewegungen umzusetzen. Überhaupt bezog ich oft Musikstücke in die Arbeit ein, z.B. das „Bei den Soldaten der NVA". Die Musik spricht die Kinder emotional an, sie fühlen sich mit ihren großen Freunden verbunden.

Auch das ist Ergebnis gelungener Manipulation: Was dem einen ein „schönes Gefühl" bereitet, ist bei anderen geeignet, Brechreiz auszulösen.

Nur die Kinder wissen nicht, was mit ihnen geschieht. Sie kommen strahlend nach Hause und wollen am 7. Oktober mit Mutti einen Geburtstagskuchen für die Republik backen. Es gibt Eltern, die darauf eingehen. Auf sie trifft die Behauptung zu, die aus folgender Überschrift spricht: *„Die Eltern, die besten Verbündeten bei der Erziehung und Bildung der jüngsten Staatsbürger"* [21].

Auch die Erzieherin aus Eibau geht von der Mitarbeit der Eltern aus: *„Ich regte sie* [die Kinder] *auch an, zu Hause gemeinsam mit Mutti und Vati Bilder von Soldaten zu suchen. ... Auf die Unterstützung der Eltern konnte ich zählen...“* [20]

Bemerkenswert ist hier auch die Ausdrucksweise. Zwar ist es sprachlich nicht zwingend, von „Verbündeten“ nur dann zu sprechen, wenn ein gemeinsamer Gegner existiert, doch hat dieses Wort im DDR-Sprachgebrauch genau diesen speziellen Inhalt. Die „Bündnisfrage“ stellt einen ganz wichtigen Punkt in der marxistisch-leninistischen Ideologie dar, wobei es stets um Vereinigungen zum Zwecke des Kampfes geht. Es ist also durchaus nicht überraschend, dass dieses Wort hier auftaucht. Im sozialistischen Alltag ist das Leben in allen Bereichen zum Kampf erklärt, so auch in der Erziehung, die ja dafür ohnehin prädestiniert ist. Die den „Erziehungsanspruch durchsetzende Gewalt“ offenbart sich hier sprachlich.

Doch das besagte Bündnis ist zum Glück nur ein zur Lüge erhobener Irrglaube der Wohlmanipulierten. Die Andeutung, die aus dem Ende des Beitrages [18] ab Seite 90 hervorgeht, enthält mehr Wahrheit: *„Die Eltern wollen und müssen informiert sein.“* Tatsächlich wären viele Eltern nämlich nicht wenig erstaunt darüber, womit man ihre Kinder im Kindergarten zu beschäftigen pflegt. Da dies gelegentlich zu Beinahe-Rebellionen geführt habe, soll es eine Weisung geben, die Eltern über gewisse Dinge *nicht* zu informieren, denn auf die Mitarbeit der Eltern kann man bis jetzt eben *nicht* in der Weise bauen, wie man es versucht, als gegeben darzustellen.

Man könnte glauben, der staatliche Kindergarten der DDR diene der direkten Vorbereitung auf die militärische Laufbahn, sei gewissermaßen eine Art frühester

Kadettenschule, wollte man die Berichte der „Neuen Erziehung...“ als Norm betrachten. Doch kann man dies, wie gesagt, gewiss nicht. Trotzdem aber bleibt die Tatsache bestehen, dass man die Kinder in Reihe antreten lässt, kriechen, balancieren, auf die Scheibe schießen, schweigend und geräuschlos, „wie es die Katzen tun“, marschieren lässt.

Das Militär vermag auf viele Menschen jeglichen Alters einen gewissen Reiz auszuüben. Dies hat bei den allermeisten nicht einmal etwas zu tun mit dem tödlichen Handwerk des Soldaten. Die Feuerwehr übt dieselbe Wirkung aus. An der traditionellen Zuordnung heldenhafter Tugenden zum Militär, wodurch diese zu „soldatischen Tugenden“ werden, kann das schwerlich liegen, wird der Reiz doch auch auf die Jüngsten ausgeübt, die von dieser Zuordnung noch nicht das Geringste ahnen. Jedes Kleinkind ist beeindruckt, wenn es auf der Straße die Feuerwehr mit Blaulicht und Sirene vorüberfahren sieht. Möglicherweise ist es die zutage tretende entschlossene Organisiertheit der auf ein Ziel ausgerichteten handelnden Menschengruppe, die, verstärkt durch einen hohen Anteil von Technik, selbst den Eindruck eines maschinenhaften und doch lebendigen Organismus macht, dessen Handlungsweise überdies die Gewähr des Erfolges zu demonstrieren scheint. Auch ohne Technik mag die Faszination, die von einem Ameisenhaufen ausgeht, der einer militärischen Maschinerie nicht unähnlich sein.

Das Zusammenspiel der einzelnen Individuen wird ganz und gar wörtlich, wenn man an die Wirkung von Mannschaftsspielen im Sport denkt, vor allem natürlich an den Fußball. Freilich kommt hier noch die Erhöhung des Reizes durch das Gegeneinander zweier gleichermaßen entschlossener Einheiten und das Phänomen der Masse in Form der Zuschauer hinzu.

Nicht also für die Nationale Volksarmee als solche interessieren sich die Kinder, sondern für das Grundsätzliche daran. Das Interesse des kleinen Jungen an dem Jauchenfahrzeug, mit dem die Klärgrube geleert wird und das in ihm den Wunsch weckt, später einmal Jauchenautofahrer zu werden, ist von genau derselben Art.

Die sozialistische Erziehung macht sich dieses Phänomen zunutze, um das emotionale Interesse ideologisch zu spezifizieren, was umso leichter gelingt, als es mit positiven Werten verbunden wird. Nicht mit Krieg, sondern mit Frieden wird das Militär gekoppelt. Die Einsicht, dass der durch Waffen erzeugte Frieden kein wahrer Frieden sein kann, sondern nur ein angstvolles Stillhalten, gehört für die Erziehenden in der DDR auf das gleiche unerreichbare Erkenntnisniveau wie Antipädagogik und frühkindliche Psychologie. Krieg und Frieden werden durch die Kindergartenideologie extrem simplifiziert.

Prinzipiell sind Vereinfachungen beim Umgang mit Kindern normal und unvermeidlich. Für das Verstehen auf der niedrigen Ebene des kindlichen Erfahrungsschatzes sind sie notwendig. Das Kind vereinfacht ohnehin von sich aus: Das Auto fährt, weil es einen Motor hat – das genügt. Vom Hubraum braucht das Kind nichts zu wissen, ebenso wie der Kfz-Mechaniker nichts wissen muss vom Carnot'schen Kreisprozess, für den der Maschinenbauer sich begeistern mag.

Im Bereich ideologischer Fragen aber sind Vereinfachungen nicht möglich ohne Wahrheitsverlust. Sie führen daher zu Verfälschungen. Diese Verfälschung wird bewusst betrieben, sie ist nichts anderes als das, was man unter „Schwarzweißmalerei“ zu verstehen pflegt. Sie aber dient der Kreierung des Feindbildes in den Köpfen der Kinder [16]:

In Gesprächen der Kinder hatte ich bemerkt, daß die Begriffe Krieg und Frieden für sie sehr abstrakt sind. Um ihnen zu zeigen, wie schlimm der Krieg ist, hatte ich Bilder aus Zeitungen gesammelt und mit ihnen betrachtet. Sie sahen zerstörte Wohnhäuser und weinende Frauen und Kinder. ... In einfacher Weise erklärte ich ihnen, daß es böse Menschen gibt, die Krieg wollen und daß deshalb ihre Eltern und alle Werktätigen in unserem Land dafür arbeiten, daß der Frieden erhalten bleibt.

In „unserem Land“ gibt es also solche Menschen nicht. Da die Menschen in der Sowjetunion und den anderen sozialistischen Ländern „unsere“ Freunde sind, wird es sie wohl auch dort nicht geben. Wenn die drei- bis sechsjährigen nun noch immer nicht erraten, wo also der Feind sitzt, lässt man sie „NATO-Raketen“ malen und diese dann dick durchstreichen. Weil die Kinder nicht die technischen Details kennen, durch die sich eine Pershing von einer SS-20 unterscheidet, wird man ihnen dazu wohl einen der bekannten Anti-NATO-Raketen-Aufkleber der FDJ vorgelegt haben. Der Vorgang des Abmalens allein injiziert bereits das Feindbild.

Auch dies hat natürlich nichts zu tun mit Manipulation. Es entspricht schlicht der „bildungspolitischen Aufgabenstellung“ der Kindergärten. Dieser gemäß nämlich gilt es zu betonen [22]:

Das erforderliche Wissen und Können der Jungen und Mädchen, die Formung ihres Charakters, die Anbahnung elementarer politisch weltanschaulicher Einstellungen und Haltungen, die Festigung des Willens, die Herausbildung der geistigen Kräfte, die gesund-

heitliche Stabilisierung, die frühzeitige Ausprägung der sittlichen Gewohnheiten, Gefühle und Eigenschaften, der Individualität eines jeden Kindes, seiner Anlagen und Fähigkeiten – das alles verstehen wir darunter, wenn wir von optimaler allseitiger Entwicklung sprechen.

Gerade unter den „heutigen gesellschaftlichen Bedingungen" sei dies „unabdingbar notwendig und real". Warum, sagt die Frau des Staatschefs und Ministerin für Volksbildung, Margot Honecker. Dies ist deshalb so, *„weil mit der weiteren materiellen, geistigen und kulturellen Entfaltung unserer Gesellschaft, wie sie im Parteiprogramm vorgezeichnet ist, immer günstigere Bedingungen für die Entwicklung des einzelnen entstehen."* [22] Gegen diese Art „zwingender Logik" ist jedes Argument machtlos.

Aber nicht nur die militaristische Indoktrination bedient sich primitiv-manipulatorischer Mittel. Die hochgesteckten Ziele der bildungspolitischen Aufgabenstellung geht man nicht anders an. Im folgenden Beitrag geht es um Dreijährige [23]:

Ich achtete gleich von Anfang an darauf, daß die Kinder das Geschirr ordentlich trugen, die Tassen am Henkel anfaßten, die Kleidung in bestimmter Reihenfolge in den Raum und auch wieder in die Garderobe brachten. ... Die Kinder holten zuerst Hosen und Schuhe in den Raum, zogen diese an und kamen dann zur Erzieherin. Ich half ihnen dort, wo sie noch nicht allein zurechtkamen. Dabei hielten sie ihre Schuhe in der Hand und nahmen diese gleich mit in die Garderobe, um anschließend Anorak bzw. Jacke und Garderobenbeutel mitzubringen. Diese Regeln mußten jeden Tag und bei jedem Kind gefestigt werden. ... In den ersten Tagen fiel den Kindern dieser Rhythmus etwas schwer. Ich mußte

hier wirklich ganz konsequent und zielgerichtet arbeiten.
...
Ich zeigte und erklärte ihnen, wie man sich anzusprechen hat oder wie man anderen helfen kann. Ich prägte z.B. solche Redewendungen wie „Hilf mir bitte!“, „laß mich bitte vorbei!“ oder „Halte bitte den Beutel auf!“ Durch mein Vorbild und das Wiederholen dieser Worte lernten die Kinder, solche Umgangsformen zu gebrauchen.
Auch Ansätze der gegenseitigen Hilfe und des Mitgefühls hatte ich erreicht...

Es ist keine Frage, ob die Autorin dieser Zeilen überhaupt weiß, wodurch Menschen zu Menschen werden. Sie glaubt an ihre Dressur, ohne sich die Frage vorzulegen, warum ein Schimpanse auch dann ein Affe bleibt, wenn er Fahrrad fährt.

Anstatt die Betreuung der Kinder Menschen anzuvertrauen, die es verstehen, der Entwicklung der Kinder nicht im Wege zu stehen, setzt man sie Opfern der Manipulation aus, bei denen diese so fundamental gefruchtet hat, wie es unter den gegebenen, die Manipulationsmöglichkeiten bestimmenden Verhältnissen nur bei recht einfach strukturierten Menschen der Fall sein kann.

Die Kindergärtnerinnen rekrutieren sich aus sicher oft kinderlieben Mädchen aus vornehmlich Schichten des Volkes mit mittlerem Bildungsanspruch. Beflissen erklärt der Staat ihre Ausbildung zum „Studium“. Man erhöht so das Selbstwertgefühl der „Studentinnen“ und die Zahl der Studierenden im Statistischen Jahrbuch der DDR. Das Steigen des Selbstwertgefühls ist Bestandteil der an den Betroffenen zu vollziehenden Manipulation. Wem gesagt wird, dass er sich in irgendeiner Hinsicht vor anderen auszeichnet, zweifelt weniger leicht am ideologischen Stoff, der ihm gleichzeitig geboten wird. Das ist ein Grundprinzip jeglicher ideologischer Manipulation; man hat sich seiner ebenso im Dritten Reich bedient, als das Rassendogma verkündet wurde, wie in der heutigen Welt des Kommunismus, wo man sich im alleinigen Besitz der Wahrheit glaubt, was ohne „Überheblichkeit“ gar nicht vonstattengehen kann.

Hier, an der Schule künftiger Kindererzieherinnen, wirkt das Prinzip im Kleinen, macht aber eine gewisse Auswahl zur Voraussetzung. Diese ist nicht nur für das Ausführen der plumpen Dressurakte notwendig. Auch der Inhalt der zu vermittelnden „Lehren“ über „Heimat“ und „Vaterland“ bedingt eine beschnittene Erkenntnispotenz, zumindest aber, wohlwollend formuliert, eine naive Gutgläubigkeit, der noch keine Pseudomanipuliertheit im Wege steht. Entweder sollen die jungen Erzieherinnen den ganzen Kram von der politisch-ideologischen und der pädagogischen Arbeit als Wahrheit nehmen oder aber nicht darüber nachdenken. Im ersten Fall haben sie die Chance auf Förderung, im zweiten werden sie geduldet. Nachdenken und – im Falle erfolgreichen Denkens – Zweifel führen gnadenlos hinaus aus diesem Beruf, zumeist aber haben sie schon verhindert, dass er überhaupt ergriffen wurde.

Es ist unwesentlich, ob Glaube oder Nichtdenken überwiegt. Anzumerken zum Zitat auf Seite 94 ist noch, dass die Menschen – in dieser unspezifischen Form jedenfalls – ganz und gar nicht „fleißig“ sind. Das soll nicht bedeuten, dass man sie als „faul“ bezeichnen dürfte, wenn auch der Eindruck oberflächlichen Hinschauens oftmals dem entspricht. Es spielt hier der sozialistische Alltag eine Rolle mit seiner lähmenden Wirkung, über die später noch zu sprechen sein wird.

Es ist weiterhin festzustellen, dass die Soldaten, die den Kindern ständig als Vorbild dienen sollen, nicht die Spur vom behaupteten Heldentum in sich tragen. Kein Mensch wird mutig, indem man ihn dazu zwingt, eine Uniform anzuziehen und über eine Eskaladierwand zu klettern. In der Tat ist die sogenannte Volksarmee der DDR eine Armee aus dem Volk, wie es die Truppen der preußischen Friedriche immer schon waren: Ein durch Zwangsrekrutierung zusammengewürfelter Haufen aller denkbaren Typen junger Männer aus allen Schichten der Bevölkerung. Heldentum war und ist unter ihnen nicht mehr vorhanden als im Volk, aus dem sie kommen. Möglicherweise gab es früher wirklich mal eine Selektion des Ehrenhaften bei den Offizieren. Doch schon Gustav Meyrink beschrieb das Gegenteil, und in der DDR lebt dieses fort. Wer sich heute für diese Laufbahn entscheidet, gehört entweder zu den gut Manipulierten mit engem Horizont oder zu den pseudomanipulierten Gerissenen, die das Materielle am Materialismus bewegt und nicht ein Funke von Ideal. Von Heldentum zu sprechen, wäre auch hier völlig verfehlt.

In dem langen Zitat [18] ab Seite 90 will die Verfasserin die Kinder zu gewissen „Erkenntnissen" führen. Sie zählt diese unter sieben Spiegelstrichen auf. Die beiden ersten sind so alt wie der Krieg und so alt auch wie die für ihn notwendige Manipulation. Sie dienen noch heute in aller Welt der Rechtfertigung der kostenverschlingenden Armeen. Dann aber wird die Lüge noch plumper. Denn auch die DDR-Soldaten sind nicht „fleißig", damit sie viel lernen. Sie werden ganz gewöhnlich ausgebildet und gedrillt und erwerben je nach Wollen und Potenz mehr oder weniger Können. Keineswegs waschen sie sich mehr, als die Zivilbevölkerung dies tut, und wo sie mehr Ordnung in ihren Schränken und in der Kaserne halten, geschieht dies deshalb, weil der Spieß und die Dienstvorschrift das durchsetzen.

Von Freundschaft kann nun gar keine Rede mehr sein. Selbstverständlich gibt es unter den Soldaten Freunde; dazu werden sie aber nicht Kraft ihrer Uniform. Tatsache ist, dass es eine scharfe und oft bösartige Trennung zwischen den Diensthalbjahren gibt, die durch destruktiv-primitive Individuen aufrechterhalten wird, der aber alle Wehrpflichtigen ausgesetzt sind. Es kommt hier sogar zu sadistischen Handlungen, ohne dass diese als Ausnahmen zu bezeichnen wären. Und es bleibt weiterhin festzustellen, dass keineswegs jeder Soldat einen Beruf hat, denn viele unter ihnen sind nun einmal Abiturienten, die eben erst die Schule verlassen haben. Diese ideologisch ganz indifferente Tatsache zeigt, in welche Kategorie die Verfasserin hinsichtlich des Manipulationserfolges gehört, den sie repräsentiert.

Das letzte in ihrer Aufzählung ist schließlich wieder eine der typischen Erhebungen des Solls zum Ist. Gewiss, das nun Aufgezählte kommt alles vor, aber die Verallgemeinerung ist unzulässig. Wie fände es die Verfasserin, wenn jemand schriebe: „Die Soldaten der NVA spielen in ihrer Freizeit Skat, trinken sehr viel in die Kaserne geschmuggelten Alkohol, rauchen und erzählen einander Frauenabenteuer“? All das stimmt nämlich auch, und das den Kindern vermittelte Bild des Soldaten ist ein vorgegaukeltes Wunschbild – es ist Lüge; ob die Erzieherin unfähig oder unwillig ist, dies zu sehen, ist dabei ganz gleichgültig.

Nicht anders verhält es sich mit der so großartig dargestellten Freundschaft zu den Völkern der Sowjetunion und der anderen Ostblockstaaten. Sie existiert auf dem Papier des Parteiprogramms, der Verfassung und an ungezählten anderen Stellen – aber immer nur auf dem Papier. Dafür gibt es zwei Gründe.

Der erste Grund besteht im Befehlscharakter, darin also, dass man die Freundschaft oktroyieren will. Die Reaktion des DDR-Bürgers darauf wird durch einen Satz gekennzeichnet, der gelegentlich kursiert: „Die Russen sind nicht unsere Freunde, sondern unsere Brüder, denn Freunde kann man sich aussuchen, Brüder kriegt man.“ Freundschaft lässt sich nicht erzwingen, und wo es versucht wird, erreicht man das Gegenteil.

Der andere Grund ist von noch allgemeinerer Art. Er liegt in der Unzulässigkeit der Individualisierung einer Gruppe. Eine solche geschieht immer dann, wenn einer Gruppe Eigenschaften, Fähigkeiten oder gar Gefühle zugeordnet werden, die nur Attribut eines Individuums sein können. Dies zu tun, ist weltweit üblich. Ohne dass es Argwohn hervorriefe, wird gesprochen vom „Vertrauen des Volkes“, vom „aufrichtigen Beileid“, das die eine Regierung einer anderen aus irgendeinem Grunde ausdrückt; man spricht sogar davon, dass ein „Staat“ oder ein „Land“ dieser oder jener Meinung sei, womit die Gesamtheit der Landesbewohner gemeint ist. Je unbestimmter und größer die jeweilige Gruppe ist, desto fragwürdiger wird der Wahrheitsgehalt solcher Aussagen, insbesondere, wenn es sich um rein emotionale Dinge handelt. Dann erhebt sich eine solche Aussage über das Individuum, dessen Freiheit sie damit negiert.

Dies ist kein Plädoyer gegen die Freundschaft oder die Liebe. Es deckt dies nur mittels der Erkenntnis, dass Gruppen aus Individuen bestehen, denen sich nicht per Statut eine Zuneigung zuweisen lässt, den dogmatischen Charakter solcher Zuweisungen auf. Die Liebe eines Volkes zu einem anderen gibt es ebenso wenig wie den Hass zwischen den Völkern. Das klingt ganz und gar ungewohnt, erklärt sich aber, sobald man an die Falschheit der Individualisierung eines Volkes denkt. Hass in einer Vielzahl von Individuen eines Volkes herbeizumanipulieren, ist in der Menschheitsgeschichte eine Alltäglichkeit. Nicht nur Hitlers Judenverfolgung, sondern *jeder* Krieg zwischen Völkern wurde und wird erst durch diesen Hass ermöglicht. Was mit der Liebe nicht funktioniert, gelingt beim Hass. Das ist kein Widerspruch, sondern ein zwingendes Gesetz der Manipulation; erst Freiheit *von* Manipulation, Freiheit *von* geistiger Bevormundung (Das ist *die Grundlage der Freiheit überhaupt!*) ermöglicht die Liebe. Wo aber die Manipulation, die *Erziehung*, das Leben bestimmt, wird Liebe zu Hass, und Hass bleibt Hass. Hierin zeigt sich die enge Verbindung von Manipulation und Freiheit. Freiheit auf den verschiedensten Ebenen ihres Begriffes beginnt mit der Freiheit *von* der Fremdherrschaft über den Geist. Keine Tugend lässt sich erzwingen, denn jeder Zwang ist Gewalt. Gewalt aber ist der Tugend zuwider und vernichtet sie: Untugend kann nicht Tugend provozieren. Dies gilt auch für die „sanfte" Gewalt Rousseaus, der sie Emile nicht spüren lassen will.

Der „Hass des Volkes" war schon immer eine Formulierung der Demagogie. Es liegt im Wesen dieses Hasses, auf Äußerlichkeiten Wert zu legen. Insofern ist er nichts anderes als emotional übersteigerte Intoleranz. Liebe kann nur ungeachtet der Äußerlichkeit bestehen. Das Verbot des Bildnismachens hat hier vielleicht seinen Ursprung. Geliebt werden kann nur der Mensch – was über ihn hinausgeht, ist schon äußerlich. Der Mensch kann Russe sein oder Engländer, aber Liebe *wegen* einer Nationalität gibt es nicht. Für eine solche könnte lediglich die Liebe zu den kulturellen und ethnischen Eigenheiten eines Volkes gehalten werden. Auch diese Liebe aber gibt es nur im

Individuum und sie wird zumeist eine Folge sein aus erfreulichen Erfahrungen des einzelnen mit ebenfalls *einzelnen* Vertretern, mit *Individuen* dieses Volkes, aus denen eine Liebe zu Einzelnen erwuchs, die dann teilweise mit der Liebe zu kulturellen und ethnischen Äußerlichkeiten identifiziert wird.

Nur wird in der DDR nicht die Liebe zur russischen Pelzmütze, zur Balalaika oder zu den schwermütigen Volksliedern der Russen deklariert, sondern eben die zu den Menschen *dieser Nation.* Sicher gibt es diese auch wirklich, aber wiederum nur im Individuum und auch nicht beschränkt auf die Russen. Diese Art der Liebe ist freilich ihrem Wesen nach die christliche, auch ohne deren letzte Konsequenz. Sie ist nicht das, was eine „sozialistische Persönlichkeit" zu kennzeichnen hat. Sie kann nicht das Ergebnis irgendeiner Propaganda sein, sondern nur dasjenige individuell-philosophischer Erkenntnis.

Die Gleichgültigkeit gegenüber der Gefahr, die von der sprachlichen Gewohnheit der Gruppenindividualisierung ausgeht, ist, wie man sieht, mitnichten auf den Kreis der Kindergartenerzieherinnen beschränkt. Umso klarer ist freilich, dass für diese das Problem nicht existiert. Den Kindern wird im Kindergarten eine Welt vorgespiegelt, die so krass von der Wirklichkeit abweicht, dass ein gehöriges Maß Dummheit nötig ist, wenn das mit reinem Gewissen geschehen soll. Doch dieser Manipulation des Geistes durch Dummheit setzen die meisten Eltern ihre Kinder bedenkenlos aus. Und die meisten jungen Eltern der Gegenwart hatten sie selbst zu ertragen, denn die DDR besteht seit 40 Jahren.

3. An den Schulen

3.1 Oberschule und Bildungsmonopol

Von den Sonderschulen für Behinderte abgesehen, ist in der DDR jede Schule eine „Oberschule“. Der in den 60er Jahren angewiesene Bedeutungswandel dieses Wortes ist kennzeichnend für den allgegenwärtigen Anspruch auf Wissenschaftlichkeit und Niveau. Natürlich gibt es keine „Unterschule“, auch keine Grundschule und keine Schule schlechthin – es gibt nur und sofort nach der Einschulung die „Oberschule“. Der Begriff „Vorschule“ für Kindergärten ist nicht üblich, obwohl die sogenannten Beschäftigungen vor allem im „Fach“ „Gesellschaftliche Einführung“ durchaus mit regelrechtem Unterricht vergleichbar sind. Im Kindergarten lernt man es auch, mit dem Füllfederhalter umzugehen – etwas, was früher ganz klar eine Obliegenheit der Schule war. In dieser kann man nun aber sofort mit der Alphabetisierung beginnen, ohne den handwerklichen Ballast – daher vielleicht *Ober*schule. Sie geht bis zur 10. Klasse. Die frühere Oberschule, in noch früheren Zeiten also das Gymnasium, hat man zur „Erweiterten Oberschule“ („EOS“) gemacht. Nach zwei zusätzlichen Jahren erwerben die Schüler hier die Hochschulreife.

All dies sind für das Behagen in der DDR unwesentliche Formsachen. Die harte Unausweichlichkeit beginnt erst mit der Oktroyierung des „einheitlichen sozialistischen Bildungswesens“. (Nichts zu tun hat damit der landesweit eher positiv einzuschätzende einheitliche

Bildungsplan.) Dem ökonomischen Druck, der zu Krippe und Kindergarten zwingen soll, konnte man sich noch widersetzen, indem man materiell auf Sparflamme lebte, etwa getragene Kleidung von Westverwandten trug und Margarine aß statt Butter. Mit großem Aufwand waren die Kinder zu schützen vor dem Zugriff des Staates auf ihr Seelenleben. Nun aber fordert der Staat endgültig ihre Herausgabe: Von jetzt an finanziert *er* per Gesetz ihre Bildung und Erziehung, legt *er* die Grundlage für die später damit begründete Leibeigenschaft, sollte einer der Schüler das Ziel verfehlen, indem er sich irgendwann gegen diese auflehnt. Wie das Ziel lautet, kann nicht mehr erstaunen [4]:

> *Die Funktion des einheitlichen sozialistischen Bildungssystems besteht darin, sozialistische Persönlichkeiten heranzubilden, die über eine hohe wissenschaftliche Bildung verfügen, mit der Weltanschauung des Marxismus-Leninismus ausgerüstet sind, als Patrioten und Internationalisten fühlen und handeln, eine kommunistische Arbeitseinstellung besitzen, das gesellschaftliche Leben bewußt mitgestalten und den Reichtum der Kultur nutzen. Das e.s.B. und seine Zielsetzung widerspiegeln den humanistischen Charakter der sozialistischen Gesellschaft und ihr wichtigstes Anliegen − die allseitige Entwicklung des Menschen.*

Fast dasselbe war schon unter „Bildung und Erziehung“ zu lesen. Von daher ist schon bekannt, dass in der DDR niemand ausgebildet wird, ohne dass er gleichzeitig der Erziehung unterliegt. Diese Feststellung gehört zu jenen, die den Verfechtern des politisch-ideologischen Systems der DDR banal erscheinen. Sie lehnen es ab zu erkennen, dass dieses Prinzip, verbunden mit der Vereinheitlichung des Bildungswesens, genau das bedeutet, was sie selbst als Bildungsmonopol bezeichnen und, wie immer, als ein Attribut der „kapitalistischen Welt“ ausgeben. In der DDR existieren alle Erscheinungen, die an ein Staatswesen mit zentralisierter Macht gebunden sind, und sie alle werden als Kennzeichen der „bürgerlichen“ oder „kapitalistischen“ Ordnung ausgegeben. Es ist nötig, die Existenz des Bildungsmonopols per Definition an diese Ordnung im Westen zu binden, gerade weil ihm die Grundlagen dort schon längst fehlen. Und ebenso ist es nötig, das Bildungsmonopol in der DDR als etwas völlig Neuartiges auszugeben, sogar als eine „Errungenschaft des Sozialismus“, gerade *weil* das Privileg des Staates auszubilden und zu erziehen dem so verdächtig ähnlichsieht, was es tatsächlich ist.

Im Grunde also wissen die Ideologen und Funktionäre sehr genau über die Zusammenhänge Bescheid. Wie sie ganz exakt sagen können, was sie unter „geistiger Manipulierung“ verstehen, ohne ihr eigenes Bestreben im Entferntesten als solche zu betrachten, schreiben sie über Bildungsprivileg und -monopol das Folgende [24]:

> *Ein wesentlicher Ausdruck des Strebens der herrschenden Klassen und der mit ihnen verbundenen sozialen Schichten um Aufrechterhaltung, Sicherung und Fortpflanzung ihrer Herrschaftspositionen auch mittels der Erziehung ist das Vorhandensein eines Bildungsmonopols und von Bildungsprivilegien in allen antagonistischen Gesellschaftsformationen. Zwischen dem Vorhandensein des Bildungsmonopols und der Existenz von Bildungsprivilegien besteht dabei ein enger ursächlicher Zusammenhang. Als Eigner des Bildungsmonopols erstrebt und erreicht die herrschende Minderheit in der antagonistischen Klassengesellschaft die weitgehend unumschränkte, offen oder verdeckt*

gehandhabte Verfügungsgewalt über das Insgesamt allen erzieherischen Geschehens. Sie bestimmt über die Ziele der Erziehung, über Inhalt und Umfang des Bildungsgutes aller schulischen Institutionen ebenso wie über die Bildungsbestrebungen weltlicher oder religiöser Vereinigungen und über die Bildungstendenzen in den Medien der Massenkommunikation immer im Interesse der Aufrechterhaltung und Festigung der eigenen Macht.

Mit der Verwendung marxistischen Vokabulars glaubt man, das Augenmerk seiner Opfer von sich selbst ablenken zu können, was auch zum großen Teil gelingt. Im zitierten Text geschieht es jedoch nur durch die Voraussetzung des marxistischen Axioms, die DDR sei natürlich nicht antagonistisch. Lässt man diese Unterstellung beiseite, was allerdings kaum einem marxistisch gebildeten (manipulierten) DDR-Bürger einfiele, erscheint das Zitat sehr allgemeingültig formuliert. Darüber hinaus gestattet es die Schlussfolgerung, dass wohl jeder Staat antagonistisch sein muss, wenn in ihm diese Erscheinungen existieren. Kurz, man findet in dem zitierten Text eine exakt treffende Beschreibung des Bildungswesens in der DDR. Man hat in ihm wirklich an alles gedacht. Das Bildungswesen ist absolut umfassend, keiner kann ihm entrinnen − und darauf kommt es an.

Vor der Schulzeit war es den Eltern noch möglich, der Entscheidung auszuweichen, als wer sie dem Kind gegenübertreten wollen: eingegliedert in die Front der manipulierenden Aggressoren, als „Verbündete" des Bildungswesens also, oder als dessen mehr oder weniger ausgeprägte Gegner. Dieses Ausweichen ist jetzt nicht mehr möglich. Da ein politisches „Mitmachen" ihrer Kinder auch von fast allen Gegnern des Regimes für unvermeidlich angesehen wird, beginnt schon jetzt die Gewöhnung an den Besitz zweier Meinungen.

In den 60er Jahren war es eine übliche Frage des Lehrers an kleine Schüler: „Hat Eure Uhr im Fernsehen Punkte oder Striche?“ (Die im Programm gezeigte Uhr besaß damals im DDR-Fernsehen Punkte, die des „Westfernsehens“ dagegen Striche zur Unterteilung des Zifferblattes.) „Westfernsehen“ wurde damals noch von den Erwachsenen als eine streng zu verschweigende Missetat betrachtet, die auf keinen Fall dem Vorgesetzten oder den Lehrern des Kindes bekannt werden durfte. Man sah also im Beisein des Kindes nur „Osten“ oder man instruierte das Kind so, dass es auf derartige Fragen „richtig“ zu antworten wusste.

Ende der 60er Jahre bot sich ein viel ergiebigerer Test an, der allerdings nicht so vordergründig und plump arrangiert war, wie die Frage nach der Uhr. Er war dies so wenig, dass ein direkter Beweis seiner Absicht nicht erbracht werden kann. Doch das Ergebnis stellte sich ein, ob nun gewünscht oder nur nebenbei. Damals lief im „Westfernsehen“ die Serie „Schneller Raumkreuzer Orion 8“. Als im Zeichenunterricht der siebenten Klasse das Thema „Raumfahrt“ gestellt wurde, wetteiferten die Schüler allen elterlichen Ermahnungen zum Trotz um die beste Darstellung der fliegenden Untertasse dieser Serie und fachsimpelten dabei von Teleskopfuß, Froggs und Overkill. (Comeniusschule Bitterfeld, 1967)

Diese Rolle spielt das Westprogramm in Rundfunk und Fernsehen heute nicht mehr im Bildungswesen der DDR. Die Pseudomanipulation ist so selbstverständlich geworden, dass aus dem Hören und Sehen von Westsendern inzwischen kein offener Vorwurf mehr erwächst. Der Staat selbst verdient an der Produktion von Fernsehempfängern mit PAL-Empfangsteil, was sogar indirekt auf die Aufforderung hinausläuft, das westliche Programm zu sehen.

Ist dies ein Zeichen sich entwickelnder Toleranz und Freiheit, gar von „Glasnostj“? Es wäre es, hielte der Staat nicht fest an der Forderung nach dem stets zu erneuernden Bekenntnis zu ihm, wovon vor allem jene betroffen sind, die in seiner Ausbildungs- und Erziehungsmaschinerie stecken. So aber verwandelt sich die scheinbare Toleranz in den zynischen Zwang: Denke, was du willst, aber sage, was wir dir vorsprechen.

3.2 Lehrer und Unterricht

Idealisten zählen den Beruf des Lehrers bekanntlich zu den schönsten. Könnte der idealistische Lehrer so, wie er wollte, wäre dies gewiss wahr und er hätte Grund, glücklich zu sein. Die Schüler gingen gern zur Schule.

Unter der Bedingung des sozialistischen Bildungsmonopols aber ist der Lehrer in erster Linie das Werkzeug zur Manipulation in den Händen der Macht. Freiraum für seine Ideen hat er nur dann, wenn er selbst Teil der herrschenden Macht ist. So misst sich auch am Schulwesen die Wahrheit der Demokratie.

In der DDR ist der Lehrerberuf wohl der unerträglichste. Den Anforderungen des Staates an die Lehrer kann nur eine spezielle Selektion schadlos gerecht werden. Wer zu dieser nicht gehört, wird früher oder später scheitern. Dies bedeutet im Falle der letzten Konsequenz Entlassung aus dem Schuldienst, was der Entlassung aus dem Bildungswesen überhaupt gleichkommt. Selbstverständlich kann keine Rede sein von einer „vorzeitigen Pensionierung“, mit der man in früheren Zeiten unliebsame Lehrer ins Abseits stellte. Mit der Entlassung aber erfüllt sich der Tatbestand des Berufsverbotes, nach der Arbeitslosigkeit das Thema Nummer zwei der Westhetze, in der DDR selbst.

Freilich erfährt man auf offiziellem Wege nichts über Entlassungen; wie oft es zu ihnen kommt, ist nur zu ahnen. An der Tagesordnung sind sie heute wohl nicht mehr, ebenso wenig wie der Selbstmord, der nicht immer den Schlusspunkt setzt unter eine im Laufe von Jahren zunehmende seelische Zerrüttung. Gemessen an der durch ihn zum Ausdruck kommenden höchsten Not hört man von ihm jedoch erschreckend oft.

Doch diese Situation in der Lehrerschaft hat sich etwas beruhigt. Das ist kein gutes Zeichen. 40 Jahre DDR haben inzwischen nämlich genügt, um die alte, übernommene Lehrergeneration ausscheiden zu lassen. Das Bildungswesen kann sich heute voll auf die von ihm selbst getroffene Wahl stützen. Wie bei den Kindergärtnerinnen, so ist es auch betreffs der Lehrer nur einer gewissen Auswahl möglich, sich erst von den als Schüler erfahrenen Aussichten und später von der Mühle der Pädagogik-Hochschulen nicht abschrecken zu lassen. Das Unvermögen zu erkennen spielt freilich wieder eine Rolle, doch längst nicht mehr dieselbe wie bei den künftigen Erzieherinnen von Vorschulkindern. Jetzt ist der intellektuelle Anspruch höher. Das Unvermögen ist meist ersetzt durch frühzeitig einsetzenden Selbstbetrug, jedenfalls in den Fällen, wo die Last der Spaltung durch Pseudomanipuliertheit für unerträglich gehalten wird. Diese Fälle darf die Manipulation für sich als Erfolg verbuchen, sie gewinnt sie infolge deren „Identifikation mit dem Angreifer“. Die Möglichkeit zu dieser Reaktionsweise wächst mit dem Maß der ideologischen Beeinflussung, und nirgendwo ist diese intensiver als in der Ausbildung der Lehrer.

Zum tatsächlichen Leidwesen der Betroffenen wird der Erfolg ihrer „ideologischen Reife“ bestenfalls von der relativ kleinen Gruppe der Parteifreunde gewürdigt. Im Übrigen erkaufen sie sich ihren Seelenfrieden dadurch, für ein wenig „dümmlich“ gehalten zu werden, und wo das nicht geht, weil man ihnen eine gewisse Intelligenz nun einmal nicht absprechen kann, so wenigstens für rätselhaft oder ganz einfach für „rot“. Dem Anklang der Dümmlichkeit wissen sich die Pseudomanipulierten zu entziehen, denn *sie* sind sich immer im Klaren darüber, worauf es im jeweiligen Augenblick ankommt. Sie begegnen jedem so, wie es das Kalkül des Erfolgs verlangt. Wie schwer oder wie leicht sie die Last der Pseudomanipuliertheit empfinden, hängt von ihrer „Gewissenhaftigkeit“ ab – oder von ihrer Skrupellosigkeit. Die Gewissenbehafteten laufen Gefahr, sich seelisch zu zerrütten. So erheben sich als elitäre Zucht die skrupellosen Wissenden aus der Menge der Bewerber um das Amt des Lehrers.

Ob die Unehrlichkeit aus Schwäche resultiert oder aus Skrupellosigkeit, ist jedoch gleichgültig. Wer seine Ehrlichkeit in sich nicht untertauchen *kann*, wird in der DDR kaum Lehrer werden. Würde er es doch, weil er die gleichsam nach Luft schnappende Ehrlichkeit immer im rechten Moment unter die Oberfläche zu drücken in der Lage wäre, könnte er es nicht bleiben – seine Ehrlichkeit machte ihm irgendwann einen Strich durch die Rechnung. Sie ist eine *hinreichende* Bedingung für die Untauglichkeit, in der DDR als Lehrer zu arbeiten. Die Treue zur Lüge wird im Schuldienst auf harte Proben gestellt. Wehe dem, dessen Selbstbetrug nicht perfekt ist oder dem, der heimlich sein Gewissen nährt in der Hoffnung auf eine Veränderung. Es naht für ihn die Katastrophe, sollte es zu Kräften kommen.

Es ist auch gar nicht von Bedeutung für das Ungemach des Lehrers, was für ein Fach er unterrichtet. So mancher aufrechter Mensch glaubt, mit der Wahl eines ganz unpolitischen Unterrichtsfaches von der ideologischen Maschinerie des Schulwesens verschont zu bleiben. Auch dies ist schon ein wenig Selbstbetrug, denn der Lehrer von heute ging selbst durch diese Schule und müsste wissen, wohin die Kopplung von Bildung und Erziehung führen muss.

Das sozialistische Bildungsziel wird dem Kollegium jeder Schule in laufend stattfindenden Konferenzen und Sitzungen vor Augen geführt. Der im ganzen Staat und an allen Schulen einheitliche Lehrplan ist in allen Fächern ideologisch eingefärbt. Im Sprachgebrauch der Ideologie wird diese Erscheinung „Parteilichkeit“ genannt.

Die gesellschaftswissenschaftlichen Fächer werden durch die ideologische Ausrichtung regelrecht vergiftet. Im Fach Geschichte geht es ab der 8. Klasse (das Fach beginnt in der 7. Klasse) nur noch um den „Kampf der Arbeiterklasse“, das Fach „Staatsbürgerkunde" vermittelt nichts als die Grundlagen des Marxismus-Leninismus, obwohl es als solches durchaus politische Fragen und solche des Staatswesens in neutraler Form behandeln könnte.

Doch auf diese Idee kommen weder Lehrer noch Schüler. Im Falle der sogenannten „Wehrerziehung“ kann von einem ideologischen „Anstrich“ nicht mehr die Rede sein: Seit wann gehören die Kriegführung betreffende Fragen, Waffengattungen, Dienstgrade, Strategie und Taktik, Zivilschutz usw. in die Klassenzimmer? Das ist ein Stück Ideologie selbst, nicht der Anstrich einer an sich zu akzeptierenden Disziplin wie etwa Literatur, sondern die pure Farbe, die hier mit ihrem wichtigsten Pigment, dem Militarismus, das Schulwesen verseucht.

Die nicht-gesellschaftswissenschaftlichen Fächer gestatten mehr oder weniger gut das Eindringen der Ideologie. Der Deutschunterricht ist für parteiliche Anteile bestens geeignet. Selbst Johann Wolfgang von Goethe lässt sich vereinnahmen, denn Faust, zum Lehrplan gehörig, spricht in seinen letzten Worten von der Vision einer Gesellschaft, die man in der DDR verwirklicht zu haben behauptet. Die Interpretation literarischer Werke, die zum überwiegenden Teil zum „sozialistischen Realismus" gehören, ist im Lehrplan vorgeschrieben. Welcher Art die Interpretationen zu sein haben, ist den Schülern bewusst. Werke wie „Die Aula" von Hermann Kant, dem langjährigen Vorsitzenden des DDR-Schriftstellerverbandes, machen dies aber auch nicht gerade schwer.

Russisch ist an der Schule der DDR Hauptfach ab Klasse fünf, teilweise schon ab Klasse drei. Vermittelt wird nicht eine praktische Umgangssprache, sondern abermals die Sprache der Ideologie. Was man bereits im Deutschen zur Genüge kennt, erfährt man nun noch einmal in Russisch: Lenin, Revolution, Heldentum, Befreiung von Faschismus – als hätte man in der ganzen Sowjetunion nichts anderes im Kopf. Durch die Lektionen des Lehrbuches führen zwei Kinder. Selbstverständlich sind sie sowjetische „Pioniere", und auf allen Illustrationen tragen sie das rote Halstuch.

Das fakultative Englisch bietet andere Themen. Die Schüler erfahren hier etwas von den streikenden Bergarbeitern und der Arbeit der englischen Gewerkschaften. Selbst im Fach Mathematik, dem ideologisch unzugänglichsten, führen Textaufgaben ans Ziel der geforderten Parteilichkeit.

Dem aktuellen politischen Zeitgeschehen wird man in nicht zum eigentlichen Unterricht gehörenden sogenannten „Politinformationsstunden“ gerecht. Diese werden den normalen Unterrichtsstunden vorangestellt oder ihnen angehängt, Noten gibt es hier in der Regel nicht, auch keine Prüfungen. Der Zweck dieser Veranstaltungen besteht weniger im Informieren als im Interpretieren. Denn das eigenständige Informieren der Schüler wird zumindest in den höheren Klassen vorausgesetzt. Das Abonnement der FDJ-Zeitung „Junge Welt“ durch jeden Schüler ist quasi-obligatorisch. Die besagte Veranstaltung dient dem Zweck, auswertbare Ereignisse marxistisch zu deuten und diese Sichtweise den Schülern einzuprägen. Im Allgemeinen erhält dazu jeweils ein Schüler den Auftrag, eine aktuelle Thematik der Tagespresse darzustellen, worauf er sich eine Woche lang vorbereiten kann. Im Anschluss an seinen Vortrag findet dann eine „Diskussion“ statt, die jedoch keineswegs kontrovers ist und nur aus Ergänzungen zum Vorgetragenen, aus Beteuerungen von dessen Richtigkeit besteht. In dieser Veranstaltung haben die Schüler einmal mehr die Gelegenheit, ihre Linientreue zu demonstrieren und ihre Bereitschaft, sich dem Verlangten zu beugen. Auch hier wird also nicht die Fähigkeit entwickelt, sich mit dem Zeitgeschehen kritisch auseinanderzusetzen, sondern die Fähigkeiten, es in die Schemata der marxistischen Ideologie zu pressen und Unterwerfung zu demonstrieren.

Diese Veranstaltung ist im Übrigen eine derjenigen, die den Lehrer ganz konkret zur *aktiven* ideologischen Beeinflussung der Schüler *zwingt* – auch den Mathematiklehrer, auch den Musiklehrer, denn jeder von ihnen kann „Klassenlehrer“ sein, dem die Leitung solcher Veranstaltungen obliegt.

Für die Intensität des von ihm zu ertragenden ideologischen Druckes ist es von entscheidender Bedeutung, ob er nur dem Druck standzuhalten hat, oder ob er selbst

Druck erzeugen muss. Auch dies verengt die Maschen des Netzes, mit dem der Staat seine Lehrerschaft selektiert. Dabei ist die „Politinformation“ wahrlich das Harmloseste.

Am unangenehmsten wird es wohl, wenn es um die „vormilitärische Ausbildung“ geht, die parallel zum ohnehin stattfindenden Wehrkundeunterricht im Rahmen der sogenannten „Gesellschaft für Sport und Technik“ erfolgt. Zwar ist die Mitgliedschaft in dieser Gesellschaft nicht Pflicht, doch spielt das für die erwähnte Ausbildung keine Rolle. Mindestens einmal während der Schulzeit steckt man Mädchen und Jungen in die *Uniform* dieser Organisation, um sie die im Wehrkundeunterricht erworbenen Kenntnisse in praktischen Übungen anwenden zu lassen. Die Jungen erhalten militärische Exerzier- und Geländeausbildung, machen Schießübungen mit teilweise sogar automatischen Kleinkaliberwaffen, die Mädchen werden in Fragen der „Zivilverteidigung“ trainiert. Dazu erfolgt für beide Gruppen eine kasernen- oder feldlagermäßige Unterbringung für einige Tage. Es werden Züge zusammengestellt, Zug- und Gruppenführer ernannt. Die Rolle der „Offiziere“ übernehmen die Lehrer. Sie haben dafür auf ihren Schulterklappen die entsprechende Anzahl roter Streifen.

Nun muss der Deutschlehrer, der im Unterricht eben noch leidenschaftlich die Antikriegsliteratur am Beispiel etwa von Arnold Zweigs Grischa-Streit oder Brechts „L'homme statue“ behandelt hat, militärische Befehle brüllen. Auch der Chemie- und der Physiklehrer und alle anderen kommen nicht darum herum. Aus Anlass der Abschlussübung wecken sie ihre „Soldaten“ mit militärischen Manöverknallkörpern und Sirenengeheul.

Sie versuchen unter sich, die Sache möglichst wenig ernst zu nehmen, vor allem dann, wenn sie ganz eindeutig zu ernst wird. Vorübergehend fassen sie ihr Treiben dann als eine Art Gaudi auf – sofort aber, wenn diese Haltung auf die Schüler überzugehen droht, wird sie wieder zu einer ernsthaften Angelegenheit.

Diese Art der Mitläufer unter den Lehrern zu entschuldigen, gibt es eine allgemeine Tendenz in der latent-oppositionellen Schüler- und Elternschaft. Doch hier ist es nicht die innere Haltung, die letztlich das Treiben bestimmt, sondern nur die sichtbare Aktion. Und diese unterscheidet sich nicht von derjenigen der aktiven Scharfmacher und militanten Antreiber, die es unter den Lehrern auch gibt.

Es obliegt des Weiteren auch allen Lehrern, für das militärische Engagement vor allem der männlichen Schüler zu werben. Denn die militärische Erziehung durch die Oberschule gipfelt in der 10. Klasse mit der Verpflichtung der Jungen, als „Freiwilliger" den Dienst in der NVA abzuleisten. Das bedeutet eine Dienstzeit von mindestens drei Jahren im Gegensatz zu den normalerweise üblichen 18 Monaten. Da bis zu diesem Zeitpunkt die „Notwendigkeit" und „Ehrenhaftigkeit" des Wehrdienstes ungezählte Male deklariert worden ist, sehen sich nicht wenige Schüler nun genötigt, die Konsequenz aus ihrer jahrelangen stummen Zustimmung zu ziehen. Jetzt nein zu sagen bedeutete, zu erkennen zu geben, dass die Schule ihr Erziehungsziel zumindest in diesem Punkt nicht erreicht hat. Das ginge einher mit dem Verlassen der pseudomanipulatorischen Tarnung, denn man zeigte damit auch, dass man bisher nur mitgespielt hat und dies nun nicht mehr will. Das staatliche Bildungswesen durchschaut diesen Zusammenhang natürlich, denn die Pseudomanipulation ist ja ein auf beiden Seiten bewusst ablaufender Prozess. So trägt man ihm Rechnung, indem man die Schüler – und sich – vor einer so folgenschweren Offenbarung zu bewahren sucht. Dazu bedient man sich des Mittels der Lockung, das aber dem der Erpressung nahezu identisch ist. Die Bereitschaft zur Verpflichtung zur Freiwilligkeit wird mit dem Versprechen gekoppelt, den beruflichen Werdegang nach den eigenen Vorstellungen gestalten zu dürfen. Natürlich spricht man das in dieser Form nicht aus. Doch man stellt den Gefügigen in Aussicht, die gewünschte Lehrstelle zu erhalten, man macht die Zulassung zum Besuch der „Erweiterten Oberschule“ von der militärischen Verpflichtung abhängig, man macht sie schließlich zur Voraussetzung für den Erhalt eines Studienplatzes, mitunter sogar im gewünschten Fach. Bei alledem gelten keinerlei Gesetze im Sinne eines Wenn-Dann. Das könnte die Sache harmloser erscheinen lassen, vor allem vor den Augen einer Welt, die ein Staatswesen nach dessen Gesetzen beurteilt. Tatsächlich aber wird die Sache dadurch zu einem weiteren Objekt der Willkür, ganz ungeachtet einmal des Faktes, dass gegen Willkür auch Gesetze nicht helfen. Hier aber hat es der Staat nicht einmal nötig, der Willkür wenigstens scheinbare Schranken zu setzen.

Ein Übriges erreicht man mit dem „Zwang des Kollektivs“. Wenn in einer Schulklasse sich alle Jungen bis auf einen oder zwei verpflichtet haben und für die 100%ige Bereitschaft die Klasse eine Prämie oder sonst irgendeinen Vorteil erhält, setzen Schüler dieser Klasse die Außenseiter unter Druck. Der sozialistische Staat nennt das „Erziehung im Kollektiv“.

Es sollte sich erübrigen darauf hinzuweisen, dass die Schüler im Schulsystem der DDR selbstverständlich nie nach ihrer tatsächlichen Meinung gefragt werden. Nach alledem, was bisher über die geistige Freiheit unter dem Zeichen der Pseudomanipulation gesagt wurde, ist diese

Feststellung grundbanal. Aber daraus ist auch abzuleiten, dass es selbstverständlich keine „Schülerräte“ oder ähnliches gibt. Da die Schüler ohnehin alles, was man mit ihnen macht, „selber wollen“, erübrigen sich solche Gremien. Dies ist wieder die bekannte Behauptung der intentional-substantiellen Erziehung. Wer zu verstehen gibt, dass er doch vielleicht etwas anderes möchte, als für ihn festgelegt wurde, gilt als ungenügend erzogen oder unter schlechtem Einfluss stehend – jedenfalls ist ihm der Weg zu überschauender Erkenntnis verbaut. Diese Behauptung führt inkonsequenterweise nicht zur Entschuldigung des Betroffenen, sondern, wie in der Erziehung üblich, zu seiner Bestrafung.

Als Schüler muss man all dies als gegeben hinnehmen und sehen, dass man „irgendwie durchkommt“, um die Schulzeit nicht als unerträglich zu empfinden oder sogar ernsthaft Schaden zu nehmen. Der ideologische Druck ist von Anfang an so permanent vorhanden, dass er von vielen gar nicht mehr als etwas Störendes empfunden wird, geschweige denn als etwas Unnormales. Das gilt gleichermaßen im Übrigen auch für die Lehrer, die den Druck auf sich auf die Schüler weiterleiten.

Zweifellos ist dies ein wichtiger Vorteil zugunsten der Manipulation. Denn selbst, wenn man das Gedankengut der Ideologie jahrelang nur aus Konzession für das persönliche Fortkommen nachbetet und glaubt, in Wahrheit eine ganz andere Meinung zu haben, so bemächtigt sich die Ideologie doch zu einem gewissen Teil des Denkens. Dafür sorgt schon allein die gemeinsam gepflegte Sprache. *„Die Sprache denkt für dich“*, sagt Victor Klemperer [2]. Insofern ist die Pseudomanipulation fast nirgendwo total. Ziemlich oft hört man die Äußerung Jugendlicher, zwar durchaus Kommunist zu sein, aber eben ein „parteiloser Kommunist“, gewissermaßen abseits von der politischen Wirklichkeit der DDR. Das marxistische Gesetz der vermeintlichen Chronologie in der Reihenfolge der Gesellschaftssysteme „Kapitalismus – Imperialismus – Sozialismus – Kommunismus“ wird allgemein anerkannt, ebenso wie ja diese Begriffe überhaupt. Viele assoziieren, wenn sie das Wort „Kapitalismus“ hören, sofort den millionenschweren, zigarrenrauchenden Fabrikbesitzer und ausgebeutete, krummrückige Arbeiterheere. Selbst viele derer, die sich keineswegs zum Marxismus bekennen und weit davon entfernt sind, sich jemals als Kommunist zu bezeichnen, weil sie der Meinung sind, dass es sehr wohl andere Kriterien der Klassifizierung gesellschaftlicher Systeme gibt, denken in den Begriffen der marxistischen Ideologie. Es ist nicht zu übersehen, dass dies letztlich ein Erfolg der Manipulation während der Schulzeit ist, und wenn es der Einzige wäre, den die Schule zu verzeichnen hätte.

3.3 Die Pionierorganisation

Für jeden Schulanfänger ist der Beitritt zur staatlichen Pionierorganisation „Junge Pioniere“ quasi-obligatorisch. Im Gegensatz zur Entwicklung des Westfernseh-Tabus ist hier eine immer größere Selbstverständlichkeit eingezogen, was aber kein Widerspruch ist. Nicht der Beitritt erfolgt eigentlich noch auf Antrag, sondern der Nichtbeitritt. Jedes Kind erhält ungefragt das Formular, das es von den Eltern unterschrieben wieder mitzubringen hat. Lehnen die Eltern die Unterschrift dem Kind gegenüber ab, kann es Tränen geben: „Die Lehrerin hat aber gesagt, alle müssen das unterschrieben wieder mitbringen!“

Besonders im Rahmen dieser Kinderorganisation findet die ideologische Beeinflussung der Kinder während der Jahre statt, in denen sie noch keinen Unterricht in gesellschaftswissenschaftlichen Fächern haben.

An der Bezeichnung „Pionier“ stößt sich niemand. Das dem militärischen Bereich entlehnte Wort ist so sehr auf die Kinderorganisation übergegangen, dass man beim Hören dieses Wortes zuerst an das Kind mit dem blauen Halstuch denkt und erst danach an den soldatischen Wegbereiter. Sollte man sich staatlicherseits auch diesbezüglich mehr berufen auf den zweiten, neuerdings zugeordneten Inhalt dieses Wortes, wonach es den „Wegbereiter einer Idee“ bedeuten soll, so ist die militärische Parallele dennoch mit Sicherheit gern gesehen. Die Liebe zum Soldatentum, die schon im Kindergarten gepflegt wird, lässt erwarten, dass ein staatstreuer DDR-Bürger auf diese Feststellung nur mit „Na und?“ zu antworten weiß. Hingegen dürfte er ungern zur Kenntnis nehmen, dass zwischen „Pionier“ und dem im Westen üblichen „Pfadfinder“ fast nur die Übersetzung steht.

Über Sinn und Zweck der Pionierorganisation gibt wieder das „Kleine Politische Wörterbuch“ Auskunft. Es erweist sich damit ein weiteres Mal weniger als ein informierendes Nachschlagewerk, als vielmehr als ein glänzendes Dokument für die Geisteswelt der DDR-Ideologie [4]:

> *Pionierorganisation „Ernst Thälmann“: einheitliche sozialistische Massenorganisation der Kinder der DDR. In ihr sind auf freiwilliger Grundlage die Mädchen und Jungen der l.-7. Klasse organisiert...*

Hervorzuheben ist zunächst die *Einheitlichkeit*, denn es gibt nur diese eine Kinderorganisation. Die *Freiwilligkeit* ist keine andere als die des Wollen-Sollens der Manipulation. Das Bedürfnis des Menschen, sich mit anderen zu vereinen, um gemeinsame Ziele zu verfolgen, soll nicht in Abrede gestellt werden. Einem sechs- bis siebenjährigen Kind aber zu unterstellen, es dränge es zum Beitritt in eine Organisation, deren Ziele politischer und weltanschaulicher Natur sind, ist reichlich vermessen. Ein solches Verlangen ist nicht das der Kinder, sondern das etwas ganz Bestimmtes beabsichtigender Erwachsener. Diese verstehen es, mit geeigneten Mitteln den Wunsch der Kinder hervorzurufen, „Pionier" zu werden − oder auch „Pfadfinder" oder „Pimpf".

In der Fortsetzung des Artikels [4] erfährt man, dass die Kinderorganisation von der „Freien Deutschen Jugend", der (einzigen) Jugendorganisation der DDR, 1948 gegründet wurde und dass sie 1952 den Namen „Ernst Thälmann" verliehen bekam. Weiter heißt es [4]:

> *Ihre Aufgabe besteht darin, den Kindern die Politik der SED, die Weltanschauung und Moral der Arbeiterklasse zu vermitteln. Das erfolgt durch ein vielseitiges und interessantes Leben in den Gruppen und Freundschaften. Die P. erzieht in enger Zusammenarbeit mit der Schule, den Eltern und den Werktätigen die Jungen Pioniere zu aufrechten sozialistischen Patrioten und proletarischen Internationalisten ...*

Wiederholung ist nicht nur die Mutter der Weisheit, sondern auch die der Propaganda, dem wichtigsten Instrument der Manipulation. Der Text wiederholt mit Penetranz all die „edlen" Eigenschaften, durch die sich die sozialistischen Persönlichkeiten auszeichnen, und nennt eine weitere: Pioniere sind „fröhliche Menschen". Dem Text zufolge sind die Kinder fröhlich, zuverlässig und hilfsbereit und „packen überall mit zu", wenn sie Pioniere sind, das heißt also, sobald das feierliche Eintrittszeremoniell einschließlich des Gelöbnisses über sie ergangen ist. Das ist Erziehung per Definition oder auch per Zauberformel, was der Kulthandlung gleichkommt. Man macht es sich einfach: Musik, feierliche Worte, Brimborium und der neue Mensch steigt aus der Retorte.

Ebenso wenig, wie man sich die Mühe machte, der Armee der DDR Uniformen zu schneidern, die sich in Stoff und Schnitt von denen der Wehrmacht unterscheiden, sondern sich auf die Änderung weniger Details beschränkte und so auf bestehende Bestände zurückgreifen konnte, scheint man das feierliche Brimborium der nazistischen Jugendverbände ablegen zu wollen. Es gibt eine komplette Uniform für Pioniere, deren Besitz jedoch für einfache Mitglieder nicht zwingend ist. Das blaue Halstuch, seit 1973 auch das rote, sind nur deren symbolische Andeutung. Es gibt einen Gruß, bei dessen Ausführung die Hand in vorgeschriebener Weise zur Stirn zu führen ist: „Seid bereit!“ ruft der Pionierleiter, und die Gruppe antwortet im Chor, die Hände zur Stirn erhebend: „Immer bereit!“ Es wird im Viereck angetreten, die Fahne wird gehisst, die Fanfare geblasen. Es gibt Spielmannszüge – natürlich vollständig uniformiert –, und das Gelöbnis bei der später erfolgenden Aufnahme der „Jungpioniere“ in die Reihen der etwas älteren „Thälmann-Pioniere“ lässt man gern bei Fackelschein sprechen.

Nicht obwohl, sondern weil unter den Lehrern so viele waren, die die Zeit der Braungekleideten schon als Kommandierende miterlebten, war eine Reanimierung dieses Ungeistes so einfach. Voraussetzung war nur die Errichtung einer neuen Diktatur, und alles konnte beim Alten bleiben.

Ausdruck des Ungeistes ist das Brimborium deshalb, weil es dem Ziel dienen soll, eine emotionale Bereitschaft zur Aufnahme der zu verkündenden Ideologie zu erzeugen. Wo auch immer Menschen massenhaft solchen

Prozeduren unterworfen werden, während derer man Bekenntnisse von ihnen verlangt, braucht man die verkündeten Inhalte gar nicht zu kennen, um auf Demagogie und Manipulation zu schließen.

In der DDR werden diese Brimborien auch in Form riesiger Massenveranstaltungen regelmäßig als sogenannte „Pioniertreffen" durchgeführt. Im August 1982 übergab der Chef der Pionierorganisation an Erich Honecker das „Buch der Taten und Träume für den Sozialismus". Von den Träumen der Jugend ist einleitend schon die Rede gewesen. Der symbolische Akt der Übergabe beinhaltet das Bekenntnis: Wir träumen, was der Staat (hier vertreten durch seinen obersten Chef) erwartet.

Natürlich träumt kein Kind tatsächlich „für den Sozialismus", weder am Tage noch in der Nacht. Von allein kann es nicht darauf kommen, wie ein solcher Traum überhaupt auszusehen hat. Das muss man den Kindern schon sagen, doch Träume auf Empfehlung oder auf Befehl stellen sich nicht ein, bestenfalls als Zustände des Unbehagens oder der Angst.

Wollen die Eltern ihrem Kind den militanten Politzirkus mit Appell, Meldung, Fahne und Käppi ersparen, indem sie ihrem Kind vom Beitritt zu den Pionieren abraten oder es direkt davon abhalten, machen sie es zu Außenseitern. Den Nichtpionieren fällt es schwer, ihre Abseitsstellung zu verstehen, weil ein Kind dieses Alters die Bedeutung von Politik und Ideologie, schon gar die der Manipulation, nicht erfassen kann. Darüber hinaus reagieren viele der brav und selbstgerecht mitmachenden Schüler solchen Kindern gegenüber aggressiv. Lehrer und „Pionierleiter" sorgen selten für Toleranz, eher weisen sie noch die Richtung zur Unterstützung dieser Form der Hackordnung.

Doch damit erschöpft sich die Problematik der Nichtmitgliedschaft nicht. Sie erhält juristische Relevanz, wenn die Schule sogenannte „Pioniermanöver" durchführt. Dazu gibt eines der „Betroffenheitszeugnisse" Auskunft, die aus Anlass der ökumenischen Versammlung im Februar 1988 in Dresden verfasst worden sind. Regelrecht veröffentlicht durften diese Zeugnisse nicht werden; ihr Wortlaut wurde nur für den „innerkirchlichen Dienstgebrauch" einige hundertmal vervielfältigt. (Auf diesen Keim einer Opposition wird später noch einzugehen sein.) Eine Frau schreibt [25]:

> *1. Schuljahr. – Im Muttiheft meiner Tochter steht: Mittwoch 8 Uhr Pioniermanöver. Ich frage bei der Pionierleiterin nach: Ja, auch für Nichtpioniere ist die Teilnahme Pflicht, dafür wird ein Wandertag genommen. Stationen des Pioniermanövers sind unter anderem: Zielwurf – Schweigemarsch – Minen-Entschärfen. Dabei werden Quietschtiere unter dem Laub versteckt. Ich schicke mein Kind nicht zum Manöver, andere Eltern sind der gleichen Meinung. Wir erreichen, daß für unsere Kinder planmäßig Unterricht erfolgt. Ca. 180 Kinder der Klassen 1 - 5 nehmen an diesem Pioniermanöver teil.*

Es hängt von der persönlichen Situation jedes einzelnen ab, ob die knapp vier Prozent dieser aktiven Oppositionellen für ihn Grund zur Hoffnung oder zur Resignation sind. Dass es sie überhaupt gibt, mag tatsächlich die vage Tendenz eines entstehenden Mutes andeuten. Doch für die Eltern von 180 Kindern ist das beschriebene Geschehen kein Grund zum Aufbegehren, obwohl die Hemmschwelle des Beginnens nicht mehr vor ihnen liegt. *Sie* bestimmen das Bild, nicht die restlichen vier Prozent ergebenden sieben Schüler, und in Schulen, in denen es sowieso weniger Schüler gibt, ist es leicht möglich, die ein, zwei oder drei sich Verweigernden zu überrollen, was auch immer noch die Norm ist.

Die Kinderorganisation der DDR existiert also keineswegs losgelöst von der Schule. Aus dem unteren Zitat [4] auf Seite 126 geht das auch klar hervor. Die Schulklasse bildet eine „Pioniergruppe“, die Schule eine „Pionierfreundschaft“. Für die hauptamtliche Tätigkeit des Pionierleiters gibt es eine spezielle Ausbildungsrichtung an den Pädagogik-Hochschulen. Ein solcher Leiter arbeitet mit *„vielen gesellschaftlichen Kräften zusammen“*, was ihn befähigt, die *„hohen Anforderungen an die kommunistische Erziehung zu bewältigen.“* [4]

Der wesentliche Anteil des Lebens dieser Organisation spielt sich somit in der Schule ab. Es gibt darüber hinaus aber auch außerschulische Veranstaltungen, sogenannte „Pioniernachmittage“, die in den „Pionierhäusern“ oder „Pionierpalästen“ stattfinden. Diese Domizile sind zumeist alte Villen ausgestorbener oder vertriebener Unternehmerfamilien. Im Falle des Dresdner Pionierpalastes handelt es sich sogar um das ehemalige Schloß Albrechtsberg, das Mitte des 19. Jahrhunderts für den Prinzen Albrecht von Preußen erbaut wurde – ein wahrhaft imposantes Gebäude.

Führt man die Kinder aus Anlass ihrer Aufnahme in die Pionierorganisation hierher, bietet es sich an, ihnen zu zeigen, wie die Könige von einst lebten, und ihnen zu erklären, dass es in der DDR die Kinder sind, denen all dieser Reichtum nun gehört. Für eine einzelne Person wie den König konnte ein solcher Palast nur zu groß sein. Heute können hunderte Kinder in ihm singen und spielen, basteln und lernen. Das ist überzeugende Logik, denn man führt die Kinder nicht in die Regierungswohngegenden Ostberlins, zu den Sommersitzen der hohen Funktionäre oder in die Appartements der großen Regional-Parteibonzen, wo sie alles das nicht könnten. Insofern müssten die Kinder den alten Regenten und Kapitalisten dankbar sein, denn ob der Staat ohne deren Erbe dazu bereit wäre, ihnen vergleichbare Unterkünfte bereitzustellen, ist keine Frage. In der baulichen Hinterlassenschaft derer, denen seine Verachtung gilt, manipuliert er die neue Generation.

Ein Mädchen erzählte, was sie im Pioniernachmittag gemacht hatten: „Wir haben unsere Hand auf Pappe gelegt und drumrumgemalt. Die Papphände haben wir ausgeschnitten, auf Scheuerlappen gelegt und dann die Scheuerlappen so ausgeschnitten. Dann haben wir immer zwei zusammengenäht." Auf die Frage, was das denn sein sollte, kam die unverdrossene Antwort: „Na, ein Feuerhandschuh, für'n Krieg."

Wie schon im Falle des Kindergartens, ist auch jetzt die angebliche enge Zusammenarbeit mit den Eltern eine leere Behauptung. Sie ist nicht enger, als es das individuell für notwendig gehaltene Maß des Mitmachens bewirkt. Besuchen die Kinder einer Gruppe einen Betrieb, zum Beispiel eine Schokoladenfabrik, so geschieht das generell im Rahmen der Pioniergruppe. Die Anregung dazu mag vom Vater eines Kindes kommen und ganz unpolitisch gemeint sein, und dennoch wird die Besichtigung zu einer „gesellschaftlichen Aktivität" der Pioniergruppe erhoben. Sie wird zur Kontaktaufnahme der Kinder mit den Werktätigen, zur hautnahen Berührung mit der sozialistischen Produktion. Sie wird im Gruppentagebuch registriert und als Pluspunkt beansprucht bei der Rechenschaftslegung über das durchgeführte Programm. Auf diese oder ähnliche Weise ergibt sich der „Anteil der Werktätigen" an der „Prägung aufrechter sozialistischer Patrioten" ganz von selbst. Es läge im Stil der alles für sich vereinnahmenden und wertenden DDR-Ideologie, wenn sie hierin eine der „objektiv wirkenden Gesetzmäßigkeiten“ der sozialistischen Gesellschaftsordnung zu erkennen erklärte.

Wie jede gesellschaftliche Organisation der DDR, so besitzt auch die der Pioniere ihre eigenen Publikationsorgane. Zu diesen gehören die „ABC-Zeitung“, die „Trommel“ und das „Pioniermagazin Fröhlichsein und Singen“, im alltäglichen Sprachgebrauch „Frösi“ genannt. Wie es sich für ein Magazin gehört, ist der Inhalt der zuletzt genannten, monatlich erscheinenden Zeitschrift sehr vielseitig. Man findet in altersgerechter Darstellung Beiträge zur Geschichte, zu Zoologie, Biologie, Geographie, zum Sport, zu Kunst und Literatur. Regelmäßig liegt Bastelmaterial bei; neue Lieder werden veröffentlicht. Bei alledem dominiert der politisch-ideologische Anteil aber letztlich doch so stark, dass die Zeitschrift eher als gesellschaftspolitisches Journal mit unpolitischen Beifügungen anzusehen ist. Auf der ersten Seite des Heftes 4/1986 findet man eine seitenfüllende Aufnahme Honeckers hinter dem Rednerpult. „An der Seite der Genossen“ lautet die Überschrift auf rotem Grund, durch die die Kinder ihre Platzzuweisung erhalten sollen. Auf der Seite neun stehen „Geschichten einer Freundschaft“, in denen es um Krieg und Partisanenkampf geht. Ernst Thälmann, das erklärte Vorbild aller Pioniere, tritt immer wieder in Erscheinung: Als Junge, als Arbeiterführer, als Vater, als Mensch, als Kommunist mit geballter Faust. Diejenigen, die ihn einst ins Messer laufen ließen, nachdem der Stalinismus den durchaus ehrlich gemeinten Absichten von Männern wie ihm längst in den Rücken gefallen war, tarnen heute fortwährend ihre Demagogie mit seiner Rechtschaffenheit. Entsprechend formuliert und frisiert sind Episoden aus seinem Leben bestens geeignet, das Gefühl der kindlichen Leser anzusprechen.

Die Zitate aus der „Neuen Erziehung im Kindergarten" sprachen es offen aus, wie sehr es in der sozialistischen Erziehungspraxis um die „Entwicklung", „Lenkung" oder „Anregung" von Gefühlen geht. Dieses Prinzip wird bei der Beeinflussung keiner Altersklasse verlassen. Es ist von grundsätzlicher Bedeutung für jede Manipulation, da sie den Zugang zu den Gehirnen über das Gefühl findet. Ohne sich dessen unbedingt bewusst zu sein, findet jeder Demagoge diesen Weg gleichsam instinktiv. *„Ich leb' so gern in meinem Land"* lautet das Thema zu einem Artikel, den eine etwa zwölfjährige Schülerin verfasst haben soll, und der genau auf dieser Linie liegt [26]:

Drei Rosen für Vati
Ich stand an der Haltestelle am Platz der Einheit. Um meine Ungeduld ein bißchen zu zügeln, lief ich langsam an den Anlagen entlang und stand plötzlich an einem Meer von Blumen: Rosen, Nelken, Narzissen, Tulpen... Rote, weiße, gelbe, blaue, lila...
In diesem Augenblick vergaß ich alles andere, still stand ich vor der Pracht und am liebsten hätte ich gesungen vor Freude. Alle wünschte ich sie mir zum Geburtstag. Die Vasen würden nicht ausreichen.
Bis mir auf einmal bewußt wurde, wo ich eigentlich stand. Ich stand ja am Ehrenmal für die sowjetischen Soldaten. Gestern war der Tag des Sieges über den Faschismus und aus unserer Schule waren Lutz und Angela zur Kranzniederlegung delegiert worden. Blumen zum stillen Gedenken also und auch zur Mahnung: nie wieder darf es Krieg geben und Faschismus!
Ich hätte jetzt heulen mögen, Blumen, die diejenigen, für die sie bestimmt sind, nicht mehr sehen können.

Ich dachte: Eine Märchenfee müßte jetzt kommen, dann würde ich mir etwas ganz irrsinniges wünschen. Nämlich, daß alle jungen Soldaten, die für uns ihr Leben gaben, plötzlich hier in langer Reihe stehen würden, sich eine Blume nehmen, gesund nach Hause gehen und den Frieden miterleben könnten.
Ein lautes Klingeln brachte mich in die Wirklichkeit zurück. Die Bahn! Etwas außer Atem ließ ich mich auf den erst besten Sitz fallen. Meine Gedanken aber, dieses Bild mit den Soldaten, sie ließen mich nicht mehr los. Bei der Fahrt nicht und auch nicht beim Pioniernachmittag.
Ich sah auf einmal sogar meinen Vati mit in dieser langen Reihe stehen. Nun ja, so alt wie mein Vati jetzt ist, mögen viele dieser Soldaten damals gewesen sein. Und als ich nach Hause kam, rannte ich in den Garten. Im Garten standen die ersten Rosen in Blüte. Drei der schönsten wählte ich aus und schnitt sie ab.
So, wie ich war lief ich in Vatis Arbeitszimmer. Leise trat ich an seinen Schreibtisch. Vati hatte gerade eine Zeichnung vor sich liegen und bemerkte mich erst, als ich die drei Rosen vor ihm hinlegte.
Ganz verwundert fragte er: „Ist heute ein besonderer Tag? Ich habe doch gar keinen Geburtstag?“
Da erzählte ich ihm von meinen Gedanken. Vati umarmte mich ganz fest und ich fühlte mich geborgen.

Nicht anders verhält es sich mit dem letzten Beitrag dieses Heftes. Noch einmal wird der Verbundenheit mit der Sowjetunion Rechnung getragen. Es erfolgt der regelmäßige Hinweis auf die Verbrechen unter der faschistischen Diktatur, es wird der sozialistische Aufbau beschrieben. Der Artikel steht unter der dreifach stabgereimten Überschrift „Trassentat und Träume“. (Die

„Trasse“ ist eine im Bau befindliche Erdgasleitung in der Sowjetunion.) Die Hütte einer alten Frau, die im Krieg Mann und Söhne verlor, steht der Trasse im Weg. Da die Frau sich weigert, die im Krieg zerstörte, nach seinem Ende aber wiedererrichtete Hütte zu verlassen, bauen die Komsomolzen (das sind die Angehörigen des sowjetischen Jugendverbandes) und Helfer aus der DDR ihr auf Vorschlag von „Trassen-Thomas“ eine neue Hütte. *„Söhnchen, Söhnchen“,* sagte die alte Frau, *„und Tränen rannen ihr übers Gesicht.“*

„Gute Alliteration“ würde Victor Klemperer dazu gesagt haben. Den Stabreim liebte schon die Lingua Tertii Imperii, die „Sprache des Dritten Reiches“, und mit einem Netz aus edelmütigen Gedanken bemächtigte sie sich einst der Hirne der Menschen, bis diese in tiefster Überzeugung sagten: *„Ich glaube an ihn!“* [2]

Selbstverständlich findet die Liebe zum Militär auch in dieser Zeitschrift ihre Fortsetzung. Beschrieben werden das fleißige Lernen junger Unteroffiziersanwärter, der freiwilligen Wehrdienstleistenden also, deren mutvolle Selbstüberwindung bei der Unterwasserfahrt mit dem Panzer und dergleichen mehr. Diesen Reportagen zufolge muss es geradezu romantisch schön sein bei der NVA, wenn auch *„die Umstellung vom zivilen Leben auf die Normen der Armee für alle schwierig ist.“*

Doch die Berichterstattung im „Frösi“ beschränkt sich nicht auf die Staaten der sozialistischen Gemeinschaft. Es wird auch über das „westliche Ausland“ berichtet. Im Heft 6/1986 findet man einen Artikel mit weißer Schrift auf schwarzem Grund. *„Draußen vor der Tür“* lautet die plagiative Überschrift, unter der das Hauptthema der Antiwestpropaganda, die Arbeitslosigkeit, einmal mehr bemüht wird. Vier kleinformatige Schwarzweißbilder lockern den Text etwas auf. Die ganze Seite ist grau in grau gehalten. Das Lesen der weißen Schrift auf schwarzem Grund ist den Augen unangenehm. Die DDR-Propaganda beherrscht auch dieses Register der Manipulation: Die Kopplung von physischem Unbehagen mit der Lektüre über den „Alltag im Westen".

An anderer Stelle macht sie Gebrauch vom kindlichen Hang zur märchenhaften Phantasie. Ferne Länder erscheinen durch die Reisebeschränkung in der DDR ohnehin schon in einem märchenhaften Zwielicht, so dass man gerade das Denken der Kinder, die von den ernüchternden Meldungen über das Weltgeschehen kaum etwas verstehen, in einfacher Weise lenken kann – in welche Richtung auch immer das geschehen mag. Die „ABC-Zeitung" vom November 1984 beinhaltet drei kurze Geschichten eines gewissen Horst Basedow, von denen hier die erste wiedergegeben sein soll [27]:

Der Feuerdrache Zion
Nahe dem Land der Kinder Palästinas lebte der kleine Drache Zion. Er war wirklich klein, beinahe winzig, hatte eine pipsige Stimme und spuckte kein Feuer. „Gebt mir doch etwas zu essen, liebe Kinder, ich bin so furchtbar hungrig", bat er. Die Kinder Palästinas hatten Mitleid mit dem kleinen Drachen und teilten ihr Brot. Doch er bedankte sich nicht.
Der kleine Drache Zion wuchs und wuchs und war bald kein kleiner Drache mehr. Die Nahrung, die die Kinder Palästinas mit ihm teilten, reichte nicht. „Gebt mir mehr zu essen, ich werde nicht mehr richtig satt!" brüllte er zornig. „Wir haben unser Essen geteilt! Jetzt ist nichts mehr da. Du mußt warten, bis wir die Ernte einbringen", sagten die Kinder.
Aber der Drache Zion wollte nicht warten. Er flog auf das Feld, drosch mit seinem gewaltigen Schwanz das Getreide gleich auf dem Halm aus und blies die Körner

zusammen. Dann legte er sich vor den Haufen und fraß, bis kein Körnchen übrig war. „Das war unser Korn! Du hast uns unser Brot gestohlen!" riefen die Kinder und verlangten ihr Korn zurück. Da wurde der gefräßige Drachen sehr böse. Seine Haut wurde vor Ärger richtig grün. Und ehe sich die Kinder versahen, blies er Feuer und Rauch im Land umher. „Niemals vertrauen wir wieder einem Drachen, mag er auch noch so klein und hungrig sein!" riefen die Kinder Palästinas. „Ein Drache bleibt doch immer ein Drache!" Und sie machten sich auf den Weg, um den Feuerdrachen Zion aus ihrem Land zu vertreiben.

Ein Drache bleibt immer ein Drache. Ganz ohne Zweifel hat der Verfasser recht mit dieser Feststellung. Doch auch ein Gespenst bleibt immer ein Gespenst, und das hätte Marx wissen müssen.

3.4 Die Freie Deutsche Jugend

In der achten Klasse, somit im Alter von ungefähr 14 Jahren, geht die Pionierzeit zu Ende. In einem erneuten feierlichen Akt erfolgt die Aufnahme in die „Reihen der Freien Deutschen Jugend". Das rote Halstuch ist nun nur noch ein Andenken, die weiße Bluse wird eingetauscht gegen das Blauhemd. Tatsächlich heißt es „Blauhemd" und nicht etwa „blaues Hemd". Auch hier war es einfacher, sich des Althergebrachten zu bedienen, es ist ja auch der Klang der Worte „blau" und „braun" sehr ähnlich.

Der Beitritt zur FDJ ist ebenso freiwillig wie der zu den Pionieren. Allerdings hat sich im Verlaufe der acht Jahre Pionierzeit ein gewisser Erkenntnisstand in den Köpfen der Kinder gebildet und die Pseudomanipulation war fast überall erfolgreich, auch dort zumeist, wo die

Eltern dieser anfangs noch im Wege standen. Naturgemäß wird einer erfolgreichen Manipuliertheit kein rational zu begründender Widerstand entgegengebracht. Mit der Entartung ins Scheinbare aber wird dies anders, und so kommt es, dass die Beitrittsquote zur FDJ etwas weiter von der 100%-Grenze entfernt ist, als es bei den Pionieren der Fall ist. Die Macht des Gewissens, das die eigenen An- und Absichten für unvereinbar mit den oktroyierten erscheinen lässt, hat jetzt vielfach Einfluss gewonnen. Wer sich beispielsweise schon mit 14 Jahren konsequent zum Christentum bekennt, kann sich nicht durch die Mitgliedschaft in der FDJ zum Fürsprecher einer atheistischen Ideologie machen. Von solcher Konsequenz sind aber nur wenige. Sie vermögen nicht, das sich bietende Gesamtbild zu beeinflussen, das von der Pseudomanipulation sehr scharf gezeichnet wird.

Die Ziele der FDJ existieren in ihrem Statut, in den Reden auf ihren Kongressen und, natürlich, im „Kleinen politischen Wörterbuch". Hier aber müssen sie nicht noch einmal aufgeführt werden, weil dies nur eine nochmalige Wiederholung des schon mehrfach Gesagten bedeutete.

In den vielen Köpfen der von der FDJ erfassten Masse existieren sie nicht. Das heißt nicht, dass keines unter den Millionen Mitgliedern sie anzugeben wüsste. Sie wissen durchaus, welche Ziele sie haben sollen, doch sie sind ihnen letztlich gleichgültig. Die Spur von Stolz auf das Blauhemd, die man gelegentlich beobachten kann, darf nicht missverstanden werden. Sie hat ihre Ursache darin, dass das Blauhemd auch ein Zeichen ist für die Zugehörigkeit zu einer bestimmten Altersgruppe, in der man offiziell nicht mehr zu den Kindern gezählt wird. Dies erleichtert es zumindest in den ersten Jahren der Zugehörigkeit zur FDJ, dem Zwang zu folgen, aus dem heraus das Blauhemd zu bestimmten Anlässen auf

Anweisung in der Schule zu tragen ist. Solche Anlässe sind zum Beispiel staatliche Feiertage, FDJ-Veranstaltungen oder schulische Prüfungen.

Mit 14 Jahren hat man aber auch begriffen, dass den deklarierten Zielen des Staates zuzustimmen ist, will man seinen persönlichen Zielen näherrücken. Die persönlichen Ziele sind in diesem Alter vor allem der angestrebte Beruf, das heißt zunächst die Aussicht auf die gewünschte Lehrstelle oder das beabsichtigte Studium. Für das Studium ist die Erweiterte Oberschule Bedingung, sofern man nicht die Möglichkeit zur „Berufsausbildung mit Abitur“ hat, die aber prozentual noch weniger zur Verfügung steht als die „EOS“. Wer in den Kreis der für die Abiturstufe erwählten Elite aufgenommen werden will, muss Mitglied der FDJ sein. Jemand, der sich zu dieser „Kampfreserve der Partei“ nicht zählen möchte, kann sich auch mit einem Zensurendurchschnitt von 1,0 den Erwerb der Hochschulreife aus dem Kopf schlagen.

Aber auch hier gibt es Ausnahmen. Zu ihnen kommt es aus zwei Gründen. Erstens sind manche Eltern in ihrer Argumentationsweise den regierenden Schulräten durch Verwendung der vom Staat bereitgestellten Phrasen von Meinungsfreiheit und gleichen Chancen für alle und durch ihre Intelligenz so überlegen, dass den Schulräten in Auseinandersetzungen gleichsam die Luft wegbleibt. Stellen sie sich noch immer stur, hilft unter Umständen die höhere Instanz. Je höher diese wird, desto mehr kommt der zweite Grund zur Geltung. Er besteht in der politisch günstigen Wirkung von Ausnahmefällen. An der Schaffung solcher müssen die höheren staatlichen Stellen interessiert sein, denn diese Fälle dienen als ständiger Beweis für das Gegenteil der Behauptung, durch unpassende Gesinnung gesellschaftlich benachteiligt zu sein. Diese Behauptung muss unglaubwürdig werden, wenn es konkret zu benennende Gegenfälle gibt. Nichtzulassungen zur Erweiterten Oberschule (und später zum Studium, wobei sich alles wiederholt) lassen sich nun ohne weiteres begründen mit Kapazitätsproblemen oder ähnlichem. Ausnahmen sind geradezu unverzichtbar dafür, dass sie Ausnahmen bleiben.

Warum nun sollte man sich durch Verweigerung des rein formalen Aktes des FDJ-Beitritts die Zukunftschancen verderben? Warum sollte man den Empfang der sozialistischen Jugendweihe ablehnen? Man muss doch leben. Was bringt das „reine Gewissen“? Steht es nicht sogar der Realität im Wege? Und überhaupt − wird das Gewissen denn unrein, wenn man jene ein bisschen belügt, die einen von früh bis spät mit Lügen vollstopfen? Wollen die es letztlich nicht so haben?

Dies ist der Tenor des Mitmachens, für den allerdings kein wörtliches Zitat gebracht werden kann. Denn anvertraut werden kann diese Haltung nur den ganz nahestehenden Menschen − den Eltern, den Geschwistern oder dem besten Freund. Selbst wenn sie im Zeichen der Pseudomanipuliertheit so weit zugestanden wird, dass sie zum stillen Einverständnis unter den jugendlichen Betroffenen führt – zur allgemein anerkannten Basis des Verhaltens, über die zu diskutieren es nicht bedarf, kann es niemals so weit gehen, dass sich eine Zeitung oder eine Zeitschrift Ihrer annimmt.

Die „Jung Welt“ oder die „Junge Generation“, die beiden Hauptpublikationsmittel der FDJ, sind das Sprachrohr der Macht, von dem das Soll verkündet und niemals das von diesem abweichende Ist beschrieben wird. Wieder geht man per Definition vor: Das Soll wird für das Ist ausgegeben − oder auch umgekehrt − in jedem Fall macht man es sich leicht. Mit welcher Unverfrorenheit dies mitunter geschieht, war zum Beispiel in einem

Interview des westdeutschen Journalisten E. S. mit einem gewissen Dr. B. U. zu hören, einem höheren FDJ-Funktionär. Zwar war das von diesem Geäußerte nicht zur Veröffentlichung in der DDR vorgesehen, doch wenn es hätte sein müssen, wäre man auch davor nicht zurückgeschreckt. Verschiedene Interviews mit Erich Honecker oder Kurt Hager, die dem Folgenden an Impertinenz in nichts nachstehen, haben das bewiesen. Das besagte Interview sendete der RIAS etwa im Jahre 1976:

...

U.: *Die jungen Bürger der Deutschen Demokratischen Republik sind gleichberechtigt, so wie es die Verfassung sagt, und dies bezieht sich auch auf die Zulassung zu Erweiterten Oberschulen und Universitäten.*

S.: *Dann glauben Sie, dass die Erklärungen der Bischöfe Fränkel und Schönherr aus der Luft gegriffen sind?*

U.: *Ich sagte Ihnen, Herr S., ich bin kein praktizierender Christ. Ich bin Bürger der Deutschen Demokratischen Republik und ich glaube Sie werden Verständnis dafür haben, dass ich mich nicht zu Erklärungen von Kirchenleitungen in der DDR äußern möchte - - - weil ich der - - - diesen Kirchen nicht angehöre.*

S.: *Lassen Sie uns auf ein anderes Thema kommen. Ihre Organisation wird sich ja morgen ein neues Statut geben, in dem sicher der folgende Satz fehlen wird, den ich aus dem FDJ-Statut des Jahres 67 zitieren möchte: „Die FDJ fördert alle Bestrebungen, die den gemeinsamen Kampf der Jugend beider deutscher Staaten für die Erhaltung des Friedens, für die Durchsetzung der Politik der friedlichen Koexistenz, für eine Konföderation beider deutscher Staaten für die nationale Einheit" usw. „dienen". Ist damit die Deutsche Frage zu den Akten gelegt und jeder Bezug auf ihr immerhin noch am heutigen Tag gültiges Statut ein, wie es Egon Krenz sagte, „revanchistisches Gerede"?*

U.: *Über die Deutsche Frage, Herr S., hat die Geschichte entschieden. Es gibt heute die kapitalistische Bundesrepublik und es gibt die sich entwickelnde sozialistische Nation in der Deutschen Demokratischen Republik. Was heute möglich und notwendig ist, ist die Verbesserung der Beziehungen zwischen der DDR und der Bundesrepublik und dafür spricht sich auch, so wie es im Referat des 1. Sekretärs des Zentralrates der Freien Deutschen Jugend unterstrichen wurde, die Freie Deutsche Jugend aus. Dies bekräftigt sie mit ihrer Bereitschaft, zur demokratischen und progressiven Jugendorganisation der Bundesrepublik Beziehungen zu unterhalten und diese Beziehungen weiterzuentwickeln. Aber das, wie Sie sagen, „fortwährende Gerede" über eine offene Deutsche Frage dient den Beziehungen zwischen der Bundesrepublik und der Deutschen Demokratischen Republik nicht und es ist immer mehr ein objektives Hindernis für den weiteren Prozess der Entspannung auch in den Beziehungen zwischen diesen beiden Staaten.*

S.: *Kann man Ihren Worten dann die Hoffnung entnehmen, dass bei einer Klarstellung des Verhältnisses zwischen den beiden deutschen Staaten, wie sie es sehen, in nicht allzu ferner Zukunft dem Wunsch vieler Jugendlicher in der DDR entsprochen werden kann, dass sie auch in den Westen, auch in die Bundesrepublik reisen können?*

U.: *Die jungen Menschen der Deutschen Demokratischen Republik haben vor allem den Wunsch, ihre Freunde zu besuchen. Und ihre Freunde, und dies hat das Parlament der Freien Deutschen Jugend sehr eindrucksvoll und für alle Teilnehmer überzeugend bekräftigt, befinden sich in den Staaten der sozialistischen Gemeinschaft, vor allem in der Sowjetunion. Wir haben uns auf dem Parlament, so wie es für die Freie Deutsche Jugend als eine Interessensvertretung für die ganze junge Generation immer der Fall gewesen ist, auch über den Jugendtourismus unterhalten. Die Freie Deutsche Jugend besitzt ein eigenes Jugendreisebüro mit wachsender Aktivität, viele zehntausende junge Menschen, junge Bürger der Deutschen Demokratischen Republik, besuchen die sozialistischen Länder, aber auch andere Länder. Was die Reisemöglichkeiten in die Bundesrepublik für Mitglieder der Freien Deutschen Jugend betrifft, Herr S., möchte ich sie gern daran erinnern, daß es eine Freie Deutsche Jugend in der Bundesrepublik gegeben hat, die durch einen Beschluss des Bundesverfassungsgerichts verboten worden ist, und ich glaube, dies sagt genug über die Haltung der Mitglieder der Freien Deutschen Jugend zu Reisen in die Bundesrepublik, und wer das Parlament verfolgt hat, der wird bestätigt bekommen haben, dass wir vor allem unsere Freunde in den sozialistischen Staaten und insbesondere in der Sowjetunion besuchen und in diese Richtung entwickelt sich der Jugendreiseverkehr unserer Mitglieder in der Freien Deutschen Jugend.*

Die FDJ-Spitze macht sich also nicht nur zum Vertreter ihrer pseudofreiwilligen Mitglieder, sondern maßt sich den Vertretungsanspruch für die „ganze junge Generation“ an. Tragisch ist dies indes nicht, weil es nur wenige Jugendliche gibt, die der FDJ nicht angehören und es im Übrigen gleichgültig ist, ob man sich über den Willen der Menschen so oder so hinwegsetzt. Die Frage etwa, wohin junge Menschen der DDR reisen möchten, hat mit der FDJ nicht das Geringste zu tun.

Bemerkenswert ist die Stetigkeit der Parteilinie, die in den mit Füllstoff überladenen Sätzen des Interviewten deutlich wird. Es hat nicht üblich zu sein, als DDR-Jugendlicher einen Franzosen oder Spanier, schon gar einen US-Amerikaner zum Freund zu haben. Zwar *„strebt die FDJ danach, dass sich alle Jugendlichen von der Idee des proletarischen Internationalismus leiten lassen“* [4], aber das einfache Mitglied hat sich dabei auf die sozialistischen Bruderländer zu beschränken. Nur dort ist nämlich für seine Sicherheit gesorgt, auf die es dem Staat sehr ankommt, wollte man seiner Argumentation folgen. Dort hat nämlich das Proletariat schon gesiegt.

Die FDJ unterhält angeblich zu Jugendorganisationen in mehr als *„100 Ländern der Welt“* Beziehungen [4]. Nur davon merkt der kleine FDJler nichts. Die „große Politik“ ist den hohen Funktionären vorbehalten, und damit auch die Möglichkeit, in die betreffenden Länder zu reisen. Sie treffen sich dort mit den Chefs kleiner oder größerer kommunistischer Cliquen, bestätigen sich gegenseitig Ihre Erfolge und beteuern ihre Freundschaft. Das Ganze verbuchen sie dann unter „proletarischem Internationalismus“.

Doch gereist wird nicht nur in historischer Mission. Es gibt auch den reinen Tourismus, natürlich organisiert in Gruppen und auch „in andere Länder“. Indem aber das (einzige) Jugendreisebüro der DDR der politischen Organisation FDJ angegliedert ist, erzwingt man die Selektion der Anwärter auf solche Reisen nach deren „ideologischer Reife“. Zumeist sind es Leute, die längst zu Funktionären avanciert sind, nicht bloße Mitläufer also, sondern Schrittmacher. Der Kritik an dieser Auswahl begegnet man mit dem Argument, es stehe ja jedem frei, zum Schrittmacher zu werden, dies sei sogar erwünscht. Es sei selbstverständlich, dass jenen die hohe Ehre zukommt, aus dem knappen Devisenfonds der DDR eine Reise finanziert zu bekommen, die den Sozialismus aktiv fördern. Hier will der Staat nun doch etwas mehr sehen als nur das Lippenbekenntnis, und wenn diese Leistung darin besteht, anderen das Lippenbekenntnis abzuverlangen.

Wenn sich irgendetwas im Jugendaustausch innerhalb Deutschlands bewegen soll, so geschieht das auf östlicher Seite ausschließlich über die FDJ, mithin über die Partei. Deshalb sind Zahlen von einigen tausend in keiner Weise signifikant. Westliche Politiker sollten sich tunlichst des Lobes über diese Scheinfreiheit enthalten. Jede ihrer anerkennenden Bemerkungen über diese „Entwicklung“ schmerzt jene, die weniger mitlaufen wollen als müssen und erst recht die, die sich offen abkehren.

4. An den Hochschulen

4.1 Hauptfach Marxismus-Leninismus

In jeder Studienrichtung sind Lehrveranstaltungen im „Fach“ Marxismus-Leninismus obligatorisch. Im Verlauf der ersten drei Studienjahre werden die marxistisch-leninistische Philosophie (also der „historische und dialektische Materialismus“), die „politische Ökonomie des Sozialismus“ und schließlich der „wissenschaftliche Kommunismus“ systematisch durchgenommen. (Wohl, weil der letztere doch länger auf sich warten lässt als prophezeit, wurde er in den letzten Jahren wieder zum „wissenschaftlichen *Sozialismus*“.) Zu diesem Zweck gibt es wöchentlich eine Vorlesung und ein Seminar.

An den Hochschulen der DDR ist prinzipiell alles, was auf dem Studienplan steht, obligatorisch. Es ist den Studenten keineswegs überlassen, welche Vorlesungen und Seminare sie für sich als erforderlich einschätzen und welche nicht. Diese Annäherung an den programmierten und kontrollierten Ablauf der Lehrstoffvermittlung des Schulsystems ist ein Ergebnis der in der DDR vollzogenen Hochschulreformen. In den Seminaren zu manchen Fächern erfolgen regelrechte „Leistungskontrollen“ mit Notenvergabe – schon deshalb ist ein Fernbleiben nicht empfehlenswert. Damit folgt das DDR-Hochschulsystem einem international üblichen Trend.

Im Fach „ML“ jedoch achtet man ganz besonders auf regelmäßiges Erscheinen. Man muss dies schon deshalb, weil es rein sachlich alles andere als anziehend oder irgendwie interessant ist. Vor allem aber ist es wichtig zu sehen, dass die Studenten die ideologische Lektion willig über sich ergehen lassen. Für sie ist es ratsam, den Wortlaut der Vorlesungen aufmerksam zu verfolgen, weil sie dadurch den Aufwand der häuslichen Arbeit reduzieren können. Denn von Woche zu Woche gilt es ein Thema zu erarbeiten, zu dem Schwerpunkte vorgegeben werden und angegebene Literatur, vor allem der sogenannten „Klassiker“ (Marx, Engels, Lenin), durchzuarbeiten ist. Der Zwang zu dieser Beschäftigung ist eine von den allermeisten Studenten als sehr unangenehm empfundene Last. Der Ideenreichtum ist groß, die Ausarbeitungen untereinander rationell zu verteilen, von vorangehenden Studienjahrgängen zu kopieren oder anderweitig, wie auch immer, zu umgehen. Viel lässt sich erreichen mit ideologisch eingefärbter Beredsamkeit, doch sie allein reicht nicht aus, um vor den fragenstellenden Dozenten zu bestehen. Das gilt besonders dann, wenn die Prüfungen abzulegen sind, die aus gutem Grund in diesem Fach immer noch mündlich durchgeführt werden.

Im Dialog zwischen Prüfer und zu Prüfendem wird der Machtanspruch des einen und die Bereitschaft des anderen, sich diesem zu ergeben, viel offensichtlicher. Wer wollte auch aus den vielen Seiten nichtssagenden Geschriebenen die wenigen bewertbaren Fakten heraussortieren, sofern sie überhaupt enthalten sein könnten? In Technik und Naturwissenschaft ist das einfacher; die Ergebnisse der zu lösenden Aufgaben sind schnell zu überblicken, Klausuren also schnell zu bewerten.

Aus Anlass der ML-Prüfungen wird das Tragen des FDJ-Hemdes erwartet. Auch dieser Ritus verrät den tieferen Sinn des Geschehens, zeigt die Sonderstellung des Faches „ML“, die sich aus seiner Funktion zur ideologischen Beeinflussung ergibt. Denn im Gegensatz zu den meisten anderen Fächern, insbesondere freilich den zu den „exakten“ Wissenschaften gehörenden, fehlt es den Lehrsätzen des Marxismus-Leninismus an praktischen Bezügen, somit auch an Beweisbarkeit. Die Praxis kann keine Beweise liefern. Das tritt mitunter so deutlich zutage, dass man gezwungen ist, sie der Theorie entsprechend zu interpretieren. Diese Kunst hat sich schon fast zu einer Hilfswissenschaft des Marxismus-Leninismus entwickelt. Gleichzeitig aber entdeckte man seine Dynamik, die das Kreieren stets neuer „objektiver Gesetzmäßigkeiten“, die aber selbstverständlich niemals seinen Rahmen sprengen, ermöglicht.

Der Student hat die fehlende Beweisbarkeit zu ignorieren, sofern er nicht so talentiert ist, die Realität als beweiskräftig zu interpretieren. Diese hohe Schule aber wird gar nicht von ihm erwartet. Der Prüfer lobt auch die Ignoranz oder, die dritte und häufigste Möglichkeit, Theorie und Praxis in Einklang zu bringen, den Mut zu der Behauptung, die Praxis sehe ja doch so aus, wie die Theorie es darstellt und vorhersagt. Das ist der schon erwähnte Vorgang der Erhebung des Solls zum Ist, dem man auch von Seiten der Praxis dahingehend gerecht wird, dass man sie mit dem *Anstrich* des geforderten Solls versieht. (Auf die *Scheinwelt*, zu der dieses Vorgehen führt, wird im zweiten Teil eingegangen.)

Der Student bekommt gelehrt, dass die sozialistische Ideologie dem Menschen adäquate Abbilder der Realität vermittele. Die Wissenschaftlichkeit dieser Ideologie führe zwangsläufig dazu. *Lernen* kann er dies nicht, denn in der Realität ist es unmöglich, diese Erfahrung zu machen. Dies gilt freilich nicht nur für den Studenten – es gilt generell. Die zentrale Parteipresse muss dem Anschein gerecht werden, dieser Unmöglichkeit entgegenzuwirken. Konstantin Tschernenko war noch dazu geeignet, hierfür zitiert zu werden [28]. Der „globale Kampf zweier Ideologien“ erfordere eine

> *Erneuerung, Bereicherung und Aktualisierung des Inhaltes der ideologischen Erziehungsarbeit und ihrer Formen und Methoden sowie die Verstärkung des offensiven Charakters unserer gesamten Propaganda. ... Zu den wichtigsten Erfordernissen gehört erstens die untrennbare Verbindung der theoretischen weltanschaulichen Bildung mit der überzeugenden Vermittlung der Werte und Vorzüge der sozialistischen Gesellschaft.... Die Überzeugungskraft des Marxismus-Leninismus erwächst nicht allein aus seiner inneren Logik, seinen klaren Antworten auf die Fragen unserer Zeit, sondern immer aus seiner festen Verknüpfung mit der Wirklichkeit, mit der bereits geschaffenen sozialistischen Praxis. Die entwickelte sozialistische Gesellschaft läßt die Aktualität und Lebenskraft der Marx'schen Ideen besonders plastisch hervortreten und stellt einen unwiderlegbaren Beweis in der Auseinandersetzung mit den verschiedenen Fälschungen dar.*

Es gehe darum, *„die Stärke des Marxismus-Leninismus, seine Einheit von Theorie und Praxis noch stärker für die Offensive in der geistigen Auseinandersetzung zu nutzen.“* Und es gehe darum, [28]

> *mit den Erfahrungen des revolutionären Kampfes unserer Tage den ständigen Nachweis, den unwiderlegbaren Beweis von der Wissenschaftlichkeit des Marxismus zu führen, davon, wie sich die marxistisch-leninistische Theorie bestätigt und entwickelt, wie sie Ihre Aktualität stets aufs Neue beweist, weil sie wahr ist.*

Trotzdem musste Gorbatschow kommen, um den lebendigen Beweis zu korrigieren. Die Erinnerung an

Galileis Ausspruch über die Wahrheit drängt sich auf. In welche der darin zitierten Gruppen gehören Tschernenko und seine Epigonen an den ostdeutschen (und leider auch westdeutschen) Hochschulen? Wie muss man ein Verhalten nennen, das es gestattet, so zu sprechen bzw. so zu zitieren und gleichzeitig zu erinnern an *„die von Lenin begründete Forderung"*, dass *„das letztlich Entscheidende für den welthistorischen Sieg des Sozialismus eine höhere Arbeitsproduktivität gegenüber dem Kapitalismus"* ist? [29]

Zwar räumt man der „Gestaltung der entwickelten sozialistischen Gesellschaft" einen „langen Zeitraum" ein – es ist dies eine der dynamischen Konzessionen an die Realität – aber dennoch: Gibt es auch nur die Tendenz einer Tendenz, die diesen Glauben stützen könnte? Der Volksmund in der DDR macht mit der Sache sehr kurzen Prozess: „Die Theorie ist Marx – die Praxis ist Murks."

Das Lavieren zwischen Erfahrung und Lehrstoff und vor allem immer die Fähigkeit, seine Äußerungen mit dem bewussten „Brustton der Überzeugung" hervorzubringen, sind Voraussetzungen zum erfolgreichen Absolvieren des marxistisch-leninistischen Anteils am Studium. Sein Wissen vorzutragen mit dem Gestus des Zweifels oder gar im Konjunktiv nach der Form „man sagt, es sei", erweckt sofort den Argwohn des Prüfers: „Sind Sie etwa anderer Meinung!?" Leidenschaft hingegen kann ebenso Misstrauen erwecken. Der Student darf kaum solche Worte wählen wie Tschernenko. Ein so vordergründiges Spiel machte es dem Prüfenden schwer, darüber hinwegzusehen, dass es sich um ein Spiel handelt. Der Student spielt seine Rolle am besten mit kalter Sachlichkeit, die ihn am ehesten über jeden Zweifel erhaben scheinen lässt. Gerade *weil* kaum ein Student dieser Ideologie wirklich anhängt, wird so scharf auf das

Bekenntnis zu ihr geachtet, wird Wert gelegt auf das Tragen des Blauhemdes, das jeden Zweifel an der Bekenntnis*bereitschaft* schon im Vorhinein verdrängen soll.

Bei alledem ist ganz klar, dass sich das Geschehen auf dem Boden der Pseudomanipulation abspielt. Natürlich kennt der Ideologiedozent den wirklichen Sachverhalt; der Zwangslage des Studenten ist er sich absolut bewusst. Unter dem hohen Maß der Spannung kommt es manchmal vor, dass der Dozent aus der Rolle aussteigt.

Einem gelang es einst so ungenügend, diese Spannung der gegenseitigen Verstellung zu ertragen, dass es ihm entfuhr: „Sagen müssen Sie ja doch, was verlangt wird!“ Begegnete man ihm außerhalb der Lehrveranstaltungen auf der Straße, wich er scheu dem Blick aus und vermied es zu grüßen. Ein anderer Dozent war der Pseudomanipuliertheit besser mächtig. Er lebte die Rolle des ruhig lächelnden „Philosophen“ (als solchen bezeichnete er sich selbst), den sein festes Glaubenswissen zufrieden macht. Beinahe hätte man ihm dies glauben können, doch er erbleichte vor Schreck, als ihn die Mine eines Kugelschreibers rein zufällig an der Brust traf, als sie einem Studenten, der diesen aus Langeweile auseinandergeschraubt hatte, davonsprang. „Wer schießt auf mich?!“ war sein bezeichnender, unwillkürlicher Ausruf, den nachträglich ins Humorvolle zu übertragen ihm nicht recht gelang. (TU Dresden, 1975)

Der Student seinerseits weiß natürlich, dass auch der Dozent das Spiel durchschaut. Schon Wilhelm Busch hat das Wesen dieses Verhältnisses beschrieben:

Da lob' ich mir die Höflichkeit,
das zierliche Betrügen.
Ich weiß Bescheid, du weißt Bescheid,
und beiden macht's Vergnügen.

Vergnügen mag hinsichtlich der Höflichkeit noch möglich sein. Bezüglich des permanent zu erbringenden Ideologie-Bekenntnisses, der beteuernden Beantwortung der im Raume schwebenden modernen Gretchenfrage also, bleibt es aus. ML-Seminare und ML-Prüfungen bedeuten aufreibende Stresssituationen.

Am Tage nach der sogenannten „ML-Hauptprüfung“, der letzten dieser Sorte also, nach der man endlich den ganzen Ballast vergessen darf, rief ein Student unendlich erleichtert aus: „Nie wieder lügen!“ Natürlich war sein Optimismus zu groß, und schon die Tatsache, dass er genau wusste, wann und wo er diesen Ausruf ohne großes Risiko machen durfte, hätte seine Freude etwas trüben müssen. Doch die Euphorie über die endlich abgeworfene Last und das Bedürfnis, sich dazu endlich einmal mitteilen zu dürfen, ließen ihn das übersehen. (Ausflugsschiff auf der Elbe, Dresden 1978)

Die Endnote im Fach ML, das Ergebnis der Hauptprüfung also, in das die Endnote der Einzelfächer und die Note einer schriftlichen Abschlussarbeit eingehen, bestimmt zu einem Drittel die Abschlussnote des Studiums. Die anderen Drittel werden durch die Durchschnittsnote aller zum Studium gehörenden Fächer sowie die Note für die Diplomarbeit oder das Staatsexamen gebildet. Für Doktoranden setzt sich die ML-Ausbildung auf höherem Niveau fort. Hier darf die Promotionsnote nur einen Grad über der erreichten ML-Note liegen.

Das Wissen der Hochschulabsolventen der DDR ist eben nicht beschränkt auf die fachliche Seite. Sie bekommen auch „anwendungsbereite gesellschaftswissenschaftliche Kenntnisse“ vermittelt. Tatsächlich sind diese aber kaum zu mehr dienlich, als zur Fortsetzung der pseudomanipulatorischen Spiele im weiteren Leben. Nur so kann das angestrebte „Gesamtverständnis“ der gesellschaftlichen und politischen Prozesse, das wenigstens man denen vermitteln will, die nicht unmittelbar lenkend und leitend tätig sein werden, verstanden sein.

Was sonst soll der Arzt, der Ingenieur, der Architekt, der Agronom oder der Musiker anfangen mit der „historischen Mission der Arbeiterklasse“, mit dem „gesetzmäßigen Untergang des Kapitalismus“ oder mit der „historisch begründeten führenden Rolle der Partei neuen Typus“? Die Geschichte hat inzwischen bewiesen, dass sie nicht geneigt ist, sich auch noch so wissenschaftlich ausgegebener Prophetie zu beugen – auch wenn Tschernenkos Epigonen bis heute das Gegenteil behaupten. Wo Aussage gegen Aussage steht, bilde man sich ein eigenes Urteil. Ein jeder hat Augen zu sehen und ein Gewissen, das ihm die Einordnung des Gesehenen ermöglicht. Nicht sehen zu wollen, somit die Absicht zum Übersehen – mit der sich die Forderung nach der Abschaffung der Erfassungsstelle in Salzgitter deckt –, hat schon einmal in Deutschland zu ernsten Folgen geführt.

Weil der weitere Lebensweg nicht mehr gar so sehr bestimmbar ist vom Ja zum marxistischen Gedankengut und seinen späteren Wucherungen, ist das Maß des Vergessens fortan hoch. Bald schon wissen die meisten ehemaligen Studenten kaum noch, was eigentlich in den Hunderten von kostbaren Stunden ihres Lebens geredet und gedacht worden war.

4.2 Hochschule und Militär

Das Militär begegnet dem Studenten in vielerlei Form. Am krassesten tritt es in Erscheinung, wenn die männlichen Studenten genötigt werden, für mehrere Wochen regelrechte Soldaten zu sein. Von diesem fest integrierten Programmpunkt des Studienplanes gibt es kein Freikommen, es zählt keine Entschuldigung.

Da die Unterbringung in Kasernen erfolgt, das militärische Regime also rund um die Uhr herrscht, stellt diese Zäsur im Studienablauf nicht weniger als eine gesetzlich legitimierte Freiheitsberaubung dar, über deren Recht oder Unrecht es freilich keinerlei Diskussion gibt. Die zu Soldaten gemachten Studenten müssen ihre Bärte abnehmen und den Haarschnitt der in der Armee geltenden Dienstvorschrift anpassen. Sie werden bewaffnet. Die Ausbildung kommt der Grundausbildung der regulären Armee gleich, was dem Umstand Rechnung tragen soll, dass manche Studenten den Wehrdienst noch nicht hinter sich haben. So manche ihrer Dozenten treffen sie nun als Offiziere wieder, vor allem die der ML-Sektionen, die, ihrer gezeigten Überzeugung gemäß, zumeist tatsächlich Reserveoffiziere der NVA sind.

Die Studentinnen werden zur selben Zeit – ebenfalls kaserniert – wieder in der „Zivilverteidigung“ geschult, ganz so, wie es schon während der Schulzeit geschah.

Obwohl der schwerwiegendste, sind diese Wochen mitnichten der einzige Kontakt zum Militär, den der Student während des Studiums über sich ergehen lassen muss. Im Rahmen der FDJ, die an den Hochschulen natürlich noch aktiver ist als anderswo, wird regelmäßig Luftgewehrschießen durchgeführt, sofern vorhanden, gelegentlich auch Schießen mit Kleinkalibergewehren, so zum Beispiel an der Technischen Universität Dresden.

Dort hat man das „Glück“, in einem langen Kellergang der ehemaligen Untersuchungshaftanstalt, die 1957 bis 61 in ein Gebäude der Technischen Universität umgebaut wurde und den Namen des Widerstandskämpfers Georg Schuhmann erhielt, über einen Schießstand zu verfügen. Offenbar mischte sich in jenen Jahren in die Euphorie des

Schlussstrichziehens, der Hitlers große Bunker zum Opfer fielen, schon ein vorausblickender Pragmatismus, der den Abbau von Schießständen verhinderte.

Das Werfen von Übungshandgranaten gehört zum Studentensport ebenso wie schon zum Schulsport. Auf dem Gelände der „TU-Sportstätten" in Dresden findet man ein Warnschild mit der Aufschrift: „Vorsicht! Handgranatenwurfplatz!" Gelegentlich sieht man die sporttreibenden Studenten mit einer Gewehrattrappe in der Hand auf diesem Gelände Runden drehen.

Ab dem 2. Studienjahr erfolgt die obligatorische sportliche Betätigung nicht mehr seminargruppenweise und schulsportartig, sondern innerhalb der Hochschulsportgemeinschaften getrennt nach Sportarten, die im Rahmen der Kapazitäten frei wählbar sind.

In einer Tennisgruppe der TU Dresden wurden eines Tages nicht die Schläger und Bälle ausgegeben, sondern zunächst erst einmal Kindermesser aus Plastik. Dann sollten je zwei Studenten einen Messer-Abwehrgriff üben. Diese Versuche waren jedoch wenig erfolgreich, denn weder die Studenten noch die Sportlehrer nahmen das Ansinnen einer solchen akademischen Guerilla-Ausbildung ernst. (TU Dresden, 1976)

Derartige Erscheinungen sind nicht die Ausgeburt jener Leute, deren Treiben der TU Dresden den Spitznamen „Rote Uni" eintrugen. Man darf vielmehr diese Exzesse sehr wohl als Beispiel der allgemein herrschenden Üblichkeit ansehen. Sie sollen die soldatische Fitness stets ein wenig erhalten, die es der Jugend der DDR ermöglichen soll, als „Kampfreserve der Partei" immer bereit zu sein zur „Verteidigung der Errungenschaften des Sozialismus".

Doch sie sind noch abzutun mit einem Lächeln und dem Schein einer körperlichen Anstrengung. Danach hat man wieder seine Ruhe. Anders ist das, wenn es um die sogenannte ROA-Werbung geht. „ROA“ bedeutet „Reserve-Offiziers-Anwärter“. Als Kandidaten für diese Anwartschaft betrachtet der Staat jeden männlichen Hochschulbewerber.

Damit aber hat er kein leichtes Spiel. Die Schwierigkeiten ergeben sich daraus, dass der Staat im Sinne der Sache nicht auf eine gewisse intellektuelle Potenz verzichten kann, eine jede Studentenschaft aber nicht nur durch diese gekennzeichnet ist, sondern – und dies auch in der DDR – durch eine besondere Neigung zum Oppositionellen. Bis heute jedenfalls konnte das Gegenteil durch die ideologisch orientierte Selektion der Studienbewerber nicht erreicht werden, was abermals seine Ursache zum Großteil in der Pseudomanipulation hat.

Gerade hier, an den Hochschulen, setzt nun das Werben des Staates um seine Reserveoffiziere ein. Die Thematik „ROA“ ist an ihnen längst zum Begriff geworden. Mit diesen drei Buchstaben wird eine weitere sehr unangenehme Begleiterscheinung des Studiums in der DDR umschrieben. Um die Frauen nicht ganz ungeschoren lassen zu müssen, äußern sich manche mit der ROA-Werbung betraute Genossen dahingehend, dass die Frauen ihre Männer bzw. die Mädchen ihre Freunde davon zu überzeugen hätten, Reserveoffizier zu werden.

Diese Überzeugungsarbeit ist durchaus vonnöten. Solange es keine juristische Verpflichtung gibt, der zufolge man Reserveoffizier werden *muss*, sind die darum bemühten Professoren, Dozenten und Parteisekretäre gegen das Nein der Studenten ziemlich machtlos. Gelegentlich versucht man es daher auch mit plumper Überrumpelung, indem man die zur Verpflichtung führende Unterschrift ganz nebenbei, etwa in der Menge der bei der Immatrikulationsveranstaltung zu leistenden

Unterschriften auf unzähligen Formularen, „unauffällig“ mitverlangt.

Was will man von ihnen, dass sie sich weigern? Auf die Forderung einzugehen, hieße, sich eine weitere Knechtschaft freiwillig aufzubürden. Auf Offiziere hat die Armee eine noch größere Zugriffsmöglichkeit als auf normale Reservisten. Man kann Gefahr laufen, genötigt zu werden, zu irgendwelchen Anlässen in Offiziersuniform zu erscheinen, die man obendrein stets im häuslichen Kleiderschrank zu haben hätte. Der wichtigste Grund aber, das Ansinnen abzulehnen, ist der, dass man von der Armee infolge seiner 18 oder 36 Monate Pflichtdienst ein für alle Mal genug hat. Das hat man unzählige Male im Bekanntenkreis beteuert und man empfände es als Wahnwitz, nun die Uniform eines jener „Löffel“, „Brote“ oder „Tagesilos“, wie sie im Kasernenjargon heißen, zu kriechen, die man einst als Vorgesetzte ertragen musste. Dass man als Soldat ein rechtloser Niemand war, erfuhr man doch eigentlich durch die Offiziere. Sie waren das Bindeglied zwischen der staatlichen Macht und einem selbst. So gesehen kommen sie nicht darum herum, selbst ein Stück der staatlichen Macht zu verkörpern. Und jetzt soll der Gefreite Leutnant werden? Er käme sich vor wie ein Überläufer, und zwar im negativen Sinn – wahrhaftig wie ein Verräter.

Diese Gedanken hat der Student als fertiges Bild im Kopf, wenn er vor das aus den übelsten SED-Bonzen bestehende Gremium der Werber tritt. Hier soll er antworten, warum gerade *er nicht* Reserveoffizier werden will. Ihnen die Meinung zu sagen, käme einem Skandal gleich, unter dessen Folgen die Exmatrikulation die sicherste wäre. Doch die erfundenen Gründe sind nicht glaubhaft: „Kein Interesse“ etwa oder einfach „keine Zeit“. Der Staat verlangt ein Opfer. Wie kann man wagen, es zu verweigern, wo doch der Staat es ist, der einem dieses Leben, dieses Studium, diese Zukunft sichert? Wie kann man all diesen Segen über sich ergehen lassen, ohne das Bedürfnis zu fühlen, selbst etwas „für die Sicherung“ dieses Staates zu tun?

Meist wird hier wohl geschwiegen, womit man seine Meinung gleichermaßen kundtut wie mit einer verbalen Äußerung. Allein die indirekte Form der Äußerung genügt nicht für den Skandal. Das wissen sowohl die Werber als auch der Student. Man sieht einander an und sagt sich alles mit einem Blick.

Wer das nicht erträgt, der unterschreibt. Auch, wer sich zu den „Beststudenten“ zählen muss, hat es viel schwerer in diesem hochnotpeinlichen Verhör. Denn so genau weiß man es doch nicht, ob „sie“ einen nicht „exen“ können, wenn man sich so deutlich ablehnend verhält. Diese Gefahr ist nicht von der Hand zu weisen. Der Grund für den Abschied muss nicht das Nein zu ROA sein, sondern kann sich ebenso aus der sich bei dieser Gelegenheit herausstellenden staatsfeindlichen Gesinnung ergeben. Was sonst als eine solche sollte sich hinter einer hartnäckigen Weigerung verbergen? Die religiöse Einstellung? Sie hätte nur dann Gewicht, wenn man trotz ihres Bekenntnisses bis hierher, an die Hochschule, gekommen wäre, nicht aber, wenn sie gerade jetzt wie aus dem Nichts auftaucht. Es müsste dazu schon einen (inoffiziellen) Vermerk im Personalbogen geben.

Es gehört nicht wenig Geschick dazu, auf die raffinierten Fragen der Werber so zu antworten, dass der Eindruck von Staatsfeindlichkeit übersehbar und man trotzdem bei seinem Nein bleibt. Beruhigend wirkt der Gedanke, dass man ja staatlicherseits nicht nur daran interessiert ist, einen Reserveoffizier zu gewinnen. Letztlich erfolgt das Studium auf Grund eines zweiseitigen

Abkommens. Der Staat braucht auch den Absolventen des jeweiligen Faches. Aber – könnte er nicht ein Exempel statuieren wollen...?

Letztlich ist nichts gegen die Unsicherheit zu machen, mit der der Student vor dem Gremium erscheinen muss. Es bleibt eine Tortur; und sie ist um nichts feiner als das Verfahren, seinem Opfer im betrunkenen Zustand die Unterschrift abzulisten. Die Methode ist nur moderner. Sie beruht auf der Perfektionierung der Macht, unter der man es nicht mehr wagen kann, dem Werber ins Gesicht zu sagen, er möge einem mit seinem Krieg gestohlen bleiben. Früher machte man die Männer betrunken, damit sie dies *nicht* sagten und doch unterschrieben. Mit Trunkenheit erreichte man heute eher, dass die Werber eben dies zu hören bekämen. Dass dieser Satz hinter der Ablehnung steht, wissen sie heute sowieso – wie es der tiefen Verlogenheit der Pseudomanipulation entspricht.

Auch dieses Kapitel im Leben des DDR-Bürgers führt wieder auf denselben Punkt: Der Fortschritt, den die sozialistische Diktatur ausmachen soll, besteht im Zwang zur Lüge.

5. Im beruflichen Alltag

5.1 Gesellschaftliche Funktionen

Mit dem Abschluss der Ausbildung verschwindet die Forderung nach dem sogenannten „gesellschaftlichen Engagement“ keineswegs. Weiterhin wird darunter nicht etwa die „gesellschaftlich nützliche“ Arbeit verstanden, sondern die Beschäftigung in politisch-ideologischen Bereichen verschiedenster Art. Eine unmittelbare Pflicht dazu, wie sie in allen Ausbildungsphasen bestand, kann jetzt zwar nicht mehr geltend gemacht werden, jedoch endet zum einen die „Entwicklung“ auch in gesellschaftspolitischer Hinsicht erst mit Erreichen des Rentenalters, zum anderen hat der Staat längst Stimuli eingeführt, die zur „gesellschaftlichen Tätigkeit“ oder sogar, wie es die Sprache der Ideologie gehoben ausdrückt, zu „gesellschaftlichen Funktionen“ motivieren sollen.

Ein Teil des Programms ideologischer Beeinflussung wird den Beschäftigten eines Betriebes einfach oktroyiert. Das kann zum Beispiel die Auflage sein, regelmäßig eine – selbstverständlich politische – „Wandzeitung“ zu gestalten. In Produktionsbetrieben, aber auch in Instituten und anderswo, werden auf Gewerkschaftsebene monatlich sogenannte „Schulen der sozialistischen Arbeit“ durchgeführt. Hierzu werden von einer Zentralstelle Themen herausgegeben, die „im Kollektiv“ durchzuarbeiten sind. Auf welche Weise das geschieht, hängt sehr von der jeweiligen „Einstellung“ der verantwortlichen Leitungen ab. So gibt es Betriebe, in denen die Durchführung des Kurses regelmäßig gemeldet wird, ohne dass tatsächlich irgendetwas dergleichen geschah. Doch das erfordert couragierte Leiter und ein Verhältnis unter allen Beschäftigten, das dem einer „eingeschworenen Gemeinschaft“ gleicht, was selten ist. Im anderen Extrem ist das Thema monatlich durch einen anderen Mitarbeiter als Vortrag darzustellen, dem sich dann eine sogenannte „Diskussion“ anzuschließen hat. Monatlich werden dafür mehrere Arbeitsstunden aufgebracht, ohne dass dies Anlass zu Kritik von irgendeiner Seite geben könnte.

Die Themen entsprechen der Aufgabe dieser „Schulen“, *„vor allem parteilose Gewerkschaftsmitglieder systematisch mit den Grundfragen des Marxismus-Leninismus und den Beschlüssen der Partei und Gewerkschaften vertraut zu machen.“* [4] Das offenbar sehr konsequente Einhalten der Maxime, der zufolge nichts für allezeit gewonnen ist, wird hier wieder deutlich, wenn man daran denkt, wie „fundiert“ die „gesellschaftspolitische Ausbildung“ in allen beruflichen Bereichen erfolgt. Es geht auch keineswegs nur um die älteren Kollegen, die ihren Beruf schon mitbrachten, als die DDR entstand. Denn diese scheiden zunehmend aus dem Berufsleben aus, währenddessen die Zahl der „Schulen der sozialistischen Arbeit“ seit 1972, als man sie (ausgerechnet) in Bitterfeld ins Leben rief, rapide zunahm.

Auch im Berufsleben bleibt es die Absicht des Staates, *„durch eine lebensnahe und praxisbezogene Wissensvermittlung ... einen festen Klassenstandpunkt herauszubilden“, wozu die „Schulen der sozialistischen Arbeit beitragen“* sollen. [4]

Die Mitgliedschaft in den gesellschaftlichen Massenorganisationen „FDGB“ und „DSF“ ist Standard. Der Druck zur Mitgliedschaft in der „Deutsch-Sowjetischen Freundschaft“, DSF, lässt seit Beginn der Reformbewegung in der Sowjetunion nach. Der Beitritt zur Gewerkschaft, der Einheitsgewerkschaft, erfolgt quasi automatisch mit der Aufnahme des ersten Arbeitsverhältnisses. Das Beitrittsformular wird dem Einzustellenden zusammen mit den anderen Papieren von der „Kaderabteilung“ (DDR-Sprache für „Personalabteilung“) wie selbstverständlich mit vorgelegt; immer wieder zeigt sich darin die Struktur der sozialistischen Freiwilligkeit. Was die DSF betrifft, so muss, wie schon angedeutet, zunehmend in der Vergangenheitsform gesprochen werden.

Meist kam auch sie gleich zu Beginn auf den Neuling zu, sofern dieser seine ohnehin aus den Lehr- oder Studienjahren vorhandene „Organisiertheit“ nicht gleich meldete. In den meisten Fällen wurde oder blieb er jedoch nur „zahlendes Mitglied“ ohne praktische Konsequenzen. Der Staat brauchte ihn für die Statistik und, wenn auch als kleinen, Geldgeber. Schon um ihrer Ruhe willen traten die meisten hier bei. Man konnte sie nun nicht mehr zu regelmäßigen werbenden Gewissensgesprächen nötigen und die Abteilung, die zumeist den Titel einer „Sozialistischen Brigade“ führt und um die Auszeichnung „Kollektiv der sozialistischen Arbeit“ „kämpft“, konnte eine Voraussetzung dafür, nämlich die 100%ige Mitgliedschaft, der übergeordneten Ebene melden. Wer den gesellschaftspolitischen Zweck auch nicht einsieht, den die Auszeichnung haben soll, wird wenigstens die damit verbundene Geldprämie begrüßen, und bei der Werbung um die Mitgliedschaft wurde nicht zuletzt auch auf diese Aussicht hingewiesen.

5.2 Militärisches im Beruf

Mit den drei folgenden Organisationen ist das zwar ähnlich, doch gilt es hier schon abzuwägen, ob die sich wiederholenden Bedrängungen oder die geforderten

Aktivitäten als die größere Belastung empfunden werden. Denn in der „Kampfgruppe“, der „Zivilverteidigung“ oder der Freiwilligen Feuerwehr ist es mit der Zahlung des Beitrages nicht getan. Hier werden regelmäßige Übungen durchgeführt, die bei der Feuerwehr und bei der Zivilverteidigung teilweise auch während der Arbeitszeit stattfinden. Darin ist ein Entgegenkommen zu sehen für diejenigen, um deren Beitritt man wirbt.

Insbesondere für die Kampfgruppe ist aber ein wesentlicher Teil Freizeit zu opfern, denn ihre Übungen sollen (!) generell außerhalb der Arbeitszeit stattfinden.

Am wenigsten prekär ist wegen ihres unpolitischen Charakters die Feuerwehr. Als kleinstes Übel, in dem sogar noch ein konstruktiver Sinn liegt, hat sie auch kaum Mitgliedermangel. Wer hier dabei ist, hat ein Alibi gegen die Werbung der anderen Organisationen. Nur ist sie insofern eben doch ein Übel − wenn man ihr nicht angehört um ihres Zweckes willen, sondern um Schlimmerem zu entgehen.

Die Zivilverteidigung liegt zwischen den beiden anderen bezüglich der Belastung, die sie für den Alltag darstellt, gehört aber schon eindeutig in den militärischen Sektor, in dem man wider Willen ständig den Krieg nahegebracht bekommt. Betreffs der Kampfgruppe ist dies ja ganz selbstverständlich. Doch eine fortlaufende Konfrontation des Menschen mit der Thematik des Krieges erscheint dem Staat in keiner Weise als eine besondere Zumutung. Für ihn ist dies Ausdruck von Patriotismus und Friedenswacht.

Die „Kampfgruppe“ ist eine infanterieartig ausgerüstete Sekundärtruppe, die unabhängig von einer völkerrechtlichen Regelung zur Stärke der Armee besteht und relativ schnell mobilisierbar ist. Die Arsenale befinden sich in den Betrieben, verschlossen in Waffenkammern, und umfassen Pistolen, Maschinenpistolen, Maschinengewehre, Panzerbüchsen und Granatwerfer, mitunter auch Flakgeschütze und anderes.

> *Von Klassenfeind gehaßt, vom Volk geliebt, verkörpern sie auf besondere Weise die Fähigkeit der produzierenden und machtausübenden Arbeiterklasse, ihre Macht auch militärisch zu organisieren, und die Früchte ihrer Arbeit, ihre sozialen Errungenschaften und die Arbeiter- und Bauernmacht in der DDR wirksam zu schützen und zu verteidigen. [4]*

Es ist selbstverständlich, dass man das ideologische Beiwerk auch in der „Kampfgruppe" laufend zelebriert. In jeder Armee ist es üblich *und erforderlich*, die Notwendigkeit ihrer Existenz immer neu zu belegen. Auch im Sozialismus ist das nicht anders, auch hier ist Militärdienst, in welcher Form auch immer, Knechtschaft in hohem Maße. Laut Wörterbuch freilich ist *„die Zugehörigkeit zu den K. ... Ausdruck eines ausgeprägten Klassenbewusstseins, hoher politischer Reife und Ergebenheit für den Sozialismus."* [4]

In manchen Betrieben, vor allem in ideologisch verknüpften, wie es Druckereien oder das Fernsehen sind, gibt es auch regelmäßig im Jahr jeweils an Wochenenden stattfindende „Reservistenübungen" mit Luftgewehrschießen, Trainingsmarsch, Handgranatenzielwurf und ähnlichen Übungen.

Ausgenommen von all diesem politisch-militärischen Rummel sind private Betriebe und kirchliche Einrichtungen. Beide zusammen bilden aber einen so kleinen Anteil, dass das Gesamtbild, das die staatlichen Betriebe und Einrichtungen aller Art prägen, von ihnen nicht getrübt wird. In diesem Zusammenhang sei erwähnt, dass in Privatbetrieben nicht mehr als 10 Personen beschäftigt sein dürfen. Überschreitet die Belegschaft dieses Limit, wird der Betrieb verstaatlicht.

Es ist nicht unmöglich, sich auch in staatlichen Einrichtungen aus alledem herauszuhalten. Um nicht den Eindruck der Staatsfeindlichkeit zu erwecken, ist es verbreitet, seine Zugehörigkeit zum Christentum als Grund für die Distanz anzugeben − sofern man Christ ist. Doch auch dann bedarf es der Erläuterung der Widersprüchlichkeit zwischen diesem Christsein und den Erziehungsansprüchen der Ideologie, was nicht für jedermann problemlos ist. Auch dabei entsteht unvermeidlich der Eindruck einer Ablehnung der staatlichen Ideologie, die ja letztlich auch vorliegt, nur eben nicht vorliegen darf. Was könnte auch den Christen hindern, im Rahmen der Zivilverteidigung zu üben, wie man Verletzte birgt und Häuser entgiftet? Wäre die „ZV" nicht mehr als eine auf Katastrophen verschiedenster Art erweiterte Einsatzgruppe im Sinne einer Feuerwehr, dann wäre sie ebenso unpolitisch wie diese. Aber das ist sie nicht. Sehr wohl gehört zu Ihrer „Hauptaufgabe" auch die „politisch-ideologische Aufklärung" und die „einheitliche politische Bildungs- und Erziehungsarbeit." Dies trägt die Unvereinbarkeit hinein.

Nicht jeder ist sich seiner Begehrtheit als Arbeitskraft so sicher und verfügt über die Schlagfertigkeit, auf die Frage des Vorgesetzten nach der Anwesenheit bei der Mai-Demonstration „Wo waren *Sie* denn?" gegenzufragen: „Gehen Sie Karfreitag in die Kirche?", worauf einmal die Antwort gefolgt sein soll: „Nein, daran glaube ich nicht." Der Überlieferung zufolge sei dann die Anmerkung gekommen: „Na sehen Sie."

Darüber hinaus wird aus dem Scheincharakter aller möglichen Mitgliedschaften oftmals gar kein Hehl gemacht. „Wir brauchen Ihre Mitgliedschaft für die

Auszeichnung“, „Sehen Sie das doch nicht so verbissen“, „auch wir machen das mit einem weinenden und einem lachenden Auge“ und dergleichen Redensarten kennzeichnen diese Haltung. Der Beitritt erfolgt oft auch nur, weil der Umworbene „nicht nein sagen kann“, wenn er Auge in Auge Rede und Antwort stehen soll.

Wer aber sein berufliches Fortkommen im Sinn hat, der muss das Nein von vornherein ausschließen. Daraus ergibt sich auch die Konsequenz aus jeder Verweigerung der sogenannten „gesellschaftlichen Aktivitäten“, ganz gleich, mit welcher Begründung sie erfolgt. Die Alternative, die viele im Beitritt zu einer der sogenannten „Blockparteien“ sehen, besonders zu der sich christlich gebenden CDU der DDR, ist keine wirkliche Alternative, denn auch diese Gruppierungen sind vom Staat für seine Ziele vereinnahmt. Das Ausweichen dorthin ist somit auch nur scheinbar; es ist eine Form des Selbstbetruges, bei der nach unten, „zum Volke hin“, das prinzipielle Nichtmitmachen auf der direkten Linie der Hauptpartei für sich beansprucht wird und dezent symbolisiert werden kann („Seht, ich gehöre nicht dazu!“) – nach oben aber das prinzipielle Mitmachen deklariert wird, wie es allen Gruppierungen des „demokratisches Blocks“ eigen zu sein hat. Auf diese Weise ist die Absicherung nach oben und nach unten gleichzeitig möglich, jedoch ohne vorbehaltlose Anerkennung von oben.

Resümee I

Das Verhältnis der staatlichen Macht in der DDR zu den Menschen ist gekennzeichnet durch einen Erziehungsanspruch. Der Einwirkung, mit der dieser Anspruch durchgesetzt werden soll, kann sich niemand zu keiner Zeit entziehen. Sie beginnt im Kleinkindalter und wird erst mit Erreichen des Rentenalters unverbindlich. Betroffen sind auch diejenigen, die der staatlichen Machthierarchie auf irgendeiner Ebene angehören.

Aus der Existenz dieses Anspruchs macht der Staat keinen Hehl. Im Gegenteil, er stellt ihn und die Hilfsmittel zu seiner Durchsetzung dar als Errungenschaften sozialistischen Fortschritts. In dieser Struktur findet eine Beeinflussung des einzelnen nach der Vorstellung einer Minderheit statt, die über alle Machtpositionen im Staat verfügt und deren Vertreter man in den sogenannten zentralen Staatsorganen konzentriert findet. Demgemäß ist die Beeinflussung der Regierenden durch das Volk, wie es der Sinn der Demokratie möchte, pervertiert. Davon sprach Bertolt Brecht 1953, als er der Regierung der DDR nach dem Aufstand des 17. Juni empfahl, das Volk aufzulösen und sich ein neues zu wählen, nachdem die Regierung hatte verlauten lassen, das Volk habe das Vertrauen der Regierung missbraucht.

Trotz dieser Perversion gehört die Behauptung, dass die Gesellschaft demokratisch organisiert sei, zu den wichtigsten Behauptungen der staatlichen Propaganda. Diese Behauptung ist so selbstverständlich und verfestigt, dass es keinerlei Beweises ihrer Wahrheit bedarf. Der bestehende Erziehungsanspruch ist natürlich nicht das einzige Kriterium der Nicht-Demokratie; er ist auch nicht eine notwendige Folge dieser. Eine Diktatur kann ohne weiteres ohne ihn bestehen. Er selbst aber ist gebunden an die diktatorische Staatsform. Wo immer der Erziehungsanspruch in der durch Allgegenwart und *ideologischen Inhalt* gekennzeichneten Form auftaucht, kann sofort auf die diktatorische Organisation des Staates geschlossen werden − ganz gleich, welchen Inhalts die ideologische Lehre ist.

Der Vergleich des Wesens der eigentlichen Erziehung mit dem, was unter geistiger Manipulation zu verstehen ist, führt zu der Erkenntnis, dass beide Begriffe denselben Prozess beschreiben. Die Konsequenz daraus ist sowohl die Verurteilung der Gesamtheit der Erziehungstheorien (die schon durch ihre Erhebung in den Rang von Theorien die Zugehörigkeit ihres Gegenstandes zum intentional-Substantiellen und also zur manipulatorischen Absicht zu erkennen geben), als auch die Verurteilung staatlicher Regime, in denen Erziehung als ein Grundprinzip der staatlichen Machtausübung verkündet wird.

Bei der Einschätzung des erzieherischen oder manipulatorischen Erfolgs fällt insbesondere hinsichtlich der DDR auf, dass eine Diskrepanz besteht zwischen der staatlich verkündeten Leistung auf diesem Gebiet und dem tatsächlich eingetretenen Effekt. Das Gros der Menschen wird von der manipulatorischen Einwirkung nur sehr wenig erfasst. Zwar erreicht der Staat mit penetranter Wiederholung von mit größter Selbstverständlichkeit versehenen Behauptungen, dass gewisse Grundsätze seiner Ideologie sich in den Köpfen der Menschen fixieren. Dies reicht aber bestenfalls aus, um die Grundprinzipien von Sozialismus und Kommunismus bzw. deren erklärte Ziele zu bejahen. Der Glaube an die Vereinbarkeit der Ziele mit diesen Grundprinzipien stellt einen nicht zu bestreitenden Erfolg der staatlichen Propaganda dar. Dieser Erfolg wird dadurch noch erhöht, und die Leistungsfähigkeit der permanenten Propaganda wird dadurch unterstrichen, dass die Realität des Alltages dieser Propaganda ebenso permanent entgegenwirkt.

Die Propaganda vermag die Erkenntnis zu verbauen, dass die Diktatur einer Masse, auf der ein sozialistisches System theoretisch basiert, eine unmögliche Forderung ist – ein Paradoxon, das von der Identifikation der Masse mit einem individuellen Willen lebt. Eine solche Identifikation kann es in der Realität nicht geben. Deshalb kristallisiert sich aus der Masse eine herrschende Clique heraus, die sich als Vertreter der Masse ausgibt, und in die mit der Zeit auch etliche Leute drängen, die mit der ursprünglichen Masse, dem Proletariat nämlich, nie etwas gemein hatten. Die Clique erhebt sich über die Masse und wird zum eigentlichen Diktator.

In ihr selbst besteht abermals eine hierarchische Struktur; keinesfalls kann jedes ihrer Mitglieder denselben Einfluss ausüben. Diese Clique ist auch nicht gleichzusetzen mit der gesamten sogenannten führenden Partei. So konzentriert sich die Macht letztendlich in den Händen sehr weniger, die ihre Ansprüche und „Interessen" untereinander *noch* koordinieren können, ohne dass dabei jedoch interne Machtkämpfe ausgeschlossen wären.

Zwar wird diese Struktur von unten gesehen, sie wird aber nicht als unausweichliche Folge der Deklaration einer Massendiktatur begriffen. Ebenso wenig wird erkannt, was die Massendiktatur nur sein könnte – existierte sie wirklich. Dann nämlich wäre augenblicklich das Wort „Diktatur" gegenstandslos, und unter der Voraussetzung, dass diese Masse tatsächlich die Macht innehätte, ergäbe sich das Modell eines vollendeten Pluralismus.

Ungeachtet also dieser Zusammenhänge kommt es unter den speziellen Bedingungen, unter denen die

Manipulation in der DDR erfolgt, zu einem Phänomen, das *Pseudomanipulation* genannt werden kann. Es handelt sich dabei um nichts anderes als um die Nötigung der zu Manipulierenden zu einem Verhalten, das *den Anschein* erwecken soll, die Manipulation sei erfolgreich gewesen. Die Scheinhaftigkeit der manipulatorischen Bemühungen der Machthabenden ist dabei eingeschlossen. Die Opfer dieses Vorgangs versuchen, die Intensität der Beeinflussung gering- und die Folgen, mit denen sie auf Grund einer unfruchtbar gebliebenen Beeinflussung zu rechnen hätten, fernzuhalten. Dazu rufen sie den Schein hervor, mehr oder weniger gut manipuliert zu sein. Das Hervorrufen dieses Scheins erfolgt je nach Bedarf verbal oder in Bekenntnisgesten, -akten und -ritualen. Die Bezeigungen insgesamt stehen auf derselben Ebene wie die Praxis der Gebetsmühlen, bei der eine äußere Handlung die innere Hingabe ersetzt und von dieser befreit.

Auf der Gegenseite versuchen die Handlanger der Ideologie gar nicht mehr ernsthaft, die Überzeugtheit der Opfer anzustreben. Ihre Erziehungshandlungen und Verkündungen sind selbst veräußerlichte Aktionen zur Rechtfertigung ihrer sozialen Stellung innerhalb der staatlichen Hierarchie. Insofern sind die Handlanger selbst immer auch Opfer. Dass es sowohl bei den Handlangern als auch bei den Opfern echt Manipulierte, „Ehrliche“ also, gibt, verändert das gesamte Erscheinungsbild nicht.

Geachtet wird nur noch auf das Bekenntnis. Solange dieses bereitwillig erbracht wird, hat die staatliche Macht keine Veranlassung einzugreifen. Dabei muss aber ihr Eingreifen keinesfalls immer in Form des Strafrechts oder des Terrors in Erscheinung treten. Es offenbart sich auch im Versagen eines Entwicklungsweges, einer Bildungsmöglichkeit etwa oder einer Lohn- oder Gehaltssteigerung.

So ist also der Erziehungsanspruch zum bloßen Schein geworden und hat sich gewandelt in den Anspruch, dass diesem Schein Genüge zu tun ist. Dieser neue Anspruch wird mit derselben alten Gewalt durchgesetzt, die ursprünglich für das Einhämmern der Ideologie vorgesehen war. Er wird damit zum Zwang zu ideologischer und sozialer Wesensspaltung. Die allgegenwärtige Erziehung führt zur Allgegenwärtigkeit einer *bewussten* Lüge, die als „Lebenslüge" zu bezeichnen ihre Allgegenwärtigkeit geradezu verlangt.

Als Lebensgrundlage ist dieses Prinzip denkbar ungeeignet. Es erzeugt Unbehagen und Hilflosigkeit, es verlangt die Revolte und verbietet sie. Es führt zusammen mit anderen Einflüssen zu ständiger Gereiztheit und zu Misstrauen der Menschen untereinander, zu Missmut, Zynismus und zu Gleichgültigkeit.

Ein weiteres Ergebnis des erzieherischen Charakters des Verhältnisses zwischen Staat und Mensch ist die mit jedem Erziehungsanspruch verbundene Unmündigkeit des Zöglings – auf gesellschaftlicher Ebene also des Menschen überhaupt. Daran ändert auch die Entartung ins Scheinbare nichts. Der typische DDR-Bürger ist stets geneigt zu fragen, ob er auch darf, was er will. Ihm ist ständig unbewusst das Bedürfnis nach Erlaubnis für seine Handlungen durch eine Macht gegenwärtig, die über ihm schwebt. Er ist es gewöhnt, dass für ihn entschieden wird; für ihn wird auch gedacht und gesprochen. Von ihm wird nur noch die Erklärung verlangt, dass das ihm Vorgesprochene *seine* Gedanken, *seine* Überzeugungen seien.

Der Scheincharakter im erzieherisch-manipulatorischen Aspekt der menschlichen Existenz bleibt aber nicht auf diesen beschränkt. Sieht man genauer hin, erkennt man die Tünche über ausnahmslos *allen* Lebensbereichen der Gesellschaft bis hinein in private Sphären. Die ganze Welt des DDR-Sozialismus offenbart sich als Scheinwelt.

Die sozialistische Realität ist die Realität eines Theaters, auf dessen Bühne jeder zum Spielen seiner Rolle genötigt wird. Auf und hinter der Bühne wird unausgesprochen eingestanden: Dies ist Theater. Das zweitschwerste Vergehen des Schauspielers ist nach dem Aussteigen aus der Rolle das Rauchen auf der Bühne. Das Theater des realen Sozialismus kennt beide Vergehen auch: Den umstürzlerischen Gedanken, bei dessen Zünden die ganze Dekoration verpuffen würde, und das Aussteigen aus dem sozialen Doppelleben.

Die sozialistische Scheinwelt

1. Bekenntnisrituale

1.1 Erster Mai

Der 1. Mai ist einer der wichtigsten politischen Feiertage in der DDR, hinsichtlich seiner Funktion als Tag des Massenbekenntnisses wohl der wichtigste überhaupt. Denn zu keinem anderen Tag steht der Aufmarsch der Menschen selbst so sicher auf dem Programm wie an diesem.

Nehmen die Menschen an diesem Tag ihre Demonstrationsfreiheit in Anspruch? Wem gegenüber demonstrieren sie eigentlich – und *was*? Die Tribüne, an der sie vorbeimarschieren, ist besetzt mit den unmittelbaren Vertretern der staatlichen Macht: Der Parteiführung, dem Bürgermeister, Vertretern „staatlicher Organe" und Einrichtungen. Die Menschen tragen die Losungen, die von der Staatsführung vorher öffentlich bekanntgegeben worden sind, auf Transparenten. Man darf auf solch ein Transparent durchaus nicht schreiben, was man will. 1988 war zum ersten Mal zu hören, dass ein eigener Vorschlag wenigstens *angemeldet* werden durfte.

Manche Leute tragen Fahnen, alles ist geschmückt und bunt. Die Sonne scheint auf das frische Grün abgeschlagener junger Birken, die überall festgebunden worden sind. Der 1. Mai ist ein meteorologisch günstiges Datum; fast jedes Jahr herrscht an diesem Tag schönes

Wetter. Menschen, die aus irgendeinem Grund nicht selbst marschieren oder ihren Vorbeimarsch schon absolviert haben, drängen sich am Straßenrand. Väter haben ihre Kinder auf den Schultern, die Kinder haben Papierfähnchen in den Händen. Sehr viele Leute tragen eine „Rote Mainelke“ an der Kleidung. Tatsächlich winken die meisten der Marschierenden, wenn sie an der Tribüne vorüberkommen. Fernsehkameras fangen die Bilder ein: Das Volk der DDR bekundet sein Bekenntnis zum Sozialismus, zum Staat, zur Heimat DDR, zur Staatsführung, zum Marxismus-Leninismus, zum proletarischen Internationalismus, zur antiimperialistischen Solidarität... Irgendwo sitzt erhöht eine Art Conférencier vor einem Mikrofon und kündigt mit erhobener Wochenschaustimme den jeweils nächsten Marschblock an, der die Tribüne erreicht.

Das Gewimmel und Gewinke soll bezeugen: Das Volk bekennt sich. – Ist es so? Es scheint so, jedoch der Schein trügt. Denn zunächst einmal sind die Massen in den Zentren der Städte am 1. Mai nicht *das* Volk. Das Volk tummelt sich am 1. Mai zur Zeit eigentlich verlangten Demonstrierens ebenso massenhaft in den Erholungsgebieten. Fällt der 1. Mai auf einen Freitag oder einen Montag, so ist das besonders günstig, denn es ermöglicht einen kleinen Kurzurlaub. Erfreulicherweise werden es von Jahr zu Jahr mehr Menschen, die auf die Nötigung, von ihrem Demonstrationsrecht Gebrauch zu machen, nicht mehr reagieren.

Aber für die Wahrung des Scheins sind es noch immer genug. Die Belegschaften der Betriebe, verschiedenster Einrichtungen, der Schulen, Hochschulen und Sportgemeinschaften bekommen von einer zentralen Organisationsstelle vorgeschrieben, an welchem Ort und zu welcher Uhrzeit sie sich einzufinden haben. An diesen

Sammelpunkten werden die einzelnen Gruppen formiert und so in Marsch gesetzt, dass an der Tribüne ein kontinuierlicher Menschenstrom entsteht, unterbrochen von geschmückten Fahrzeugen, Musikkapellen, Spielmannszügen.

An den Sammelorten erhalten die Demonstranten „Trag-Elemente“. Das sind Fahnen, Transparente und Tafeln mit Losungen, mit Symbolen oder mit den Portraits der „Klassiker“ des Marxismus-Leninismus oder der führenden Politiker. Sie erhalten außerdem die „Wink-Elemente“, das sind Papierfähnchen und bunte, sorgfältig umsäumte Dederontücher. („Dederon“ ist das selbstsprechende DDR-Pendant zum Nylon.) Sie erhalten schließlich noch Hinweise, wann und in welcher Weise sie zu winken haben und wo sich der Marschverband auflösen darf.

Welches sind die Motive derjenigen, die der Aufforderung Folge leisten und sich pünktlich am Sammelort einfinden? Der Wunsch, seiner Begeisterung für den Sozialismus und der Freude über die Zugehörigkeit zu dieser Gesellschaft Ausdruck zu verleihen, ist es nicht. Man geht hin, weil man muss – oder zu müssen glaubt.

Der Zwang ist unterschiedlich stark ausgeprägt. Schüler und Studenten sind ihm am unausweichlichsten ausgesetzt, Angehörige kleiner Betriebe weniger als die der großen, die der privaten gar nicht.

Als die Beteiligung an der Maidemonstration Ende der sechziger Jahre im Raum Halle/Saale den Staatsvertretern zu spärlich wurde, so dass sich der Aufmarsch allzu kläglich gestaltete, entschloss man sich, die Betriebe anzuweisen, die Demonstrationsfreudigkeit ihrer Belegschaften zu stimulieren. Ganz innovativ erwog man dafür nicht die politische Agitation. Dass dies vergebliche Mühe gewesen wäre, wusste man bereits. Man griff zum Mittel der „materiellen Stimulanz“. Das ist die in der DDR übliche Bezeichnung für Bestechung, sofern sie vom Staat ausgeht. Die Teilnehmer an der Demonstration erhielten am Sammelort nicht nur Ihre Trag- und Wink-Elemente, sondern auch einen Geldschein. Das wurde über mehrere Jahre hinweg praktiziert, wobei die Summe von anfänglich fünf auf später etwa fünfzehn Mark erhöht werden musste. (Konkretes Beispiel: VEB Kartonfabrik Bitterfeld, ca. 1967)

Inzwischen ist man davon wieder abgekommen. Schon damals löste dieses Vorgehen eine gewisse stumme Entrüstung aus, wenn auch das Geld gern eingesteckt wurde. Heute wäre die Entrüstung über diese zynische Offenbarung des Scheinhaften mit Sicherheit ungleich größer, nach dem bewegenden Jahr 1989 schon ganz und gar.

In den Betrieben werden vor der Maidemonstration Versammlungen durchgeführt, auf denen jährlich erklärt wird, dass die vollständige Teilnahme erwünscht ist. Mitunter existieren Pläne, nach denen die Träger von Fahnen und Spruchbändern so bestimmt werden, dass im Laufe der Jahre jeder einmal an die Reihe kommt. Der Gewerkschaftskassierer geht mit einer Schachtel durch die Arbeitsräume und verkauft die roten Plastiknelken zu 50 Pfennig das Stück. Kaum einer der Beschäftigten lehnt den Kauf ab.

Meist ist es nicht genau festgelegt, ob jemand als „Werktätiger“ im Marschverband seines „Kollektives“ mitzumarschieren hat oder als Angehöriger irgendeiner Organisation sich zu dieser gesellen soll. Daraus ergibt sich die beliebte Möglichkeit, an jeder Stelle vorzugeben, bei der anderen dabei zu sein und so der Demonstration ohne Gefahr des Tadels fernzubleiben.

Die definitive Äußerung, dass man an der Demonstration nicht teilnimmt, ist recht selten zu hören. Sie entspräche der Aufgabe des individuellen Scheins, somit also dem Ausstieg aus der Rolle des gut Erzogenen, wenn auch nur für die konkrete Situation.

Auch diese Ausnahmen trüben nicht den Schein des Ganzen. Die Masse bleibt bestimmend und der Staat findet seine Bestätigung. Dass alles genau den Formen entspricht, die er vorgibt und eigene Gedanken fernzubleiben haben, wird durch den großen Apparat des Staatssicherheitsdienstes durchzusetzen versucht.

1988 hatte sich die Unzufriedenheit der im Ungewissen wartenden Ausreiseantragsteller derart zugespitzt, dass die Furcht des Staates vor Störungen des ordnungsgemäßen Ablaufes der Demonstration durch Gruppierungen von Antragstellern groß war. Die Ereignisse um die Liebknecht-Luxemburg-Demonstration in Berlin vom Januar und die vom Abend des 13. Februars auf dem Dresdener Neumarkt verunsicherten die staatlichen Organe in hohem Maße. Entsprechend hoch war der Anteil der haupt- und nebenamtlich beim Staatssicherheitsdienst beschäftigten meist jüngeren Herren, die den Demonstrationszug beobachteten. Offenbar war deren Spannung so hoch, dass es verschiedentlich zu Fehlstarts vergleichbaren Reaktionen kam.

So stürzten sie sich auf einen etwa 16-jährigen Schüler und entrissen Ihm eine Spruchtafel, auf der stand: *„Die Praxis ist das Kriterium der Wahrheit"*. Sie zerrten ihn aus der Marschordnung, wobei seine Jacke zerriss. Als er laut und demonstrativ um Hilfe schrie, knirschte man ihm ins Ohr, er solle still sein, sonst „haue man ihm die Fresse ein". Der Schüler wurde an einen vorbestimmten Ort geführt, wo er mit anderen, das Gesicht zur Wand, auf einem Gang stehend zu warten hatte.

„Was hattest Du?“ soll sein Nachbar ihn gefragt haben.

„Marx, und Du?“

„Lenin.“

Selbst wenn dieser Dialog im späteren Bericht des Schülers eine überspitzende Zugabe seiner Phantasie gewesen wäre – was aber durchaus nicht anzunehmen ist –, er trifft das Wesen der Situation genau.

Der Schüler beschwerte sich bei seinem Direktor. Er durfte sich diese Courage leisten, denn er hatte das Glück, der Sohn eines prominenten Künstlers zu sein. Es kam zu einer Aussprache mit einem Verantwortlichen des Sicherheitsdienstes und zur Schadensersatzzahlung. Es stellte sich überdies heraus, dass der Spruch von der Schule genehmigt worden war. Doch es wurde verharmlosend beschwichtigt: „Unter Männern würde man doch schon mal einen Knuff vertragen können...“

Die Praxis ist das Kriterium der Wahrheit. Der Schüler hätte wissen müssen, dass dieser Spruch wahr ist und die Worte „Praxis“ und „Wahrheit“ auf der Bühne des realsozialistischen Theaters nicht in einem Atemzug genannt werden dürfen. Indem der Schüler den Spruch trug, wurde ihm seine Gültigkeit unter Beweis gestellt.

Die Maidemonstration ist beispielhaft für alle verordneten Massenauftritte. Für Kranzniederlegungen etwa gibt es immer wieder Gelegenheiten. Zu diesen werden dann von den Betrieben und Einrichtungen eine vorgegebene Zahl von Teilnehmern delegiert. So ist das Ausmaß der Demonstration von vorn herein festgelegt, die „Spontaneität“ ist planbar und der Umfang der Maßnahmen von Staatssicherheit und Polizei berechenbar.

Über viele Jahre hinweg musste mit einer freiwilligen Teilnahme an derartigen Veranstaltungen nicht gerechnet werden. Die Leute gingen gewissermaßen auf Befehl ihrer Vorgesetzten dort hin. Sie waren froh, wenn das

Zeremoniell beendet war und sie sich nach Hause begeben konnten. Von dem unerwarteten Zustrom zu der besagten Liebknecht-Luxemburg-Demonstration bekamen die staatlichen Organe schon vorher Wind und fingen den größten Teil der Freiwilligen, ergo *eigenwilligen* Demonstranten bereits ein, ehe sie den Sammelort erreicht hatten. Das spektakuläre Geschehen wurde hinreichend bekannt, nicht zuletzt durch die inoffizielle Veröffentlichung eines genauen Berichtes durch die „Umweltbibliothek“ der Zionskirchgemeinde in Ostberlin. Trotzdem sei hier wiederholt, was die Demonstranten unter anderem auf ihren selbstgemalten Spruchbändern in Erinnerung rufen wollten: *„Freiheit ist immer die Freiheit des Andersdenkenden.“* Ein Satz von Rosa Luxemburg, dem nichts entgegenzusetzen ist.

Der ostdeutsche Staat musste das Tragen dieses Satzes verhindern. Im Nachhinein lavierten seine Ideologen, indem sie vom Zusammenhang sprachen, aus dem der Satz gerissen worden sei. Doch das half nichts – dieser Satz braucht keinen Zusammenhang. Jeder Versuch, ihn durch den ihn umgebenden Text zu relativieren, muss hilflos anmuten. Ganz abgesehen davon ist der besagte Kontext gar nicht geeignet, den Satz zu relativieren. Mit dieser Behauptung geht man unter der Hand davon aus, dass heute kaum jemand in der DDR Rosa Luxemburg wirklich liest, denn der Kontext unterstreicht sogar die Aussage des Satzes [29]:

> *Freiheit nur für Anhänger der Regierung, nur für Mitglieder einer Partei – mögen sie auch noch so zahlreich sein – ist keine Freiheit. Freiheit ist immer die Freiheit der Andersdenkenden. Nicht wegen des Fanatismus der Gerechtigkeit, sondern weil all das Belebende, Heilsame und Reinigende der politischen*

Freiheit an diesem Wesen hängt und seine Wirkung versagt, wenn die Freiheit zum Privilegium wird.

Für einen Augenblick wiedermal war das „Antlitz des Sozialismus“ ohne Maske. Er verliert sie in solchen Augenblicken zwingend, und das macht die Wut der Mächtigen aus. Wie sollen sie auch reagieren, ohne die Wahrung des Scheins einen Moment lang aufzugeben? Lassen sie solcherlei Losungen zu, ahnen sie den Erfolg der Provokation, die selbstverständlich dahintersteckt. Die Demonstranten lüfteten damit die Maske des Regimes. Vereiteln sie aber die Absicht der ungebetenen Kundgebung, so reißen sie sich selbst die Maske herunter. Offenbar ziehen sie den kurzen, aber intensiven Schmerz, den die zweite Möglichkeit bedeutet, der Langzeitwirkung geduldeter Provokationen vor. Aber sie unterschätzen dabei die Dauer der Wirkung, die das Zutagetreten des Terrors in einem terroristischen Staat hat. Der Terror muss zu neuem Aufbegehren führen und dies wird neuen Terror erzwingen. So wird der Terror permanent präsent; die Maske wird insofern nur noch symbolhaft vorgehalten. Das macht ihre Anerkennung als das wahre Gesicht des Regimes durch politische Gruppierungen vor allem westlicher Staaten noch verwerflicher.

Immer wieder findet das Aufmarschieren der Massen in der DDR noch breiten Glauben bei Außenstehenden. Aber die Masse verdient nirgendwo mehr die Bezeichnung „Masse“ als dort, wo ihr Auftreten nicht aus der Gleichartigkeit im Denken der einzelnen hervorgeht, sondern auf die Lenkung einer jeden einzelnen beherrschenden Macht zurückzuführen ist.

Bei Staatsbesuchen aus dem eigenen Lager oder Visiten politisch bedeutsam gemachter Personen, wie etwa des DDR-Kosmonauten Siegmund Jähn, werden ganze

Belegschaften von ihren Arbeitsplätzen weg an die Straßenränder geschickt, um „Spalier zu bilden“. Aus eigenem Antrieb würden nur sehr wenige den Aufwand treiben, ihren Tagesablauf für Stunden umzugestalten, nur um ein paar Sekunden lang irgendeinen der großen Bonzen oder eine zum Aushängeschild des Systems gemachte Person in einer Staatskarosse vorbeifahren zu sehen. Der Staat aber braucht die Schau, er hat es nötig, „sein“ Volk vorzuzeigen und es jubeln zu lassen, um klarzustellen, dass er es bestens im Griff hat.

1.2 Wahlsonntag

Das allergrößte Bekenntnisritual, das trotz massenhafter Beteiligung zwar weniger *Massenschau* ist, dafür aber ein genaues Bild liefert über den Stand der Bekenntnisbereitschaft des Volkes, sind immer wieder die Wahlen. Einen Einfluss auf die Zusammensetzung der politischen Administration und damit etwa gar auf die ideologische Richtung haben sie bekanntermaßen absolut nicht. Das wird aber von den DDR-Ideologen auch gar nicht behauptet, was überraschen kann − oder auch nicht. Sie sagen kurz und prägnant: *„Die Wahlen dienen der Festigung der bestehenden Machtverhältnisse.“* Dies ist reiner Zynis-mus, und so hindert es sie nicht, die Wahlen gleichzeitig als *„Instrument der sozialistischen Demokratie“* auszu-geben, denn [4]:

> *das Wahlsystem in der DDR steht völlig im Gegensatz zu den verschiedenen bürgerlichen Wahlsystemen und widerspiegelt die führende Rolle der Arbeiterklasse und ihrer marxistisch-leninistischen Partei...., es macht die Vereinigung aller Kräfte des Volkes zum gemeinsamen Handeln für die Gestaltung der entwickelten sozialistischen Gesellschaft durch die Parteien und*

Massenorganisationen in der nationalen Front der DDR deutlich.

Obwohl dies also so ist, lässt man von der Bezeichnung „Wahl“ nicht ab. Es werden ja auch wirkliche Kandidaten vorgeschlagen, nominiert, vorgestellt und endlich zur „Wahl“ gestellt. Aber jeder dieser Schritte vollzieht sich auf der Ebene der bestehenden politischen Macht. Ein „unverzichtbares Wahlprinzip“ ist die „Aufstellung und Prüfung der Kandidaten durch die Wähler“. Das mutet demokratisch an. Doch bei allem, was die DDR-Ideologen selbst über ihren Staat sagen, muss man in Erwägung ziehen, dass es entweder schlicht gelogen sein kann oder auch des Verständnisses der ideologischen Sprache bedarf, die so bedeutsamen Worten wie Freiheit, Demokratie, Menschenrecht oder Recht überhaupt eigene Bedeutungen gibt. Denn wer sind die „Besten unter den Werktätigen“, die als Kandidaten aufgestellt werden? Es agiert hier die unterste Schicht der politisch Ergebenen, jene also, die zwar nur die letzten feinen Zweige des Macht-Stammbaumes darstellen, dies zu sein ihnen aber eben nur auf Grund ihrer Konformität mit der höchsten Macht möglich ist. So beginnt schon an diesem tiefsten Punkt des „Wahlgeschehens“ die Farce.

Die Nominierung der Kandidaten erfolgt dann durch die Partei und die Massenorganisationen. Die Pflicht der Kandidaten, sich der Bevölkerung vorzustellen und Fragen zu beantworten, ist von qualitativer Art und lässt sich auf ein Minimum reduzieren. Im Übrigen schadet es nichts, den Sorgen, die auf solchen „Wahlversammlungen“ vorgebracht werden mögen, ein offenes Ohr zu leihen. Denn diese Sorgen betreffen zumeist Wohnungsprobleme, Fragen der Versorgung, der Straßenverhältnisse, der Situation der öffentlichen Verkehrsmittel, seit jüngerer

Vergangenheit auch des Umweltschutzes und dergleichen mehr – immer also *Symptome*, und noch dazu solche, die sich als kleine „Alltagswehwehchen“ deklarieren lassen. Zu diesen Dingen Einsicht zu demonstrieren und einen guten Willen, kostet nichts. Prinzipielle Kritik am politischen System, in dem die Wurzeln für den allgemeinen Niedergang liegen, kann nicht angebracht werden. Eine Äußerung in diesem Sinne wäre der Keim einer oppositionellen Macht, die das System nicht dulden *kann*. Schon daher ist es sinnlos und gefährlich, eine über das Symptomatische hinausgehende oppositionelle Meinung zu äußern. Jede Kritik, jede Frage hat „konstruktiv“ im Sinne der bestehenden Struktur zu sein. Sie hat dann die Chance, gehört zu werden, doch die politische Struktur, die unangetastet bleibt, bürgt dafür, dass sich nichts Grundsätzliches ändert.

Der gesamte Wahlvorgang läuft innerhalb dieser feststehenden Struktur ab und ist darüber hinaus darauf angelegt, diese Struktur zu festigen. Auch die kommunistische Diktatur braucht banaler Weise für ihre Existenz das Volk, dessen Ergebenheit zu prüfen sie sich der Farce ihrer eigenen Wahl durch dieses regelmäßig bedient. Die Wahlen tragen [4]

> *in besonderem Maße dazu bei, die Verantwortung der Bürger für ihren sozialistischen Staat ... zu erhöhen, deshalb liegt das Gewicht der Wahlen nicht allein auf der Stimmabgabe. Der Wahltag bildet vielmehr den Höhepunkt einer längeren Periode gesteigerter gesellschaftlicher Aktivität...*

Das mag für die Spitzengremien der Parteien und der „gesellschaftlichen Organisationen“ zutreffen, wenngleich sich die „gesteigerte gesellschaftliche Aktivität“ im Wesentlichen darauf beschränkt, sich auf Versammlungen der Erfolge des sozialistischen Aufbaus zu rühmen, sich selbst die Richtigkeit des eingeschlagenen Kurses zu bestätigen usw. Der gewöhnliche Wähler hat mit der sozialistischen Wahl nicht mehr zu tun, als an seiner Wohnungstür aus der Hand eines „freiwilligen Wahlhelfers“ die „Wahlbenachrichtigung“ entgegenzunehmen und am Wahltag den Stimmzettel gefaltet in die Urne zu stecken. Wenn er will (meist will er nicht), kann er bei der öffentlichen Auszählung der Stimmen dabei sein.

Das ist insofern interessant, als dort zu sehen ist, wie mit den Stimmzetteln umgegangen wird, die nicht unverändert abgegeben worden sind. Sind Streichungen nicht in einer ganz bestimmten Weise erfolgt, ist die Stimme ungültig, aber keine Gegenstimme. Dass eine bestimmte Art der Streichung verlangt wird, gibt man freilich vorher nicht bekannt. Ungültig sind zum Beispiel diagonal durchgestrichene Stimmzettel oder solche, auf denen nicht das gerade für notwendig erachtete Schreibgerät verwendet worden ist. Verbale Ergänzungen oder Bemerkungen auf dem Papier machen es ebenfalls ungültig.

Eine zu akzeptierende Gegenstimme ist daher gar nicht so einfach abzugeben. In die prozentuale Wirkung gehen dann nur die gültigen Stimmen ein, deren Anteil an Versagungen man zuvor minimierte. Da kein Zuschauer den Überblick haben kann über die Summenbildungen, bleiben auch hier alle Möglichkeiten zur Manipulation des Ergebnisses offen.

Dass das *„Gewicht der Wahlen nicht allein auf der Stimmabgabe“* liegt, kann man eigentlich nur der Studentenschaft und den im Militärdienst Befindlichen so recht verdeutlichen. Bei ihnen ist es mit der Stimmabgabe tatsächlich nicht getan. Vielmehr wird für den Wahltag gefordert, „frühzeitig“ an die Urne zu treten, sich am besten schon vor der Öffnungszeit der Wahllokale anzustellen. Dabei sollte (bei den Studenten) selbstverständlich das Blauhemd getragen werden, an dessen Kragenspitze junge Genossen gern das SED-Abzeichen heften – lässig, aber klassenbewusst.

Wenn die Seminargruppen geschlossen zum Wahllokal gehen, um ihre Wahlhandlung in demokratischer Gemeinsamkeit zu vollziehen, wirft das ein besonders lobendes Licht auf das Kollektiv. Gewählt wird im Übrigen am Hochschulort und nicht etwa in der Heimatstadt. Das müsste vorher beantragt und gewichtig begründet werden, soll es erlaubt werden. Indessen wissen viele Studenten gar nicht, wen sie wählen und auf welcher Ebene. Es interessiert sie nicht, was für Leute sich hinter den Namen auf dem Stimmzettel verbergen, denn – wozu? Der Erfolg ihres Studierens hängt von ihrer politischen Konformität ab, die Wahl ist somit ein notwendiger Programmpunkt in der Reihe der von ihnen verlangten Bekenntnisse.

Dabei *könnte* natürlich jeder Student informiert sein, zumindest dann, wenn er in einem Studentenwohnheim untergebracht ist, denn das Halten einer Tageszeitung wird dort vom „Direktor für Erziehung und Ausbildung" der jeweiligen Hochschule verordnet. Die Bestellformulare erhalten die Studenten zum Beispiel gleich beim Einzug in das Wohnheim.

In einem solchen Wohnheim saßen einige Studenten an einem Wahlsonntag nach dem Frühstück am Tisch. Gegen 10:30 Uhr wurde die Zimmertür aufgerissen und der Seminargruppenbetreuer, wissenschaftlicher Assistent und Genosse, und der Studienjahrgangsbetreuer, ein Professor, platzten grußlos herein.

„Meine Herren, was denken Sie sich?!" fuhr der Assistent die verblüfften Studenten an. Man forderte sie auf, unverzüglich das Wahllokal in der Hochschule aufzusuchen. (TU Dresden, ca. 1975, Professor R. L.)

Dieser Vorgang ist an sich schon bedenklich genug, doch er wird es noch mehr angesichts der Tatsache, dass der besagte Professor nicht der neuen, arroganten Professoren-Generation politischer Emporkömmlinge angehörte. Er hatte sein Studium im Ausland absolviert, nachdem er als Jude aus Deutschland emigriert war. Als Fachmann war er so anerkannt, dass er sich ohne weiteres ein recht schrulliges Verhalten leisten konnte. Handlanger einer neuerstandenen Diktatur zu sein, hätte *er* nicht nötig gehabt.

Die Forderung nach einer möglichst frühen Stimmabgabe hat neben dem zur Schau getragenen Bekenntniseifer noch einen zweiten, ganz pragmatischen Grund. Die „Wahlhelfer“ in den Wahllokalen der Hochschulen sind nämlich zumeist Angestellte dieser Hochschulen und durchaus darauf aus, die Sache möglichst schnell hinter sich zu bekommen. Denn dass sie Theater spielen, vergessen sie zu keinem Zeitpunkt, und derjenige Professor, der sich hergeben muss, die Zeit des Tages vor der abseits stehenden Wahlkabine stehend totzuschlagen, um den Zugang zu dieser zu erschweren, fühlt sich dabei nicht unbedingt wohl − was freilich kaum zu seiner Ehrenrettung reicht.

In diesen Praktiken wird viel eher deutlich, was unter den „Grundrechten und Grundpflichten“ des DDR-Bürgers zu verstehen ist als in den äußerlichen Aussprüchen der Ideologie, wenn sie verkündet [4]:

> *Die Wahlen erweisen sich ... als eine spezielle Form der Verwirklichung der Volkssouveränität, in der die Staatsbürger ihre ... Grundrechte und Grundpflichten nach dem Grundsatz „Arbeite mit, plane mit, regiere*

> *mit!" wahrnehmen und sich als sozialistische Persönlichkeiten entfalten.*

Ohne dass er es merkt, wird so auch jeder Nichtmarxist, auch jeder Christ, zur sozialistischen Persönlichkeit gemacht, wenn er dem Wahlaufruf folgeleistet.

2. Die Falschheit der Repräsentation

2.1 Die sichtbare Spitze

Auf Repräsentation legt das DDR-Regime außerordentlich viel Wert. Die ursprüngliche Bedeutung des Wortes „Repräsentation" hat sich dabei jedoch gewandelt.

Gemeinhin versteht man unter ihm die „Vertretung", aber auch das „würdige Auftreten". Wenn die SED-Spitze Volvo fährt, etwas für den Normalbürger völlig Unerreichbares, bezeichnet der Staat das als „Repräsentation". Aber wen oder was vertritt die SED-Führung, wessen Würde soll symbolisiert werden?

Sie *re*präsentiert gar nicht, sie *präsentiert* – und zwar ganz simpel ihren Reichtum und ihre Macht. Sie repräsentiert nicht den Reichtum derer, die sie zu vertreten vorgibt. Sie ist weder die Vertretung des Volkes, über das sie herrscht, noch ist dieses Volk als reich zu bezeichnen. Wie überall auf der Welt, symbolisiert der Reichtum die Macht, während die Macht für den Reichtum sorgt. Die „Würde des Auftretens" bezieht sich nur auf sie selbst. Hinter ihnen steht niemand; sie ganz persönlich sind die Dialogpartner, die jede Abmachung nur daran messen, inwieweit diese Abmachung für sie *ganz persönlich*, also zum Ausbau ihrer *persönlichen* Macht und ihres *persönlichen* Reichtums, von Nutzen ist.

Natürlich ist das gegenüber der sich zum Völkerrecht bekennenden Internationalität untragbar – wie es denn auch untragbar ist, sich im 20. Jahrhundert ein Heer von Sklaven zu halten. Deswegen bedarf es des steten Verkündens von guten Absichten, des Hervorhebens einer vermeintlichen sozialen Sicherheit einschließlich des vermeintlich existierenden Rechts auf Arbeit und der vermeintlich kostenlosen medizinischen Betreuung der Menschen, einer hochstehenden Kultur und all der anderen Behauptungen von den „Errungenschaften des Sozialismus“.

Da sich die Machthaber in ihrem Gebaren des Reichtums über das Volk erheben, kann ihre „Repräsentation“ nur die Darstellung der Würde sein, die sie sich selber anmaßen. Sie haben keine Ähnlichkeit mehr mit denen, für die zu sprechen sie vorgeben. Niemand kann aus ihrem Auftreten oder aus dem Prunk, mit dem sie sich umgeben, auf die Vertretenen schließen.

Ceauşescu hält sich aus Angst vor dem Vergiftetwerden einen Leibkoch, während Menschen in dem von ihm beherrschten Land am Verhungern sind. Er gibt sich als Vertreter dieser Menschen aus, was wieder nur als Zynismus bezeichnet werden kann.

Repräsentation erhält so den Aspekt des Verlogenen. Wenn von ihr in der DDR die Rede ist, geht es gezielt um die Erweckung falscher Eindrücke und nicht um das Vorzeigen eines *repräsentativen* Beispiels.

Die SED-Spitze ist nicht die Spitze des Volkes, sondern die Spitze des Machtapparates. Ihr Gebaren ist nicht signifikant für die Lebensverhältnisse des Volkes und dessen Lebensvorstellungen. Ebenso ist Ostberlin nicht kennzeichnend für den „sozialistischen Aufbau“, wofür das Baugeschehen dort aber offiziell immer wieder ausgegeben wird. Der Aufbau dort ist nur möglich auf Kosten ausbleibender notwendiger Baumaßnahmen in anderen Städten. Das ist weder in Ost noch in West ein Geheimnis, und die Regierenden erklären darüber hinaus für den Willen des Volkes, dass es „seine Hauptstadt besonders schön“ gestalte.

Warum muss die Hauptstadt besonders schön sein? Weil der Besucher Ostberlins sehr dazu neigt, diese

Stadthälfte mit der DDR zu identifizieren und seinen Eindruck unbewusst auf den Rest des Staatsgebietes zu übertragen. Auch hier geht es also gezielt um den falschen Eindruck. Die reale Welt der Ostberliner Bausubstanz ist nur scheinbar der Repräsentant derjenigen der DDR. Natürlich wird auch außerhalb Berlins gebaut, jedoch mit wesentlich geringerer Intensität und Qualität.

Ostberlin ist aber nicht nur Aushängeschild in puncto Baugeschehen. Die Versorgung der Stadt mit Waren aller Art erfolgt bevorzugt. Viele DDR-Bürger unternehmen daher kostspielige Fahrten dorthin, nur um einzukaufen. Die damit verbundenen Aufwendungen für den einzelnen, vor allem der sinnlose Energieverbrauch bei individuell erfolgender Anreise, sind dem Staat absolut gleichgültig. Natürlich zieht diese Praktik eine noch stärkere Belieferung Berlins nach sich, wodurch die Läden in der Provinz noch leerer werden. Doch solche Absurditäten nimmt der Staat gern als Preis für die zu erbringende Repräsentation in Kauf.

Eine gerechte Warenverteilung trübte das Scheinbild vom menschlichen Antlitz des Ostberliner Sozialismus, doch dessen Ungetrübtheit hat allerhöchste Priorität. Daher wurden auch die sporadischen PKW-Importe verschiedener westlicher Firmen nur in Ostberlin zum Kauf angeboten. Sie sollten „das Straßenbild auflockern" und die Uniformität der Trabantkolonnen zerstreuen, die schlecht in das Bild der Weltstadt Berlin, Hauptstadt der DDR, passen.

2.2 Sport

Repräsentiert werden soll auch auf verschiedene Weise ein hohes kulturelles Niveau der „DDR-Nation". Am Beispiel des Sports wird das wohl am deutlichsten.

In der DDR gibt es natürlich eine ganz besondere Körperkultur, nämlich – es überrascht nicht – die „sozialistische“ [4]. Sie

> *umfaßt alle Elemente und Formen, die zur Vervollkommnung und Erhaltung der physischen Leistungsfähigkeit der Menschen während des ganzen Lebens dienen und zur allseitigen Bildung und Ausprägung der sozialistischen Persönlichkeit beitragen.*

An der Erhaltung der physischen Leistungsfähigkeit ist die Staatsführung selbstverständlich interessiert. Die Qualität von Körperkultur und Sport möchte sie gemessen sehen am [4]

> *Grad der Einbeziehung der Bürger ... in die aktiv sportliche Betätigung und deren Effektivität für die körperliche Vervollkommnung im Allgemeinen sowie an den durch Leistungssportler erzielten Ergebnissen.*

Das Erste glaubt man dadurch vorzubringen, indem man die Arbeitskollektive mit dem Absolvieren des „Sportabzeichenprogramms der DDR“ beauftragt, das überdies unter dem als „Grundanliegen“ [4] bezeichneten Motto steht: *„Bereit zur Arbeit und zur Verteidigung der Heimat“*. Anlässlich von Betriebssportfesten oder ähnlichem sind hierfür verschiedene Übungen zu absolvieren, zum Beispiel Liegestütze oder Kniebeugen. Luftgewehrschießen ist selbstverständlich auch eine der hier geforderten „Sportarten“. Nach einem Punktesystem gibt es dann das Abzeichen in Bronze, Silber oder Gold zusammen mit einer Urkunde im Format A7, auf der Platz ist für die Eintragung der jährlich fälligen Wiederholung.

Wie nicht anders zu erwarten, wird das Ganze selten genau genommen. Es kommt durchaus vor, dass der für „Sport und Kultur verantwortliche“ Obmann des

Kollektivs seine Kollegen nur fragt, wieviel Liegestütze usw. ein jeder sich denn so zutraut. Dann gibt es das Abzeichen, und das Soll an körperlich-kultureller Tätigkeit kann abgerechnet werden. Das Abzeichen, das Symbol eines Erfolges sein soll, und auch der Vorgang der Abrechnung sind wichtiger geworden als die sportliche Betätigung, als der tatsächliche Erfolg, zu dem das Abzeichen ursprünglich nur anregen sollte.

Das andere Qualitätskriterium, das sich letztendlich im Medaillenspiegel bei internationalen Wettkämpfen niederschlägt, kann so natürlich nicht gehandhabt werden. Hier sind echte Leistungen gefordert, nicht scheinbare. Die Scheinhaftigkeit der mit dem Medaillengewinn verbundenen Demonstration besteht darin, dass sie als Qualitätskriterium der DDR-Sportkultur ausgegeben wird, was sie aber eben nicht ist.

Es ist leicht zu überprüfen, dass die DDR das Land mit der höchsten Medaillenleistung ist, wenn man die Zahl der Medaillen auf die Einwohnerzahl bezieht. Die Kosten dafür sind enorm, anlässlich der Olympischen Spiele von 1988 war inoffiziell die Rede von 15 Millionen Mark pro Medaille. Die regelrechte Aufzucht von Hochleistungssportlern nach modernen wissenschaftlichen Methoden und unter Einbeziehung biologischer und medizinischer Erkenntnisse kostet aber nicht nur viel Geld. Sie führt auch zur Ausgrenzung vieler Menschen, die sich zur rein persönlichen Erbauung sportlich betätigen wollen, ohne organisiert und auf Leistung ausgerichtet zu sein, sofern sie dabei auf die Nutzung von Sportstätten angewiesen sind. In diesen nämlich, von denen es viel zu wenige gibt, haben die organisierten Leistungssportler grundsätzlich das Nutzungsvorrecht. Während die eine Hälfte eines Schwimmbeckens für eine kleine Gruppe trainierender Vereinssportler vorbehalten ist, drängen sich in der anderen Hälfte so viele Menschen, dass es kaum möglich ist, einige Meter zu schwimmen, ohne von anderen getreten zu werden oder laufend Wasser in den Mund geschwappt zu bekommen. Dieses geringe Vergnügen ist außerdem auf eine Stunde begrenzt, nach der man das Wasser zu verlassen hat. (Um dies durchzusetzen, hat jeder Badende eine Marke am Körper zu tragen, deren Nummer nach Ablauf der Zeit an eine Tafel geschrieben wird.)

Der Mangel an Sportstätten ist eklatant. Die Öffnungszeiten der Schwimmhallen sind zu Gunsten des Vereinstrainings beschränkt, und Turnhallen stehen nichtorganisierten Individualsportlern überhaupt nicht zur Verfügung. Der Staat sieht das Geld, das er für „Körperkultur und Sport“ auszugeben bereit ist, in der Anschaffung von Anabolika besser angelegt. Der nationalistische Ungeist der Olympischen Spiele in der Form, wie sie gegenwärtig üblich sind, fördert diese Entwicklung, während die Politisierung des Sports durch Staaten wie die DDR ihrerseits diesen Ungeist erzeugt. Ohne die Unterstützung des politischen Aspektes durch die westlichen Staaten könnte es diese Wechselwirkung nicht geben. Sie dulden und unterstützen es, dass kommunistischen Diktaturen, allen voran der kulturbeflissenen DDR, internationale Wettkämpfe zu Gelegenheiten der Demonstration ihres hohen kulturellen Niveaus werden.

Bei den Olympischen Spielen trifft sich nicht mehr „die Jugend der Welt zum friedlichen Wettstreit“, sondern es treffen sich die Staaten der Welt zum Kampf der Ideologien auf dem Felde des Sports. Der persönliche Erfolg des Sportlers zählt kaum. Er ist als Angehöriger seiner Nation Vertreter seines Staates, und sein Erfolg ist der Erfolg dieses Staates. Das trifft zwar in Anbetracht der staatlichen Förderung des Leistungssports tatsächlich teilweise zu, doch es verdirbt die Olympische Idee und pervertiert ihr Ziel einer friedlichen Vereinigung freier Menschen.

Neben der politischen Repräsentation kommt dem Sport in der DDR aber noch eine zweite Funktion zu, die einer Entwicklung wirklichen Breitensports ebenfalls zuwiderläuft. Es ist dies die Kopplung des Sports mit dem Militär. Der Staat stellt diese Verbindung keineswegs im Verborgenen her, sondern erklärt die „Verteidigung der Heimat“ sogar zum Grundanliegen des Sports.

Höhepunkte dieser lebensfeindlichen Symbiose von Sport, Politik und Militär sind immer wieder die in unregelmäßiger Folge stattfindenden „Turn- und Sportfeste“ der DDR in Leipzig. Für das im Rahmen dieser Veranstaltung abzuhaltende Brimborium ist dem Staat offenbar keine Ausgabe zu hoch. Allerdings gibt er dem Volk mit ihm eine weitere Gelegenheit zum Massenbekenntnis, das er zum Auffrischen seiner Scheinlegitimation gar nicht oft genug bekommen kann [4]:

> *Die Feste waren stets eindrucksvolle Bekenntnisse der Sportlerinnen und Sportler zur Politik der SED und zum sozialistischen Vaterland.*

Die Sportler allerdings übernehmen dabei nur noch die Funktion der willigen Musterschüler, die Wettkämpfe sind nur noch ein Vorwand. Viel wichtiger, weil für die Besuchermasse emotional tiefgehender, sind die „sportpolitischen Veranstaltungen“, also „der Schein tausender Fackeln“, Fahnenweihe, Zapfenstreich und Feuerregen vom Völkerschlachtdenkmal. Es erklingen Militärmärsche, es wehen Tausende Fahnen (immer müssen es Tausende sein, denn „hunderte“ klänge viel zu wenig imposant, auch werden die Fahnen zu diesem Anlass viel lieber „Banner“ genannt) und es wird gebrüllt „Richt euch!“ und „Die Augen rechts!“ Gleichzeitig überzeugen sich *„Internationale Gäste vom hohen humanistischen ... Gehalt der Feste.“* [4]

Als „führender Kulturstaat“ wollte sich Deutschland schon 1936 in Szene setzen. Die Reanimation des nazistischen Ungeistes bezeichnet die Parteipresse als die „Bewahrung progressiver Traditionen deutscher Militärgeschichte“. Bei Bedarf gab es also in der Geschichte des deutschen Militärs, das ansonsten immer das Werkzeug der „aggressivsten und reaktionärsten Klassen“ war, durchaus etwas Positives. Und ausgerechnet das, was man in der DDR so leidenschaftlich inszeniert, soll dieses Positive darstellen. Aus dem Müllhaufen des Überlieferten kramen sich die Herrscher im „neuen Deutschland“ gerade den feierlich-heiligen Waffenkult heraus. Durch seine Pflege machen sie sich selbst zum ergebensten Erben des deutschen Militarismus.

Die Kopplung von Sport und Militär ist hinsichtlich der bei einem an sich „zivilen“ Sportfest zur Ausübung kommenden Sportarten nur durch Aufpfropfen des militärischen Akzents herstellbar. Unter dem armee-eigenen Kommando-Ton leidet der zivile Sport bis hinunter zum Schulunterricht. Dagegen gestattet die sogenannte „Gesellschaft für Sport und Technik“, die „GST“, die Verflechtung von Sport und Militär in fast harmonischer Weise.

Der Name dieser Gesellschaft verrät das nicht. Das liegt daran, dass die Gründung der GST schon zu einer Zeit erfolgte, als es noch Mode war, vom Krieg genug zu haben, als man noch Sportlehrer, die ihre Klassen strammstehen ließen, wegen militaristischen Ungeistes zur Verantwortung zog. Doch inzwischen ist die GST ganz offiziell eine Organisation zur *„Förderung der Wehr-*

bereitschaft der Werktätigen" und *„zur Vermittlung von Kenntnissen, Fähigkeiten und Fertigkeiten zum Nutzen des sicheren militärischen Schutzes des Sozialismus."* [4]

Das könnte den Menschen in der DDR natürlich völlig gleichgültig sein. Die Mitgliedschaft in dieser Organisation unterliegt keiner Pseudofreiwilligkeit. Sie wird aber notwendig, wenn jemand den schlichten Wunsch hat, eine von gewissen sportlichen Disziplinen auszuüben, die einzig und allein über die GST zugänglich sind. Solche Disziplinen sind zum Beispiel Segel- und Motorflug, Fallschirmspringen oder Tauchen, aber auch der Amateurfunk. Nur die GST darf über die hierfür notwendige Technik verfügen, und hier steht sie durchaus nicht für jedermann bereit.

Segelflugkandidaten müssen mit zwölf Jahren der GST beitreten, wollen sie ihrem Traum vom Fliegen eine Chance auf Verwirklichung geben. Mit 15 schon wäre er zu spät geträumt. Das Segelfliegen dient dabei keineswegs der *„Ausprägung der sozialistischen Lebensweise"*, zu der die sportliche Betätigung deshalb gehöre, weil sie *„Lebensfreude und Zuversicht, Gesundheit und Wohlbefinden vermittelt."* [4] Nur zur Erbauung wird im Luftraum der DDR nicht herumgeflogen. Die Ausbildung zum Segel- bzw. Motorflugpiloten hat nur den Zweck der Vorbereitung künftiger Berufspiloten, und zwar, da die Zahl der zivilen Flugzeugführer viel kleiner ist, in erster Linie für die Armee. Weiblichen Bewerbern wird man nur dann gerecht, wenn eine leistungssportliche Ausbildung in Betracht kommt und somit Aussicht besteht auf spätere sportpolitische Renommage. Zu deren Gelegenheit pflegt man die „Flugfreudigkeit der DDR-Jugend" zu betonen.

Ideologische Konformität der Anwärter wird in dieser Disziplin natürlich zum obersten Auswahlkriterium. Ihm folgen schulische Bestleistungen und eine „vorbildliche gesellschaftliche Aktivität". Auf diese Weise sichert man sich ab gegen den „Missbrauch" des Sportfliegens zum Zwecke der „Republikflucht". Aus keinem anderen Grund sind auch das Drachen- und Gleitschirmfliegen in der DDR verboten. Die relative Einfachheit der hierfür erforderlichen Technik würde es ermöglichen, dass sich etliche mit solch einem Gerät versähen. Daher stehen selbst Besitz und Bau von „Fluggerät" unter Strafe. [31]

Ebenso unmöglich wie der Erwerb irgendeines flugtauglichen Instruments ist der Kauf einer Tauchausrüstung. Nur die GST darf zu sportlichen Zwecken darüber verfügen, und selbstverständlich sind Tauchgeräte registrierungspflichtig.

Für den Amateurfunk schließlich sind private Geräte möglich, doch bedarf es zu ihrem Betreiben der GST-gebundenen Lizenz, die zu erhalten bei weitem nicht nur eine Formsache ist, sondern die jahrelange GST-Mitgliedschaft und -Ausbildung voraussetzt. Die Möglichkeit zur freien Kommunikation hat der DDR-Funkamateur selbstverständlich ohnehin nicht. Gestattet sind über Funk Gespräche über das Wetter, den Funk betreffende technische Fragen und höchst persönliche Dinge. Freier Meinungsaustausch ist auch über dieses Medium nicht statthaft und kann zumindest mit dem unverzüglichen Entzug der Lizenz geahndet werden.

Indem die Ausübung gewisser technischer Sportarten in der GST prinzipiell möglich ist, schafft sich der Staat einerseits den Hintergrund für seine Behauptungen von den vielfältigen Möglichkeiten der DDR-Jugend auf diesem Gebiet, verwirklicht aber gleichzeitig das Gegenteil, indem er jede unabhängige Initiative unterbindet.

2.3 Musik

Ein dem Sport ganz analoges Bild bietet sich auf dem Gebiet der Musikausübung. Auch hier geht es um die Demonstration eines hohen Leistungsniveaus. Die Musikschulen dienen in der DDR vor allem der Heranbildung zukünftiger Virtuosen. Natürlich kann und soll dies nicht heißen, dass die meisten Musik-schulabsolventen Virtuosen werden. Wer aber von vorn herein ganz offensichtlich niemals ein großer Könner zu werden verspricht oder Schwierigkeiten hat mit der Methodik der Musikschule, hat kaum Aussicht auf ihren Besuch bzw. eine geduldige Förderung.

Angeboten wird eine erste Ausbildung im Vorschulalter, bei der Grundlegendes zu Melodik und Rhythmik vermittelt wird und die Musikalität der Kinder getestet werden soll. Auch ein erstes Suchen nach der instrumentalen Neigung erfolgt hier, sofern die Eltern noch keine konkreten Vorstellungen haben. Diese Vorschulausbildung ist keine Voraussetzung für den Besuch der Musikschule selbst, stellt aber, wenn sie erfolgte, ein wichtiges Auswahlkriterium dar. Es ist ratsam, sein Kind mit Erreichen des Schulalters auch in der Musikschule beginnen zu lassen. Mit zehn oder zwölf Jahren hat das Kind kaum noch die Chance, Schüler einer staatlichen Musikschule zu werden, Erwachsene haben diese Chance freilich schon gar nicht. All jenen bleibt dann nur noch der Privatunterricht, der jedoch eine Rarität ist, wie es die zahlreichen Suchinserate in den Zeitungen bezeugen. Doch diese Inserate bezeugen nicht nur den Mangel, sondern auch den Bedarf, dem der Staat nicht gerecht zu werden gedenkt. Nur um der Freude am Musizieren Willen wird vom Staat kein Unterricht angeboten.

Das Bewahren des kulturellen Erbes hat in der DDR nur auf hohem Niveau zu erfolgen. Wer dieses nicht erreicht, fällt durch die Maschen des kulturellen Siebes hindurch. Von staatlicher Seite wird das so begründet, dass dem Hochbegabten (besser gesagt: dem Fleißigen, denn die Begabungstheorie entspricht nicht der marxistischen Sicht) halt die Förderung vor dem weniger begabten (weniger fleißigen) zuteil zu werden hat. Seinem Anliegen – der Repräsentation hochkarätiger Solisten und Orchester „made in DDR“, die das kulturelle Niveau der DDR im Ausland dokumentieren sollen (und dort überdies Devisen einspielen, von denen die Musiker nichts sehen) – wird er auch mit den auf Sparflamme arbeitenden Musikschulen gerecht.

Der subventionierte Musikschulbetrieb liegt ebenso vollständig in den Händen des Staates wie die Herstellung von Musikinstrumenten. Private Hersteller müssen sich den Exportauflagen beugen. Die landeseigene Produktion deckt den Bedarf der staatlichen Musikschulen und Orchester mehr schlecht als recht, den der Bevölkerung aber gar nicht. Die wichtigste Aufgabe dieses Industriezweiges ist nicht die Schaffung einer Voraussetzung für eine wirkliche Musikkultur, sondern der Export ins westliche Ausland. Das hindert die DDR-Zeitungen nicht, immer wieder über die „weltweite Anerkennung“ der traditionsreichen erzgebirgischen Instrumentenhersteller zu berichten, indes der Erwerb vieler Instrumente durch die Bürger der DDR völlig aussichtslos erscheint. Indem er der Bevölkerung diese Grundlage entzieht, erzeugt er mit dem Export auf dem internationalen Markt gleichzeitig den Eindruck des Kulturstaates, denn natürlich widmet sich nur eine kulturell hochstehende Nation dem kunstvoll-liebevollen Bau von Klavieren und Violoncelli.

Am Beispiel der Musikkultur können zwei Wesensmerkmale der DDR-spezifischen Kultur verdeutlicht werden. Zum einen offenbart sich die prinzipielle Ungerechtigkeit von Subventionen. Was der Staat als eine der schon viel zitierten „großen Errungenschaften" ausgibt, stellt sich bei genauem Hinsehen heraus als eine Ursache der kulturellen Enge des DDR-Alltags. Mit Monopolisierung und Subventionierung der Musikschulen fördert er nicht das kulturelle Niveau, sondern er senkt es. Die Subventionierung kommt nur denen zugute, die der Staat für seine Zwecke auswählt; die Auswahl wird ihm möglich durch sein Monopol. Die Ausgewählten sind aber nicht dieselben, die die Mittel für die Subventionierung erwirtschaften. So ergibt es sich, dass der vom Besuch der Musikschule ausgeschlossene Erwachsene mit seinen Steuern selbst für diesen Ausschluss zahlt. Ferner ist es auch nicht einzusehen, dass jeder produktiv tätige für etwas zahlen soll, was ihn womöglich gar nicht berührt, sondern nur den Renomierwünschen des Staates entspringt.

Zum zweiten wird sichtbar, wie die Schaffung des gewünschten Scheines beiträgt zu verhindern, dass die Wirklichkeit sich diesem Schein angleicht, sogar das Gegenteil ist der Fall – der Schein entzieht der Wirklichkeit die Substanz.

Musik ist, von sozialistischen Melodramen abgesehen, ein recht unpolitischer kultureller Sektor. Mit der schöngeistigen Literatur und der bildenden Kunst wird das Ansinnen der stets zu äußernden Parteilichkeit aber wieder aktuell. Was dem Staat eine wirkliche Kultur in seinem Lande wert ist, zeigt er mit der schon seit Jahrzehnten geübten Praxis, unliebsame Schriftsteller und Künstler dazu zu bewegen, in den Westen zu gehen. Der kulturelle

Ausverkauf interessiert ihn nicht, wohingegen er die Ausreisemöglichkeit für Ärzte völlig zu sperren versucht.

Der „Kulturstaat“ DDR ist ein Staat des kulturellen Verfalls. Dass die Kultur in ihm nicht ganz sterben kann, hat seine Ursachen darin, dass auch für den Schein ein Minimum an wirklicher Kultur notwendig ist. Mit diesem Minimum tritt der Staat vor das Volk und verkündet [32]:

Wir sind ein Land der Kunst, der Wissenschaft,
ein Land, in dem die Bildungsfackel brennt.
Hier wird studiert. Hier blüht die Schöpferkraft.
Bei uns ist schon das Krippenkind – Student.

3. Die saubere Industrienation

3.1 Tatsachen

In der natürlichen Umwelt werden die Beweise für die wirklichen Verhältnisse viel deutlicher als im gesellschaftlichen Leben, das der Verfälschung durch die Propaganda leichter unterliegt. Auch in der Umweltproblematik ist nur die Spitze des Eisberges zu sehen, doch diese Spitze ist bereits so gewaltig, dass bei der Erwägung der Ausmaße des Verborgenen Panik und Entsetzen entstehen müssten.

Das Sichtbare sind die toten und sterbenden Wälder an der Südgrenze des Landes, es sind die absolut toten Flussläufe von Mulde und Saale und unzähliger kleinerer Gewässer, in denen sich statt Wasser eine tiefbraune bis schwarze, stinkende und schäumende Flüssigkeit in Richtung Meer wälzt. Es sind aber auch die vielen *sterbenden* Flüsse, zu denen auch die Elbe gehört, denn sie nimmt all die toten Kloaken und die ungeklärten Abwässer ganzer Großstädte auf. Es sind die ungehemmt entweichenden Giftgaswolken über den Chemiebetrieben des Raumes Halle bis Wittenberg und über sämtlich auf Braunkohle ohne Rauchgasreinigung basierenden Kraftwerken.

Zu dem für jeden unmittelbar Erlebbaren gehören auch die wiederkehrenden Smogsituationen über den Großstädten, unter deren Bedingungen die chronischen Atembeschwerden vieler Menschen in akute, lebensbedrohliche Zustände umschlagen mit zahlreichen Todesfällen vom Säugling bis zum Greis.

Die permanente Durchseuchung mit Infektionskrankheiten der Atmungsorgane – sieben bis acht „Infekte“ pro Jahr gelten in den Mütterberatungsstellen als normal, wobei auch das Maß dieses „Normalen“ längst überschritten wird – findet eine ihrer wichtigsten Ursachen in der durch Schadstoffe dauernd gereizten Schleimhaut der Luftwege. In den Polikliniken gibt es spezielle Sprechstunden für Kinder mit asthmatoider Bronchitis.

Immer mehr Derartiges wird sichtbar, wenn man den Blick auf die Umweltsituation in der DDR konzentriert. Skandal auf Skandal ließe sich ans Tageslicht bringen. Unter westlichen Verhältnissen wäre jeder einzelne geeignet, massive Demonstrationen der Bevölkerung mit Blockaden und Besetzungen ganz ungewohnten Ausmaßes zu provozieren.

In der DDR passiert nichts. In ihrer Verfassung ist die Rede von der „Reinhaltung der Gewässer und der Luft“. Sie und der Schutz der Pflanzen- und Tierwelt „...sind durch die zuständigen Organe zu gewährleisten...“ Damit ist das Problem Umwelt gelöst und Honecker kann vor Olof Palme, als dieser 1984 die DDR besuchte, äußern: *„Ich bedaure, Herr Ministerpräsident, mit saurem Regen haben wir keine Erfahrung.“* [33]

Von sterbenden Wäldern kann nach Ansicht Honeckers keine Rede sein. Er bezeichnet die Wälder an der Südgrenze der DDR als „geschädigt“, der übrige Wald sei gesund. Diese Aussagen macht er nicht etwa auf Grund eigener Beobachtungen, zu denen er anlässlich der von ihm veranstalteten Jagden Gelegenheit hätte, was den persönlichen Irrtum durch mangelnde Sachkenntnis in Betracht ziehen ließe. Er macht sie vielmehr ganz ausdrücklich auf Grund einer Karte seines Umweltministers: Wie immer sind seine Äußerungen *repräsentativ* für die Ansichten der Staatsführung, mithin des Staates.

Tatsächlich kann der besagte erzgebirgische Wald nicht als sterbend bezeichnet werden, denn seine Agonie ist schon Geschichte. Der Wald ist tot. Der des Elbsandsteingebirges ist sehr schwer geschädigt; sein Ende ist absehbar. Auf der tschechischen Seite des sogenannten Erzgebirgsgrenzgebietes, dem westlichen Teil der Sächsischen Schweiz, ist das bereits so weit.

Der gesamte Wald in der Südhälfte der DDR ist geschädigt. Als wirklich gesund dürfte kaum noch ein Stück Wald in der gesamten DDR zu bezeichnen sein. Mehr als irgendwo sonst in Europa verdient das Waldsterben in DDR und CSSR diese Bezeichnung. Der schwer geschädigte Schwarzwald erscheint dem Laien im Vergleich zu den Wäldern des Ostens als kerngesund.

Zu den Äußerungen Honeckers schwieg man beizeiten wieder. Mit der Verharmlosung der Situation durch die Presse fährt man jedoch fort. Der Grundtenor ihrer Verlautbarungen zu diesem Thema besteht im Eingestehen „gewisser“ Probleme, die der sozialistische Staat aber voll im Griff habe. Gelegentlich erfährt man auf den Lokalseiten der Zeitungen etwas von Umweltsündern, die zur Rechenschaft gezogen werden: Der Staat ist auf Acht. Dazu benötigt er kein Umweltdezernat bei der Kriminalpolizei.

Auf dem Gebiet des Umweltschutzes ist die DDR also ebenso fortschrittlich wie auf allen anderen Gebieten. Doch in der Natur zeigt sich das Unvermögen ihres politisch-ideologischen Wirtschaftssystems optisch sichtbar und insofern krasser als in irgendeinem anderen Lebensbereich. Hier geht es nicht mehr um das Substantielle des Geistigen, sondern um die körperliche Substanz, um das nackte Überleben in rein biologischer Hinsicht.

Die Welt fürchtet den ökologischen Kollaps der Biosphäre. Die Wenigen, die gegenwärtig weltweit dagegen arbeiten und denken, können nur eine vage Hoffnung auf ein noch rechtzeitiges Abbiegen der Menschheit vom geraden Weg zu diesem Kollaps geben, auf dem sich die Masse der Handeltreibenden und Konsumierenden noch immer unbeirrt befindet. Und das, obwohl das Sterben längst begonnen hat. Die ökologische Katastrophe kommt nicht als großer Knall, den man so lange noch vor sich hat, wie man ihn noch nicht hörte.

Wenn ein See stirbt, so ist dies bereits ein Kollaps, wenn auch nur ein lokal begrenzter. Die Weiterexistenz eines Teils der Fauna an seinen Ufern bedeutet dem Leben im See nichts. Die tropischen Wälder verbrennen, aber die Menschen in Paris und Moskau atmen weiter.

Die Oberfläche der Erde weist heute schon seit langem neurotische Flecke auf, zu denen das Gebiet der DDR ebenso gezählt werden muss wie die brandgerodeten Amazonaswälder. Der Zustand stellt sich langsam genug ein, um den Menschen Zeit zur Gewöhnung zu lassen. Jeder persönlich fühlt sich von der verminderten Lebenserwartung in seinem Gebiet nicht betroffen. Doch noch vor 70 Jahren konnte man in jedem Fluss baden. Überall konnte man bedenkenlos durchatmen. Heute kann man in der DDR *in keinem* Fluss mehr baden. Für die jetzt entstehende Generation ist das der Status quo, die hinzunehmende, *normale* „Realität“. Bei nur wenigen ist das tiefe Durchatmen mit dem Bewusstsein verbunden, dass mit jedem Atemzug zumindest Spuren giftiger Stoffe mit in den Körper gelangen.

Aber die DDR-Staatsführung erklärt die Umwelt für gesund und spricht von „Reinhaltung“. Gleichzeitig erklärt sie die Daten über den Verschmutzungsgrad von Luft und Wasser durch einen Ministerratsbeschluss für geheim. Die

Hygieneinstitute dürfen keine Wasserproben von Bürgern entgegennehmen, die nicht nachweislich aus privaten Brunnen stammen. Auch die Analysenprotokolle solcher Untersuchungen enthalten aber lediglich Aussagen darüber, ob das Wasser genießbar, bedingt genießbar oder ungenießbar ist. Diese Ergebnisse macht man abhängig vom Auftreten verschiedener Bakterien, nicht aber vom Nitratgehalt des Wassers oder von den in ihm enthaltenen Pestiziden.

Gleichzeitig auch ist die DDR skrupellos in der Anwendung agrarchemischer Produkte. Das international geächtete DDT wird in ihr noch immer über den Wäldern verteilt. Es ist anzunehmen, dass dieser Stoff auch auf der umfangreichen Exportliste der DDR steht, denn auch die Dritte Welt zahlt in Devisen. Die künstliche Düngung wird unter dem ideologischen Plandruck nach der Devise „viel hilft viel" übertrieben. Nachdem man sich endlich dazu durchgerungen hat, das höchst giftige „Hylotox" auf den Index zu setzen, kann es weiterhin jeder in den Drogerien kaufen. Als sei die Kohle noch nicht schwefelhaltig genug, um im Regen den nötigen pH-Wert für bestimmte Zwecke zu erzeugen, bedient man sich bei der Kartoffelernte einer Methode, bei der das Kraut mit Schwefelsäure abgetötet wird. Dazu wird konzentrierte Schwefelsäure unmittelbar vor dem Aussprühen verdünnt, wodurch sie sich obendrein erhitzt. Diesen Krieg gegen die Mikroorganismen des Bodens, gegen die Insekten, Spinnen, und also auch gegen deren Vertilger in der Nahrungskette, betrachtet man als moderne landwirtschaftliche Methode.

Kein Regime der Welt misshandelt die Natur mehr als die Diktatur des realen Sozialismus. Zur Brutalität im Verhalten der Umwelt gegenüber kommt die Praxis, eingetretene Schäden zu vertuschen. Ergeben die

Messungen einer Wasserkontrollstelle unzulässige Werte, wird die Kontrollstelle kurzerhand verlegt. So geschah es im Kreis Osterburg / Altmark, als das Grundwasser infolge der Ausbringung zu großer Mengen Gülle einen unzulässig hohen Nitratgehalt aufwies. Selbstverständlich wäre die Verlegung der Kontrollstelle völlig sinnlos, würde man die Bevölkerung über den katastrophalen Zustand ihres Wassers informieren. Das Bild muss gewahrt bleiben, auch auf Kosten der Säuglinge. In gleicher Weise verfährt man mit den Abwässern des Ortes Bad Doberan an der Ostsee. Seit man ihre „natürliche" Vorklärung in einem See unterband, um den See zu retten, gelangen die Abwässer nun ungeklärt ins Meer. Da sich rechts und links der Einleitungsstelle in jeweils 500 Meter Entfernung Badestrände befinden, wurde ein Hochwasserschutzwehr umfunktioniert. Man öffnet es nur nachts, um die Kloake zu entleeren. [34]

Die Umweltproblematik ist bekanntermaßen eng mit der Energieversorgung verbunden. Als in einem sehr kalten Winter die Energieversorgung infolge der gefrorenen Braunkohleflöze nicht aufrechterhalten werden konnte, fiel in verschiedenen Betrieben und Behörden die Arbeit aus. So auch in der SED-Bezirksleitung Dresden, einem unsympathischen Bauwerk in der Nähe der Semper-Oper. Das entstandene Defizit sollte später durch Wochenendeinsätze wieder eingearbeitet werden. So zumindest hatte es auszusehen, und um diesem Schein gerecht zu werden, schaltete man in der fraglichen Zeit das Licht in den Büros des SED-Hauses ein, ohne dass freilich einer der dort angestellten Genossen seiner nutzlosen Scheinbeschäftigung nachgegangen wäre. Von sich selbst verlangten sie die Opferung des Wochenendes nicht ernsthaft. Aber auch dort, wo man tatsächlich am Arbeitsplatz erschienen war, wurde nicht unbedingt gearbeitet. Die Bühne der sozialistischen Theatergroteske blieb jedoch dekoriert und illuminiert – und nur darauf kommt es ja an.

3.2 Beginnender Widerstand

Gegen derartiges ist Empörung schwer zu artikulieren, doch in Fragen des direkten Umweltschutzes begehren die Bürger schon seit längerem verschiedentlich auf. Jedoch wird ihr Protest durch die sogenannte Eingabenverordnung [35] kanalisiert. Im Rahmen dieser Verordnung können Hinweise, Anfragen und Beschwerden an „staatliche Organe" gerichtet werden, die innerhalb der festgelegten Frist von 4 Wochen darauf reagieren müssen. Die Antworten sind allerdings meist völlig unkonstruktiv. In erster Instanz handelt es sich für gewöhnlich um die einfache Leugnung der vorgebrachten Sachverhalte. Der Bürger hat sodann das Recht, sich an die übergeordnete Instanz zu wenden, um sein Anliegen erneut zur Sprache zu bringen und sich über die unbefriedigende Reaktion der unteren Stelle zu beschweren. (Eingaben, deren Verfasser den vorgeschriebenen Weg nicht einhalten und gleich an höhere Adressen schreiben, werden an die zuständige Ebene weitergeleitet.) Die zulässigen 4 Wochen vergehen in der Regel mit jedem dieser Schritte, und letztlich erreicht man so theoretisch die sogenannten „zentralen Staatsorgane", deren „Entscheidungen endgültig sind". [35] Sind auch diese dem Bürger unbefriedigend, so hat er daraus abzuleiten, dass seine Bestrebungen irrig sind. Er hat in sich zu gehen und zu resümieren: Ich bin im Unrecht, der Staat (die Partei, die niemals irrt) hat mich eines Besseren belehrt. Eine andere Möglichkeit, etwa eine, die der Überzeugung von der Richtigkeit seiner Anliegen und Erkenntnisse entspricht, hat er nicht.

Oft wird auch versucht, das Thema einer Eingabe mündlich abzuarbeiten. In einem Gespräch ist es viel leichter, das Anliegen des Aufbegehrenden zu zerreden. In diesem Zerreden sind die Behördenangestellten, zumeist Genossen, fast unschlagbar. Man kann dem durch hartnäckiges Beharren auf den gestellten Fragen begegnen, um Antworten dennoch zu erzwingen. Dies wird früher oder später zu einer unverhohlen bösartig-zynischen Haltung führen, aus der heraus sich der Vertreter des Staates nur noch auf seine ihm gegebene Macht berufen kann. Mit dem Nichterscheinen des Bürgers zu einen solchen Gespräch hat sich für den Staat das Anliegen der Eingabe in der Regel erledigt. Dies zeigt deutlich, dass der Staat dem Wahrheitsgehalt einer Eingabe von vorn herein keinen Wert beimisst und es ihm nur darauf ankommt, jenes Problem zu lösen, das der sich meldende Bürger selbst für den Staat darstellt, nicht aber dessen Anliegen.

Die Eingabenverordnung hat natürlich nicht nur für die Umweltproblematik Relevanz, doch hier kommt ihr eine ganz besondere zu. Denn diese Problematik gelangt glücklicherweise in das Blickfeld von immer mehr Menschen. Gleichzeitig liegt es offen zutage, dass Maßnahmen zum Schutz der Umwelt oder das Belangen von Umweltverschmutzern nur über den Staat zu erwirken sind. In der DDR ist die Eingabe dafür das einzige Mittel, aber auch meist der einzige Anlass für den Staat, irgendetwas zu tun. Dass dieses Prinzip unzulänglich ist und dass es mit samt seiner Unzulänglichkeit dem politischen System der DDR immanent ist, wird dabei natürlich immer wieder festgestellt.

Ab Mitte der 80er Jahre etwa begannen sich in der DDR Gruppen umweltengagierter Menschen unter dem Schutz der evangelischen Kirche zu bilden. Ihre Arbeit besteht im Sammeln von Informationen über Umweltdelikte, im Verfassen von Eingaben, Baumpflanzaktionen und in Versuchen, die Aufmerksamkeit der Öffentlichkeit auf die Umweltproblematik zu lenken. Mehrere dieser Gruppen sind in der Lage, mehr oder weniger regelmäßig Informationsblätter herauszugeben. Möglich ist das aber nur, solange es unter der Regie der Kirche bleibt bzw. im Einvernehmen mit dieser geschieht.

Gelegentlich wird wesentlich mehr Einvernehmen vorausgesetzt, als tatsächlich vorhanden ist, dann nämlich, wenn die Thematik der Beiträge in diesen Blättern politischen Bezug erhält. Wie aus manchem der Texte hervorgeht, haben viele der Umweltschützer durchaus verstanden, dass sich Umweltprobleme nicht von politisch-ideologischen Problemen trennen lassen und dass ein wirksames Herangehen zugunsten der Umwelt eine Änderung des politischen Systems voraussetzt. Demgemäß ist die Veröffentlichung der fraglichen Sputnik-Beiträge über Stalins Machenschaften, die Beschreibung der „Luxemburg-Affäre" oder die Darstellung der spektakulären Vorgänge um die Gemeinde der Ostberliner Zionskirche in den Umweltblättern durchaus logisch. Der obligate Abdruck des Satzes „Nur für den innerkirchlichen Gebrauch" auf den Titelseiten wird oft nur noch ironisch verstanden, was man mitunter durch vorsetzen des Wortes „natürlich" hervorhebt.

Dem Staat sind die Umweltgruppen, und ganz besonders die publizierenden, eine Ungeheuerlichkeit. Den lavierenden Kirchenleitungen sind sie zumindest unangenehm, weil sie das von ihnen erstrebte „gute Einvernehmen" mit dem Staat schwer belasten. Entledigen können sie sich dieser Gruppen indes nicht, und so werden die Kirchenleitungen von ihnen in ihre schwere Pflicht genommen.

Doch die tatsächliche Wirksamkeit der Gruppen ist dem Zorn des Staates kaum angemessen. Die Auflagen der Publikationen sind gering, es mangelt an Papier und Vervielfältigungsgeräten. Über Druckereien wacht der Staat sehr argwöhnisch, so dass man oft auf Hektografie oder andere veraltete Verfahren angewiesen ist. Die raren Exemplare der Umweltblätter kursieren dann im Kreis der Insider, den sie kaum verlassen. Gerade darauf aber käme es an, wenn durch sie eine systemverändernde Kraft initiiert werden sollte. Unter den Bedingungen bis zum Jahre 1989 kann dies nicht der Fall sein. Die Mitarbeit in den sogenannten Öko-Gruppen und Veröffentlichungen der beschriebenen Art erfüllen bis zu diesem Zeitpunkt fast nur den Zweck, den dort Aktiven das Gefühl ihrer Aktivität zu vermitteln und ihnen das der Ohnmacht ein wenig zu nehmen. Ihre Versammlungen geben ihnen den Eindruck zahlenmäßiger Stärke und ihr gedrucktes Wort den der öffentlichen Wirksamkeit. Indem sie Bäume pflanzen, geben sich viele der Illusion hin, dem Waldsterben entgegenzuwirken.

Mit dieser Einschätzung sollen sie keineswegs belächelt oder gar diskreditiert werden. Einschränkungslos ist ihre Tätigkeit positiv zu bewerten. Nur liegt die Wirkung bisher nicht zuerst in der unmittelbaren Einflussnahme auf die Umwelt oder die Verantwortlichen, sondern in der Werbewirksamkeit für den Gedanken des Umweltschutzes. Dies wird auch erkannt, wie das später zitierte „Konsenspapier“ zum Ausdruck bringt [36]. Doch bei der zielgerichteten Verstärkung dieser Wirkung geraten sofort die Schranken des Staates ins Blickfeld, dem an einem tatsächlichen Umweltschutz nicht gelegen ist.

Wie sehr dem Staat die Gruppen unter dem Schirm der Kirche ein Dorn im Auge sind, und wie sehr auch die

Konfrontation mit ihnen die Maske der fortschrittlichen Zivilisation vor dem realen „Antlitz" lüftet, belegt in beispielhafter Form ein Beitrag, der unter der Überschrift „Notizen eines Gesprächs – Volkskammereingabe im September" in den Veröffentlichungen der Leipziger Umweltgruppe erschien [57]. In einer Eingabe der Altenburger Umweltgruppe ging es um eines der eklatantesten Umweltprobleme auf dem Boden der DDR, um das sogenannte Braunkohleveredlungswerk in Espenhain. Bei diesem Werk handelt es sich um eine über 50 Jahre alte Anlage, die überlastet betrieben und „auf Verschleiß gefahren" wird. Sie ist die größte Anlage ihrer Art in Europa und dürfte auch international einen Spitzenplatz hinsichtlich ihrer Emissionsraten einnehmen. Sie ist maßgeblich mitbestimmend für die Umweltsituation der Gegend um die Orte Böhlen, Rötha, Espenhain, Mölbis, die innerhalb der ohnehin skandalösen Verhältnisse des gesamten Raumes Leipzig-Halle-Dessau als katastrophal zu bezeichnen ist. Dies muss betont werden, denn nur die genannten kleineren Orte hervorzuheben, hieße, die Situation außerhalb ihres Bereichs für annehmbar zu erklären, was sie aber absolut nicht ist. Stellte man den Verschmutzungsgrad durch eine dreidimensionale Graphik über der fraglichen Fläche dar, so wäre sie von einem Gebirge bedeckt, das von besonders hohen Gipfeln südlich von Leipzig, bei Bitterfeld und bei Merseburg überragt würde, dessen tiefste Einschnitte, irgendwo dazwischenliegend, aber immer noch den hochliegenden vergletscherten Tälern eines Hochgebirges entsprächen.

Gegen das Werk in Espenhain kämpfen die kirchlichen Umweltschützer seit fast einem Jahrzehnt. Im Oktober 1988 stellte die Partei, vertreten durch einen Genossen *P.* vom Rat des Bezirkes, Fachorgan Kohle und Energie, die

Dinge klar, als es infolge der erwähnten Eingabe zu einer Aussprache kam. Sein arrogantes und zynisches Verhalten als Vertreter des Staates darf allerdings als *wahrhaft* repräsentativ bezeichnet werden:

Zunächst hält P. eine eröffnende Ansprache. Er weist daraufhin, dass der Stil der Eingabe eigentlich völlig undiskutabel sei, worüber er jedoch „mal hinwegsehen“ wolle. Dann folgen die Leugnungen: Die Angaben in der Eingabe seien falsch, die in ihr erwähnten Missstände gäbe es nicht. In Espenhain herrsche keine andere Luft als anderswo auch, die Emissionswerte würden ständig unterschritten, die Luft sei keinesfalls gesundheitsschädigend. Es sei hinlänglich bekannt, dass Pseudokrupp bei Kindern nichts mit der Luftsituation zu tun habe. Waldsterben, wie die Umweltgruppe es beklagt, gäbe es nicht im Bezirk, die Bäume seien gesund. Internationale Grenzwerte würden in Espenhain nicht überschritten, im Gegenteil. Es stimme nicht, was in der Eingabe von kranken Menschen stehe; die erhöhte Krebsrate käme nicht von der Schadstoffbelastung der Luft, sondern sei darauf zurückzuführen, dass die Espenhainer zu viel rauchten. Durch die Behauptungen der Umweltgruppe würde der Staat in Misskredit gebracht; an keiner Stelle würdigten die Schreiber der Eingabe die Erfolge und großen Bemühungen des Staates.

Die Frage, ob es in der DDR eine Verordnung gäbe, die das Auslösen von Smogalarm vorsieht, bejahte P., wies aber darauf hin, dass das noch nie nötig gewesen sei, da die Emissionswerte nicht überschritten würden.

Dazu die Umweltgruppe: *„Wir wandten ein, dass für Smogsituationen nicht die Emissionswerte, sondern die Immissionswerte entscheidend sind. Diese jedoch darf nicht einmal die staatliche Umweltinspektion messen, sondern nur die Hygiene*[institute], *und sie* [die

Messwerte] *werden geheimgehalten. Wir fanden, daß es genügend Smogsituationen gegeben hat. Extrem war es in Mölbis im Mai 1986, als über Nacht plötzlich die Blätter von den Bäumen fielen.“*

P.: *„Ach wissen Sie, das ist doch kein Grund Smogalarm auszulösen, die Pflanzen ... sind doch viel empfindlicher als wir Menschen! Die sind zu empfindlich!“* Einer solchen Antwort ist nichts entgegensetzbar. Höflich-machtlos kommt aus der Gruppe die nächste Frage: Was werde getan, um die 30%ige Senkung des SO_2-Ausstoßes, zu der sich die DDR 1983 in der UNESCO mit anderen Staaten verpflichtet hat, zu erreichen? Trotz der Rekonstruktion einiger der Schwelöfen habe sich die Luftsituation in den letzten Jahren nicht verbessert, sondern verschlechtert. P‘s Antwort ist auch hinsichtlich des Hinweises auf international eingegangene Verpflichtungen absolut DDR-gemäß: Die Luftsituation *sei* nicht so schlecht, wie behauptet wird. Abermals also unternimmt er den Versuch, den Schlusspunkt durch Leugnung zu setzen. Um davon abzulenken, erfolgt der Gegenangriff, unverschämt und zynisch: Es sei im Übrigen äußerst anmaßend, dass großartige Forderungen gestellt würden. Umweltmaßnahmen seien teuer und erst einmal seien die materiell-technischen Voraussetzungen zu erfüllen, bevor solche Ansprüche geltend gemacht werden könnten. Dies hieße kurz gesagt, *„die Arbeiter müssen erstmal mehr und besser arbeiten, ehe sie Verbesserungen der Umweltbedingungen fordern könnten.“*

Dem hielten die Umweltschützer „verwundert“ entgegen, dass die Presse der DDR stets von vorbildlich erfüllten Plänen berichte. Der Beitrag der Werktätigen sei längst erbracht, es sei längst überfällig, *„dass für die Belange des Umweltschutzes drastische Maßnahmen* *durchgesetzt werden, und zwar mit der Bevölkerung, nicht über sie hinweg."* Unter den gegebenen Bedingungen sei (sinngemäß) der Leitsatz „Arbeite mit, plane mit, regiere mit!" eine leere Phrase.

Nach P. freilich ist dies nicht wahr – natürlich könnten die Werktätigen mitregieren.

„Wie?"

„Indem sie die Beschlüsse von Regierung und Partei befürworten und die vorgegebenen Pläne übererfüllen."

Damit stehen die Umweltschützer von den Schranken, wo die Auseinandersetzung keine Fortsetzung mehr finden kann, ohne dem Regime an die Substanz zu gehen. Doch sie wagen sich vor und geben ihren Standpunkt zu verstehen, dass zum *„Mitregieren und Mitplanen unbedingt auch offene, konstruktive Kritik gehöre, Öffentlichkeit und Wahrhaftigkeit im Umgang mit Missständen und Bürgern."*

Dieser Anspielung auf die Gorbatschow'schen Bestrebungen weicht P. noch aus, für den kritische Mitarbeit unvorstellbar ist:

„Wir, die Partei, machen das schon. Haben Sie Vertrauen, glauben sie nur, wir sorgen schon für Sie!"

Für blindes Vertrauen aber sehen die Umweltschützer keinerlei Grund: Der Marxismus-Leninismus (der so allmächtig ist, dass sich sogar kirchliche Umweltschützer auf ihn berufen) lehre sie vielmehr, dialektisch zu denken, und dies bedeute, dass der gesellschaftliche Fortschritt an den Kampf der Widersprüche gebunden sei:

„Wo aber keine Widersprüche, keine Kritik, keine Opposition zugelassen werde, wo es immer nur eine Partei, eine Meinung gebe, muss Stagnation, ja Rückschritt eintreten."

Dies nun rüttelt endgültig an den Grundfesten der realsozialistischen Ordnung. Die Forderung nach Opposition und Pluralismus ist staatsfeindlich – obwohl sie marxistisch abgeleitet wurde. Ein sachliches Eingehen hierauf ist dem Staat, hier verkörpert durch den Genossen P., nicht möglich. Er kann nicht mehr anders als den Umweltschützern konterrevolutionäre Bestrebungen und die Absicht, den Staat in ein schlechtes Licht rücken zu wollen, vorzuwerfen. Diese aber beharren auf ihrer Ansicht, dass es nicht gehe, *„über ein Volk hinwegzuregieren“* und *„dass es nötig ist, die Menschen verantwortlich mitentscheiden und mitdenken zu lassen. Dazu ist es in Umweltfragen dringend nötig, endlich den Ministerratsbeschluss zur Geheimhaltung der Umweltdaten aufzuheben.“*

Da *„alles in Ordnung“* sei, so P., *„braucht man dies nicht zu tun“*, und wo etwas nicht ganz in Ordnung sei, *„arbeite man kontinuierlich weiter.“*

Man vergegenwärtige sich, dass die Forderungen der Umweltschützer mit dem vom Staat ständig für realexistierend ausgegebenen Selbstbestimmungsrecht übereinstimmen. Wer sich aber nicht begnügt mit dem Schein des nur Deklarierten, ist Staatsfeind und Konterrevolutionär. Die „kontinuierliche Arbeit“ indes ist nicht mehr als die kontinuierliche Passivität des Staates, hinter der die alte Devise der neuen herrschenden Clique steht: „Nach uns die Sintflut.“

Die Umwelt der DDR ist unter deren politisch-ideologischen Gegebenheiten ebenso wenig reparabel, wie das System als solches reformierbar ist. Das beschwört die extreme Brisanz dieser Problematik herauf, die bei konsequenter Gedankenführung stets zur Beseitigung des Regimes führen muss, was aber jeden soweit denkenden Menschen des Hochverrats schuldig werden lässt. Das ist die Misere der Umweltschützer in der DDR. Vor ihnen steht nicht in erster Linie die Aufgabe, die Umwelt zu sanieren und vor weiteren Schäden zu bewahren. Die unumgängliche Voraussetzung dafür ist zunächst die *grundsätzliche* Erneuerung des politischen Systems. Dies aber kann gegenwärtig nur als unmöglich bezeichnet werden, wofür der gewaltige Ausbau des Staatssicherheitssystems samt seiner de-facto-Herrschaft bürgt.

Die Umweltschützer aus Espenhain und Umgebung resümieren: *„Was bleibt unter dem Strich?“* [38]

1. Wir müssen heraustreten aus der Allianz der Verdrängung, der politischen, psychologischen, ökonomischen und leider auch theologischen Verdrängung der Umweltprobleme.
2. Wir befinden uns in einem spirituellen Notstand. Der Dämon Resignation, das Verwirrspiel planungspolitischer Entscheidungen, die Undurchschaubarkeit der Strukturen, die faktische Erfahrung, daß sich nichts ändert, lähmen uns.
3. Der Datenschutz hat einen Grad an Perfektion erreicht, dem jede einsichtige Logik abgeht; ganz abgesehen davon, daß dieser Geheimhaltungsmythos dem sozialistischen Menschenbild vom allseitig gebildeten, also mündigen Bürger, widerspricht.
4. „Arbeite mit, plane mit, regiere mit.“ – aber wie? Die Kräfte der gesellschaftlichen Erneuerung werden damit zum Absterben verurteilt. Unsere politische Handlungsfähigkeit wird zum Nacht- und Nebelunternehmen. Die sozialistische Gesetzlichkeit droht in unserem Kreis zur Anarchie von Grenzwertbescheiden zu verkommen. Wir leben von der Substanz, und zwar von der Substanz unserer Väter und auf Kosten unserer Kinder und Enkel. Der Verschluß von Informationen teilt die Gesellschaft in Wissende und Unwissende, in Herrschende und Beherrschte, und wenn es stimmt, daß Wissen Macht ist, in Mächtige und Ohnmächtige. Diese

Informationspolitik korrumpiert die Mächtigen und entmündigt die Ohnmächtigen. ...
5. Wir erwarten von dieser Gesellschaft keine weitere Steigerung unseres Wohlstandes, sondern eine lebenswerte Qualität. Der Sozialismus ist für uns so gut, wie wir ihn an der Basis erfahren. Unsere Basis heißt Borna und Espenhain, Böhlen und Rötha, Mölbis und Gaulis!

Diese Feststellungen zeigen, dass von den kirchlichen Umweltgruppen die Situation durchschaut wird. Diesbezüglich sind jene Mitglieder dieser Gruppen nicht die einzigen, wenn auch nur sie Gelegenheit haben, ihre Erkenntnis zu verkünden. Die Konsequenz aus ihrer Erkenntnis aber sehen sie nicht oder wollen sie nicht wahrhaben. In der Mehrzahl glauben sie, die sich christlich glauben, an die Reformierbarkeit des sozialistischen Systems. Insofern also glauben sie an den Sozialismus. Wer die Konsequenz *doch* sieht, gilt als gefährlich radikal. Doch auch die Radikalen, die sehen, *wo* das Übel *wurzelt*, müssen angesichts der zur Perfektion getriebenen Machtsicherung des Staates resignieren.

4. Arbeit und Beruf

Die DDR gibt vor, das Recht auf Arbeit, auf freie Wahl des Arbeitsplatzes und auf freie Berufswahl verwirklicht zu haben. Es gelingt ihr, diesem Eindruck besonders gerecht zu werden, so dass selbst in der westlichen Welt oft eine anerkennende Haltung dazu festzustellen ist. Doch der Bürger der DDR erfährt, wenn er genauer hinsieht und versucht, das Normale einmal in Frage zu stellen, durchaus Anderes.

Zunächst einmal reduziert sich das Recht auf Arbeit in der DDR auf das Recht auf einen Arbeitsplatz. Ohne Frage wird dieses Recht gewährt, wobei es leicht ist, eine alternativlose Verpflichtung zum „Recht" zu erklären. Es gibt dieses „Recht" zum Beispiel im Verwaltungssektor, in Forschungsabteilungen und in technologischen Abteilungen der Industrie. Jedoch sind die Angestellten, die „Werktätigen", hier oft bei weitem nicht ausgelastet. Dafür sorgt eine mangelhafte Arbeitsorganisation ebenso wie die Vorgabe der Anzahl von Planstellen, die zu besetzen sind unabhängig vom tatsächlichen Arbeitsaufkommen.

Die Unterbeschäftigung wird von einem gar nicht geringen Teil der Betroffenen als „Vorteil" des realen Sozialismus aufgefasst, viele aber empfinden sie als höchst unbefriedigende Zeit- und Lebensvergeudung. Dennoch ziehen nur wenige daraus die Konsequenz, sich um einen anderen Arbeitsplatz zu bemühen. Dies ist in der DDR erstens nicht unproblematisch und zweitens erfolgt ja doch eine Bezahlung, so dass der Wechsel nicht existentiell notwendig ist. Eine Arbeitskräfteplanung nach dem Vorbild der DDR-Betriebe könnte sich kein privatwirtschaftlich organisierter Betrieb leisten. Auch weil es gilt, den Schein der Vollbeschäftigung zu wahren, liegen viele eigentlich bankrotte Betriebe am Lebenserhaltungssystem der staatlichen Subventionspraxis.

Die freie Wahl des Arbeitsplatzes unterliegt gleichfalls Beschränkungen. Es ist nicht mehr den Betrieben überlassen, ihre freien Stellen öffentlich auszuschreiben. Der Staat übernimmt die Lenkung: Die Betriebe haben sie dem Amt für Arbeit zu melden und dieses vermittelt sie an Arbeitsuchende. Für den Inhalt der an den Werkspforten aufgestellten Tafeln „Wir stellen ein“ müssen die Betriebe die Erlaubnis des Amtes für Arbeit einholen.

Am deutlichsten aber zeigt sich die diesbezügliche Unfreiheit an der staatlichen Lenkung von Absolventen der Berufs-, Fach- und Hochschulen. Zumindest die letzteren werden von ihrer Ausbildungseinrichtung an die zukünftigen Betriebe oder Einrichtungen vermittelt. Dort erhalten sie einen Arbeitsvertrag nach der Absolventenverordnung der DDR [39], die ihnen das Recht zur Kündigung erst zum Ende des dritten Jahres einräumt. Damit soll versucht werden, durch zentrale Arbeitskräftelenkung die Priorität des „gesellschaftlichen Interesses“ durchzusetzen. Erreicht wird in der Summe jedoch das Gegenteil. Da die drei Jahre oft durch Einarbeitung ausgefüllt sind, die zudem auf Grund des ohnehin geplanten Wechsels nicht sonderlich ernst genommen wird, sind sie vertane Zelt, ein „Opfer“ an die „Gesellschaft“, das weder dieser noch dem, der es bringt, etwas nützt. Die Absolventenverordnung ist ein typisches Beispiel dafür, wie staatliche Gewalt das Gegenteil erreicht von dem, was mit persönlich-freiem Engagement zu erreichen wäre.

Ein derartiger Gegenteileffekt kommt schon früher zum Tragen, wenn es um die Wahl des Berufes geht. Auch hier ist die DDR bekanntlich des Eigenlobes voll. Die vollständige Versorgung mit Lehrstellen bzw. Studienplätzen beruht auf Zuweisungen, sie geht somit auf Kosten der ungehemmten Entfaltung der Fähigkeiten, somit der Persönlichkeit, letztlich also der äußeren Freiheit.

Die Ausbildung ist in bestimmten Berufen eine begehrte Rarität. Tischler zu werden ist zum Beispiel äußerst schwierig, eine Ausbildung zum Kraftfahrzeugschlosser ist schon ein Privileg. Die Lehrstellen hierfür werden bereits innerhalb der Innung und der mit ihrer Vermittlung beauftragten Behörden verschoben. Für Schulabgänger ohne „Beziehungen“ existieren sie quasi nicht.

Ungeachtet dessen herrscht freilich ein starker Mangel an Tischlern und Kraftfahrzeug-Mechanikern. Handwerker überhaupt sind so rar, dass sich das Verhältnis von ihnen zur Kundschaft, in dem der Kunde einst „König“ war, längst verkehrt hat. Heute muss der Kunde glücklich sein, wenn ein Handwerker sich überhaupt dazu herablässt, ihm einen Termin zu geben.

Der Staat reagiert keinesfalls mit einer Erweiterung des Lehrstellenangebotes in den fraglichen Berufen. Vielmehr duldet er Praktiken wie jene, nach der die erfolgversprechenden Nachwuchs-Pseudoamateure des DDR-Spitzenfußballs, die als solche natürlich einen „richtigen“ Beruf brauchen, besonders die begehrten Lehrstellen erhalten. Da sie de facto Profis sind – wie übrigens alle Leistungssportler der DDR –, kommt ihre berufliche Ausbildung über Jahre gar nicht zum Tragen; wenn sie nach ihrer aktiven Zeit im „Sportgeschäft“ bleiben, nie.

In der Summe ist die Zahl derer, die im Angebot der ihnen zur Auswahl stehenden Lehrstellen etwas wirklich

Passendes finden, gering. Die Fälle der gänzlichen Ablehnung mit der Konsequenz, eine gewisse (oder eben ungewisse) Zeit „dann eben gar nichts zu machen“, sind relativ selten. Bevor sie gar nichts haben, nehmen die meisten lieber etwas, was ihnen sicher ist und womit sie sich glauben anfreunden zu können, notfalls aber auch „irgendetwas“. Damit ist die Gleichgültigkeit, die sie in ihrem künftigen Berufsleben diesem gegenüber empfinden werden, vorprogrammiert.

Das verhält sich hinsichtlich der akademischen Bildung nicht anders. Nur für wenige Fächer kann man hier nicht von einer Sammelbeckenfunktion ausgehen. Wer Theologie, Geologie oder eine Regionalwissenschaft studieren will, wird zumeist klare Gründe dafür haben. Schon bei den klassischen Studienfächern Medizin und Jura spielt das Prestige eine gewisse Rolle und verdrängt das hier noch oftmals vorhandene Berufungsgefühl. Hinsichtlich der Naturwissenschaften weicht dieses noch mehr dem Allgemeinanspruch zu studieren. Davon sind die technischen Wissenschaften in noch höherem Maße betroffen und jene, unter deren Inhalt sich der suchende Abiturient, der seine Interessen noch nicht klar erkannt hat, am wenigsten vorstellen kann, werden kaum noch vom wirklich Interessierten studiert.

Ein Beispiel dafür ist das Studium der sogenannten „Verfahrenstechnik“. Die meisten, die diese Richtung belegen, hatten ursprünglich nie die Absicht, etwa Fachmann für Holz- oder Papiertechnologie zu werden, um als solcher womöglich in der Verpackungsmittel- oder Zigarettenindustrie eingesetzt zu werden. Hier spielt natürlich die mangelnde Aufklärung über die in Frage kommenden Fächer und deren Inhalt durch die Schulen eine wichtige Rolle. Doch dieser Mangel kommt dem Anspruch des Staates, seine Fachschulen und Fakultäten nach Maßgabe des „gesellschaftlichen Interesses“ zu füllen, entgegen. Je weniger über die einzuschlagende Richtung gewusst wird, desto leichter lenkbar sind die künftigen Studenten.

Darüber hinaus ist die Hochschulreife in der DDR noch lange keine hinreichende Voraussetzung für ein Studium, denn in fast allen Fächern zwingt ein Numerus clausus zur Selektion. (Offiziell gibt es natürlich einen Numerus clausus nur in „kapitalistischen Ländern“.) Die Auswahl der Bewerber erfolgt leistungs- und bekenntnisorientiert. Da das Bekenntnis prinzipiell vorausgesetzt werden kann, kommt es auf seine Intensität an, die ein wichtiger Punkt in der Beurteilung des Studienbewerbers durch die Schule ist.

Obwohl es um nicht weniger als das Schicksal der Betroffenen geht, legen die Vermittler mitunter eine erstaunliche Gleichgültigkeit an den Tag, die dazu führen kann, dass dem einen Bewerber, der das Fach A belegen möchte, dieses mit der Begründung, es sei nicht mehr zu haben, verwehrt und ihm Fach B zugewiesen wird, während gleichzeitig einem anderen dasselbe bei vertauschten Fächern A und B passiert.

Um dem bloßen Wunsch zu studieren gerecht zu werden, willigt manch einer in das Belegen eines Faches ein, für das er sich im Grunde gar nicht interessiert und das sogar mitunter politisch-ideologischen Bezug hat. Ein solches Fach ist zum Beispiel die sogenannte „Sozialistische Betriebswirtschaftslehre“ („SBWL“). Auch sie hat eine Sammelbeckenfunktion, was jedoch für das Nichtfunktionieren der DDR-Wirtschaft nicht maßgeblich ist.

Stark betroffen von dieser Erscheinung ist auch der Lehrerberuf. Die Zahl derer, die unter den gegebenen Umständen wirklich Lehrer werden wollen, genügt den

Forderungen des Bildungswesens nicht. Die ideologische Verknüpfung wirkt in hohem Maße abschreckend. Daher ist dieses Fach immer im Angebot, und jeder, der am Numerus clausus der anderen Richtungen gescheitert ist, findet hier noch seine Chance. Dadurch wird nicht nur das Niveau der Lehrerschaft mitbestimmt, sondern auch die mit diesem Beruf verbundene Misere.

Unbegrenzte Kapazität scheinen ferner die Offiziersschulen zu haben. Für die Laufbahn des Offiziers wird ununterbrochen geworben – ein Zeichen dafür, dass der Bedarf keineswegs gedeckt ist. Ablehnungen sind hier selten. Wer von den männlichen Studienbewerbern ganz und gar keinen Studienplatz erhalten kann – Offizier zu werden, steht ihm immer noch offen.

Wer seine „Berufung“ erst entdeckt, nachdem er bereits ein Studium anderer Richtung absolviert hat, erhält keine Gelegenheit zu einem weiteren Studium. „Ein Zweitstudium liegt nicht im Interesse des Staates“, heiß es, selbstverständlich schon gar nicht für „Senioren“. Mit der „Gebührenfreiheit“ des Studiums räumt der Staat jedes Gegenargument beiseite. Die Möglichkeit, für sein Studium selbst aufzukommen, gibt es nicht.

Das Hemmnis der ideologischen Verflechtung besteht auch hinsichtlich der künstlerischen Richtungen, der Architektur, der Germanistik und aller Geisteswissenschaften. Da diese Verflechtung zu einem nicht geringen Teil auch Verfälschung bedeutet, ist das Studieren gewisser Wissenschaften, besonders der Philosophie, als solche in der DDR gar nicht möglich. Wer „Philosophie“ studiert, studiert Marxismus-Leninismus, aber nicht Philosophie. Dessen Wahrheitsanspruch macht das nähere Eingehen auf seine „bürgerlichen“ Vorläufer und gar auf die unfruchtbar gebliebenen Seitenzweige gänzlich überflüssig. In derselben Haltung vernichteten schon im 7.

Jahrhundert islamische Truppen die Bibliothek Alexandrias, nur dass denen der Koran als der Weisheit letzter Schluss galt.

Bei der Kanalisierung ausgesuchter Gruppen von Bewerbern in bestimmte Berufe lässt der Staat neben vermeintlich ökonomisch richtigen auch rein propagandistische Kriterien gelten. Eine Zeitlang war es fast ein Privileg weiblicher Bewerber, Medizin, insbesondere Zahnmedizin zu studieren. Der Beruf des Zahnarztes ist Mitte der 80er Jahre fast ein reiner Frauenberuf. Was mit dieser Bevorzugung erreicht werden sollte – ob sie überhaupt mit mehr als einer Demonstration weiblicher Gleichberechtigung, die allerdings in ihr Gegenteil umschlug, verbunden war – ist ungewiss.

Weniger sichtbar wird die zeitweilig sehr stur betriebene Auswahl nach der „sozialen Herkunft". Die Kinder Intellektueller waren dabei den „Arbeiterkindern" gegenüber benachteiligt, sofern sie nicht der Nachwuchs der politischen Führungsschicht selbst waren. Indem nun, da „alle dieselben Chancen haben", einmal die anderen an die Reihe kommen sollten, wurde zugunsten eines propagandistischen Aktes intellektuelles Potential lahmgelegt.

Den Widersinn und die Auswirkungen einer Bildungspolitik, nach der jeder das wird, was „die Gesellschaft" von ihm verlangt, können die verantwortlichen Amtsinhaber des Staates offenbar nicht begreifen. Auf Grund des allmächtigen Ideologieprimats vor der Vernunft (indem man die Ideologie mit der Vernunft identifizieren will, vernichtet man sie vollends), sind diese Amtsinhaber völlig außerstande, ändernde Maßnahmen einzuleiten. Es ist sogar so, dass auf der Ebene, von der aus allein entsprechende Maßnahmen ausgelöst werden könnten, das besagte Primat bereits für eine Selektion gesorgt hat, in der das individuelle Begreifenwollen längst auf null gesunken ist. So bleibt alles in den alten Spuren, wird für gut definiert und bleibt untauglich. Mängeln begegnet man durch erneuten Zwang, nicht durch Beseitigung der Ursachen.

Alles in allem kann von einem Recht auf freie Berufswahl in der DDR schwerlich die Rede sein. Das führt nicht sofort dazu, dass der einzelne gar keine Möglichkeit zur Wahl hätte. Dies trifft sowohl hinsichtlich der Berufswahl zu als auch auf die Wahl von Arbeitsplatz und -ort. Es gibt durchaus Fälle, in denen persönliche Pläne verwirklicht werden, grundsätzlich aber geschieht das auf Grund der glücklichen Fügung einer zufälligen Übereinstimmung zwischen den persönlichen Vorstellungen und den Ansprüchen des Staates – niemals gegen diese. Die Gnade des Staates bleibt unumgängliche Notwendigkeit.

Nirgendwo auf der Welt steht jedem jede Profession offen. Dennoch nimmt die Breite der Möglichkeiten proportional zur äußeren Freiheit des Menschen ab. Durch den Lenkungsanspruch des Staates und die ideologische Verflechtung wird der Freiraum stark reduziert, und dieser Zustand führt zu einer Gewöhnung, die eine Anpassung des eigenen Anspruchsniveaus beinhaltet: Man findet sich mit den geringeren Möglichkeiten ab, man kommt gar nicht mehr auf die Idee, mehr zu fordern. Werden die Erwartungen um einen Deut übertroffen, ist dies Anlass zu Jubel und nicht selten zur Lobpreisung des Staates.

Trotz der Einschränkung im letzten Absatz bleibt die Tatsache bestehen: Die Fälle der weitgehenden Verwirklichung eigener Vorstellungen sind selten. Es dominiert die Vorherrschaft der staatlichen Regie unter Zurückstellung der persönlichen Ziele.

5. Militaristischer Frieden

5.1 Vollständige Durchdringung

Im Militarismus wird [4]

die gesamte Wirtschaft militarisiert und dadurch deformiert. Der M. umklammert die Gesellschaft mit einem Netz militärischer Macht- und Propagandainstitutionen, die jede demokratische Bewegung unterdrücken sollen, das gesellschaftliche Leben in seinem Interesse reglementieren und alle öffentlichen wie auch privaten Bereiche mit militärischer Ideologie durchdringen. ... Der M. zwingt der Gesellschaft ein System materieller und ideologischer Gewalt auf, er bedeutet ausgeprägten Antihumanismus und Antidemokratismus. ...

Lässt man diese Definition gelten, kann es keine Frage mehr sein, ob die DDR ein militaristischer Staat ist oder nicht. Die bisher schon beschriebenen Gepflogenheiten des täglichen Lebens sind anders auch gar nicht einzuordnen.

Ebenso ist es natürlich keine Frage, dass der Staat über die offizielle Propaganda den Vorwurf des Militarismus prophylaktisch entschieden von sich weist. Ihr zufolge ist – es ist nicht anders zu erwarten – der Militarismus ein Merkmal von Kapitalismus und Imperialismus. Im obigen Zitat wurde nur der Hinweis darauf weggelassen. Das Prinzip einer jeglichen Despotie tritt hier erneut zutage: Was Recht ist, legt sie fest, und auch, was Militarismus ist.

Tatsächlich aber ist die DDR von beiden deutschen Staaten derjenige, der den Militarismus pflegt, und zwar ganz ohne Kapitalismus im Marx'schen Sinne. Indem sie ihn pflegt, stellt sie aber seine Losgelöstheit von der „Gesellschaftsordnung“ unfreiwillig unter Beweis, und während sie diese Losgelöstheit leugnet, treibt sie ihn auf die Spitze. Auch dies liegt im Wesen der Despotie. Wo Mord kein Mord mehr ist, steigert er sich zum Exzess, wird er zum Massenmord.

Der Exzess des Militarismus äußert sich in sogenannten Friedenszeiten unter anderem in dem, was in manchen Kindergärten geschieht. Doch ist dies nur *eine* seiner Metastasen.

Die militaristische Durchseuchung des DDR-Alltages ist thematisch hier insofern von Bedeutung, da sie das *Bild* des friedfertigen Staates, um das man sich so sehr bemüht, zerstört. Denn Militarismus ist immer verbunden mit Aggressivität, er ist ein Mittel zu deren Zweck, wenngleich auch Aggressivität nicht unbedingt Militarismus produzieren muss.

Ein Student wagte es einmal, die Armee der DDR als ein „notwendiges Übel“ zu bezeichnen, als man in einer Marxismus-Leninismus-Veranstaltung eine Äußerung von ihm verlangte. Dem Gedanken wollte er zugrunde gelegt wissen, dass für ein von Grund auf friedliches Land – wie die DDR es ja sei – der Unterhalt einer Armee nur aufgezwungen sein kann (nämlich vom aggressiven Imperialismus), also doch ein Übel für die Wirtschaft des Landes darstellt – wenn auch ein notwendiges. Der Dozent widersprach energisch. Es passte ihm überhaupt nicht, dass jene Einrichtung, der zu dienen das Ehrenhafteste unter allen Tätigkeiten sei, als ein Übel bezeichnet wurde. Und dies war keinesfalls seine persönliche Ansicht. Es entsprach – und entspricht – der allgemein geltenden Auffassung.

Dem Staat ist seine Armee das liebste Kind. Er hängt an ihr, wie einst die Knaben an ihren Bleisoldaten hingen. Doch ein beliebiger Staat, der vorgibt, friedlich zu sein, verrät in dem Moment das Gegenteil, in dem er beginnt, aus seiner Bewaffnung einen Kult zu machen.

Darin verbirgt sich das tiefere Wesen des Militarismus. Die von der DDR-Führung veranstaltete Abrüstungskampagne muss vor diesem Hintergrund gesehen werden. Solange man Kinder üben lässt, Minen zu entschärfen und den „lautlosen Gang der Katzen“, Jugendliche mit Wehrkundeunterricht traktiert, sie militärische Übungen durchführen lässt – solange es in Ostberlin Militärparaden und Mahnwachen, Stechschritt und Zapfenstreich gibt – solange man Sportlern militärische Kommandos zubrüllt, Fahnenweihe veranstaltet, die Schüler in der Schule vor jeder Unterrichtsstunde Meldung erstatten lässt: „Herr Meier, ich melde, die Klasse 10a ist zum Unterricht bereit!“ – „Danke, Freundschaft!“ – kurz, solange man alle diese edelsten Traditionen der deutschen Militärgeschichte nicht Geschichte sein lässt und aus ihr den Schluss zieht: So geht es nicht! – solange dient das Gerede vom atomwaffenfreien Korridor nur der *Schaffung des Scheins*, solange auch darf man davon ausgehen, dass der 1989 angekündigte Abbau konservativer Bewaffnung nichts anderes ist, als die Verschrottung längst zu verschrottender Militärtechnik, die ohnehin längst veraltet, verrostet und unzuverlässig ist.

Entscheidend für das Entstehen des Militarismus ist nicht die Existenz eines kapitalistischen Wirtschaftssystems. Entscheidend ist die Errichtung einer Diktatur. Nur auf dem Boden der zentralisierten Macht kann er wachsen, und auf dem deutschen Boden ist ein Machtmonopol das Nährsalz, durch das der Militarismus auf ihm Früchte ansetzt. Dafür hat die Geschichte der deutschen Diktaturen gesorgt, und zwei große Kriege haben in ihr das Myzel des Militarismus ganz unabhängig von deren Ausgang gestärkt. Auf dem Boden der DDR ist er zwangsläufig wiedererstanden, und man will ihm die alte Frische mit Gewalt wieder antrainieren.

Aber ebenso scheinbar wie die Friedfertigkeit des Systems infolge der Renaissance des Preußentums wird, ist dieses Bild selbst. Der sozialistische Militarismus ist oktroyiert, er wird von der Mehrzahl der von ihm betroffenen nur mit Murren getragen. Das Freiwilligenheer von 1914 und der Enthusiasmus nur 25 Jahre später sind heute in der DDR schwer vorstellbar. Das ist ein Schimmer Hoffnung, da es die Aggressivität des Systems von der im Gros friedens-sehnsüchtigen Masse trennt, doch es ist deprimierend zu sehen, wie viele die Schau um ihres lieben Privatfriedens willen mitgestalten.

Der Militarismus richtet sich nicht nur säbelrasselnd nach außen, so dass er den Menschen im Inneren des Landes gleichgültig sein könnte. Er richtet sich ebenso nach innen, indem das Regime seine Macht dem Volk gegenüber mit militärischer Gewalt durchsetzt. Am sichtbarsten wird dies allerdings an der Trennlinie nach außen – an den mit deutscher Gründlichkeit errichteten und gewarteten Sperranlagen. Das feinmaschige Netz des Staatssicherheitsdienstes innerhalb der Stacheldrahtbarrieren sorgte lange für das Ersticken jedes Keimes von Aufbegehren. Für den Ernstfall – für Vorgänge also, die denen des 17. Juni 1953 gleichen – trainiert die kasernierte Bereitschaftspolizei. Aus gewöhnlichen Wehrpflichtigen rekrutiert, zwingt man sie zu üben, gegen demonstrierende („subversive“) Massen vorzugehen. Dazu steht ihr vom Wasserwerfer über Schlagstock, Führungskette und „Reizgaswurfkörper“, der mit einer auf die Maschinenpistole Kalaschnikow aufsetzbaren Wurfeinrichtung abgefeuert wird, auch diese Maschinenpistole selbst samt Seitengewehr zur Verfügung, doch auch Schützenpanzerwagen mit aufsetzbarem schwerem Maschinengewehr befinden sich in ihren Arsenalen.

Die reguläre Berufspolizei tritt überall in Erscheinung und demonstriert so die Wachsamkeit des Staates gegenüber den Stören von „Ruhe und Ordnung".

Jedes dieser „Sicherheitsorgane" hat einmal im Jahr seinen „Ehrentag". An diesem wird dann durch „Repräsentanten des Volkes" Vertretern des jeweiligen Organs „Dank und Anerkennung" ausgesprochen. Das Volk bedankt sich gewissermaßen beim Wächter, der es vor Freveltaten, erzieherisch gesprochen vor Dummheiten, schützt. Ließe man den Volksbegriff wirklich gelten, käme man zu dem Ergebnis, dass sich das Volk selbst überwacht, kontrolliert und terrorisiert. Die Polizei heißt „Volkspolizei", die Kampfgruppen sind die „Kampfgruppen der Arbeiterklasse" – mit dem Begriff vom „Volk" lässt sich dieses Bild zeichnen. Aber es ist falsch.

Die Unzulässigkeit der Gruppenindividualisierung wird hier ein weiteres Mal deutlich. Denn tatsächlich stehen sich verschiedene Menschen gegenüber, wenn der Staat eine Demonstration auseinanderknüppeln lässt. Keineswegs geißeln sich die Demonstrierenden selbst. Wenn im politischen Zusammenhang vom „Volk" die Rede ist, muss immer mit der Absicht zur Verführung seiner Individuen gerechnet werden. „Der Staat bedient sich eines Teiles des Volkes, um gegen andere Teile desselben Volkes vorzugehen." Eine solche Formulierung wäre zwar korrekt, doch das Wort „Volk" macht sie umständlich, weil es seinen eigentlichen Sinn verliert, wenn es nicht dessen Gesamtheit meint.

Es ergibt sich damit der Tatbestand des Polizeistaates, und dieser Staat erzwingt darüber hinaus noch, dass ihm dafür zugejubelt wird, und er erzwingt, weil die Ähnlichkeit zu sehr ins Auge springt, die beteuernde Bestätigung, dass dies alles mit Militarismus nicht das Geringste zu tun habe. Auf der Grundlage dieser Bestätigung mutet er dem Volk (hier darf „Volk“ gesagt werden, denn ausnahmslos alle sind betroffen) eine ständige Gegenwart des Krieges im Alltag zu.

Jede Woche mittwochs 13 Uhr heulen in der ganzen DDR die Luftschutzsirenen. Auf diese Zeit ist der Funktionstest per Gesetz festgesetzt. In allen öffentlichen Gebäuden und in Betrieben hängen schwarz und rot bedruckte Tafeln mit Alarmplänen. In Form von Diagrammen wird hier darüber informiert, wie am Rhythmus des Sirenengeheuls auf die Art der hereinbrechenden Katastrophe geschlossen werden soll. Dies ist recht unpraktisch, denn es setzt voraus, dass beim Ertönen der Sirene der Sekundenzeiger der Armbanduhr zu beobachten ist, um die Sekunden des Auf und Ab des Geheuls zu zählen, was dann mit den Diagrammen zu vergleichen ist. Als wären die Gefahren eines nuklearen oder chemischen Angriffs kalkulier- oder beherrschbar und alle Tage denkbar wie ein Wasserrohrbruch, sind auch für sie entsprechende Schemata angegeben, Sooft man durch die Tür seines Arbeitsraumes geht, kann der Blick auf diese Worte fallen: Atomalarm, Chemischer Alarm... Natürlich vokalisiert man schon bald diese Worte nicht mehr innerlich, nicht einmal bewusst werden sie einem noch. Aber präsent ist der Atomalarm auf diese Weise trotzdem immer, und das wöchentliche Geheul der Sirenen klingt überaus vertraut.

Ebenso gängig erscheint dem DDR-Bürger eine Vielzahl aus dem militärischen Sprachgebrauch entlehnter Wörter. Über den „Pionier“ wurde schon gesprochen. Doch die Arbeitsfront des sozialistischen Arbeitskampfes besteht zum großen Teil aus Brigaden, die von einem Brigadier geleitet werden. Das Personalbüro sozialistischer Betriebe ist die Kaderabteilung, geführt vom Kaderleiter, und aus ihrer Sicht ist jeder Mitarbeiter des Betriebes ein Kader. Über ihn wird die Kaderakte geführt, die über den Betreffenden alles aussagt, was politisch von Interesse sein kann. An dieser Akte misst sich die Brauchbarkeit des „Kaders“ sowohl in beruflicher Hinsicht als auch in der des Bekenntnisses zum Staat. Für den Staatssicherheitsdienst, der in guten Beziehungen zu den Kaderleitungen besonders der größeren Einrichtungen steht, sind diese Unterlagen ein wichtiges Mittel der Gesinnungsschnüffelei. Doch nicht nur so direkte Leihgaben des militärischen Sprachgebrauchs durchsetzen die Umgangssprache, sondern auch dort zu besonderer Geltung gelangende Wörter finden vermehrt Verwendung im zivilen Bereich. Ein Betrieb, eine Anlage, eine Schule – alles kann zum „Objekt“ werden, hat ein Lebensmittelladen geschlossen, so informiert ein Vordruck hinter dem Glas der Ladentür, warum und wie lange „dieses Objekt“ geschlossen bleibt. In diesem Fall wird auch zum „Objekt“, was sonst ein „Stützpunkt“ ist, genauer ein „Getränkestützpunkt“, worunter man sich einen Laden vorzustellen hat, in dem es ausschließlich Getränke gibt.

Auch der von Victor Klemperer als „Abbreviaturmanie“ bezeichnete Hang zum Abkürzen ist eine Erscheinung des Kasernenjargons. Es kann geschehen, dass über eine Wunschsendung eines DDR-Senders der Gruß kommt: „Die Veteranen-AGL der PGH ‚Aufbau‘ grüßt die Genossen der BGL des VEB SKET...“ – eine Sprache, die in der „BRD“ kaum verstanden wird.

Eines dieser Kürzel heißt LVO. In ihm hat sich die Abbreviaturmanie verselbständigt, denn niemand weiß so recht, zu welchen Worten diese Initialen gehören. Vielfach wird vermutet, es sei die Abkürzung für „Landesverteidigungsobjekt“. Vielleicht auf Grund des damit verbundenen Geheimhaltungsgebotes bestätigt das DDR-Abkürzungsbuch dies nicht; was dort steht − nämlich “Luftverkehrsordnung“ oder „Landesverordnung“ − wäre nicht geeignet, die durchschlagende Wirkung des Klanges von „LVO“ im Alltag zu erzielen. Einer Zauberformel gleich vermag es die mannigfaltigen Hemmnisse für die Rentabilität sozialistischer Betriebe hinwegzublasen. „LVO“ ist ein Wort für sich, dessen sprachliche Bedeutung längst nebensächlich geworden ist. Was *„für* LVO“ ist, erhält sofort die allerhöchste Priorität. Hier gelten plötzlich keine Diesel- oder Benzinkontingente mehr, die sonst den Transport eines Postens Material von Rostock nach Erfurt verhinderten; für „LVO“ interessiert auch nicht, dass das Fahrzeug die Hinfahrt gegebenenfalls leer unternimmt.

Hinter LVO steht alles zurück, für LVO mangelt es an nichts. Der Nicht-LVO-Sektor schrumpft zusammen, wenn LVO Platz braucht. Zivile Baustellen stehen verwaist, wenn Bauarbeiter und Material von heute auf morgen abgezogen werden.

Wer direkt für LVO arbeitet, genießt Privilegien. In vielen Betrieben gibt es Abteilungen, die nur für die Rüstung produzieren. Von den darin angestellten verlangt man den Abbruch der Kontakte zu ihren Verwandten und Bekannten im „NSW“, dem „nichtsozialistischen Wirtschaftsgebiet“, dem „westlichen Ausland“. Dies ist kein Privileg, aber man belohnt sie für das Opfer mit mehr Geld und mehr Urlaub. Das ansonsten chronische Wohnungsproblem ist für *sie* tatsächlich abgeschafft. In ihren Abteilungen gibt es mitunter Verkaufsstellen zur Pausenversorgung, deren Angebot weit besser ist als das derjenigen für die „normalen“ Angestellten. Mit permanenter Bestechung will man die LVO-Angestellten zum Schweigen und zur Treue zwingen. (Beispiel: VEB Meßelektronik Dresden, 1983)

Unter den Bedingungen der planwirtschaftlichen Insuffizienz führt die Bevorzugung der Macht- und Sicherheitsorgane einschließlich der militärischen Industrie zur Verschärfung des allgemeinen Mangelsyndroms. Die laut Zitat oben definitionsgemäße „Deformierung der Wirtschaft“ kann nicht krasser sein. Die Abhängigkeit des Devisenhaushalts vom westlichen Markt sorgt hier bereits für eine hohe Vorgespanntheit der Situation, zumal ein Großteil der durch den Export erwirtschafteten Devisen ebenfalls in den Militär- und Parteihaushalt fließt – auch in den der Deutschen Kommunistischen Partei des „westlichen Auslands“.

Partei und Militär sind einleuchtenderweise eng miteinander verschmolzen, und wie eine stark hygroskopische Substanz das Wasser aus anderen Stoffen saugt, so reißt die militärische Machtinstitution den im Lande erwirtschafteten Reichtum an sich. Der Soldat, der nach überstandener Übung zuerst seine Kalaschnikow reinigen muss, bevor er sich den Blasen an seinen Füßen und seinem schlammig-verschwitzten Körper zuwenden darf, ist nur noch das Zubehör zur Waffe.

Im gleichen Sinne ist die gesamte Wirtschaft der DDR nicht mehr als die lebenserhaltende Peripherie der Macht – die Peripherie von Militär, Partei und Sicherheitsorganen. Die Missachtung der menschlichen Würde, der sowohl der Soldat ausgesetzt ist als auch der „normale“, zivile „Werktätige“, für den der prassende Offizier nur ein müdes Lächeln übrighat, ist mit dem Militarismus untrennbar verbunden. Es ist der ihm innewohnende Zynismus, der die Menschen zwingt, das Instrument von

Terror und Aggressivität zu nähren und ihm zuzujubeln. „Dra-Dra“ – so nennen die Bewohner der vom Drachen tyrannisierten Stadt liebevoll-demütig den Moloch, der in Jewgeni Schwarz‘ Märchenkomödie über sie herrscht, obwohl sich dieser Drachen jedes Jahr eine Jungfrau holt, die ihn lausen muss, und die dabei regelmäßig vor Ekel stirbt. Allerdings hat dieser Drachen nur drei Köpfe und ist insofern dem ostdeutschen Machtapparat unterlegen.

Indem das Militär *allen* Lebensbereichen aufgezwungen wird, ist die am Beispiel LVO sichtbar werdende Kopplung von Technik und Militär nicht verwunderlich. Doch hat diese noch einen weiteren Aspekt. Die weltweite Praxis, der zufolge technische Neuentwicklungen immer zuerst auf ihre militärische Verwendbarkeit geprüft werden, ehe das zivile Leben sie verwerten darf, wird in der DDR als typisch imperialistische Manier angeprangert. Ungeachtet dessen lebt der technische Fortschritt der DDR zum einen ausschließlich als Parasit der modernen technischen Revolution der westlichen Welt. (Insofern ist das militärische Potential eines Staates vom DDR-Typ auch das Ergebnis des westlichen Fortschritts der Technik. Die COCOM ist nur ein Versuch, hier ein Hindernis aufzubauen, denn sie bezieht sich nur auf das fertige Produkt, nicht auf das Knowhow.) Muss öffentlich auf die westliche Welt Bezug genommen werden, ist nicht mehr vom „kapitalistischen“, sondern vom „internationalen“ Niveau die Rede. Zum anderen ist Technik für die DDR *immer* zuerst eine Frage des Militärs, also keineswegs nur die sogenannten Hochtechnologien. Dass es zum Zwecke der Vorbereitung auf den Wehrdienst geschieht, wenn Jugendliche sich mit Technik befassen, bringt die GST unverhohlen zum Ausdruck. Folgerichtig wurde in ihr

1987 eine neue „Wehrsportdisziplin“ eingeführt: der „Computersport“. [40]

Die gesamte Literatur, die in der DDR für Elektronik-Amateure erscheint, verlegt der „Militärverlag der DDR“. Man kann dies für harmlos und irrelevant halten, doch dürfte es dann auch nicht verwundern, wenn ein Verlag für Landwirtschaft alles die Chemie betreffende veröffentlichte, nur weil Dünger und Pestizide ein Resultat der Chemie sind. Eher schon muss man allein die Existenz dieses „Militärverlages“ als ein Indiz des herrschenden Militarismus einschätzen.

Doch solcher Indizien bedarf es angesichts anderer Erscheinungen des DDR-Alltages gar nicht. Augenfällig ist die Masse der überall vorhandenen Uniformierten. Nicht nur scheint die Menge der grünen Volkspolizisten dem Staat kein Grund zur Peinlichkeit zu sein – auch die in Scharen selbstverständlich uniformiert zwischen den Kasernen und ihren Heimatorten hin- und herflutenden Soldaten und Offiziersschüler sind dies nicht. Es gilt offenbar im Gegenteil der Vers aus der Vorzeit des Ersten Weltkrieges: „Der Soldate, der Soldate ist der schönste Mann im Staate.“ Im Widerspruch dazu, sich aber deckend mit der Tatsache des von der Bevölkerung nicht akzeptierten Militarismus, ist das Tragen von Uniformen aller Art durchaus verpönt. Die meisten Menschen sind darauf aus zu vermeiden, eine Uniform länger als unbedingt nötig auf dem Leib zu haben, sei es die der Zivilverteidigung, der Kampfgruppe oder der GST. Auch das FDJ-Hemd wird ja nur notgedrungener Maßen angelegt.

Ein Reserveoffizier hat die Uniform zu Hause im Kleiderschrank zu haben. Er steht unter dem Befehl, sie zu diversen Anlässen anzuziehen. In einem gewissen Fall pflegte ein Mann in Zivil in seine Garage zu gehen, dort die Uniform anzuziehen und ins Auto zu steigen, nur um der Gefahr zu entgehen, in diesem Aufzug von den Nachbarn ertappt zu werden. Scham aber empfand er nicht wegen der Uniform, sondern wegen seiner Schwäche, sich dem Zwang sie zu tragen, nicht widersetzt zu haben. (VEB Elektromotorenwerk Dessau, 1979)

Auf Grund dieser Abneigung muss den Wehrpflichtigen das Tragen von Zivil während des Ausgangs oder auf den Fahrten in den Urlaub und zurück verboten werden. Das Tragen von Zivil zu diesen Anlässen setzte ja im Übrigen auch voraus, dass der gemeine Soldat Zivilkleidung im Spind haben müsste − eine Konzession an seine Individualität, die mit dem Wesen der DDR-Armee gar nicht vereinbar ist.

Ferner zielt die Uniform nicht nur auf die Person dessen, der sie trägt, sondern auch auf all jene, die sie sehen. Es kann nicht schaden, wenn die Bevölkerung mit dem Anblick der Heerscharen vertraut ist. Auch dies dient der Gewöhnung und der Demonstration der staatlichen Macht; teils geht sie von den Uniformierten aus, teils zeigt sie an: Seht, auch dieser muss sich beugen.

5.2 Offiziere

In einer gewissen Gruppe allerdings dürfte der Glaube an die schneidige Schönheit der Uniform noch fest sein, und zwar in der Gruppe der Offiziere und vor allem der Offiziersschüler. Sie tragen ihre Kammgarnuniform mit weißem Hemd und Schlips sichtlich mit lässigem Stolz. Ihre Verpflichtung zur militärischen Laufbahn hat die Frage nach dem rechten Weg, sofern diese je für sie stand, durch ein konsequentes und endgültiges Abbiegen für sie aus der Welt geschafft. In keiner anderen Berufsgruppe wird die Klarheit dieser Entscheidung so definitiv.

Mit umso größerer Gewalt müssen innere Zweifel abgetötet werden. Durch 25 Jahre kann man nicht hindurchtauchen, um danach wieder sein eigenes Ich hervorzuholen. Das eigene Ich des Offiziers hat entweder ganz oben zu sein oder – und das ist meist der Fall – ganz unten, soweit unten in Holländer-Michels Höhle, dass es nicht mehr wahrgenommen und das Überich einer erfolgreichen Manipulation als das eigene empfangen wird. Es ist dies dieselbe Problematik wie die des Lehrers, nur dass dessen Beruf erst durch diesen Staat von ihr betroffen gemacht wird, während sie dem Offizier wesenseigen ist.

Der Offizier als Werkzeug der Macht unterscheidet sich ganz wesentlich vom Zwangsrekrutierten durch die geistige Aktivität seiner Rolle: Er empfängt nicht nur Befehle, er muss auch Befehle weitergeben und selbst Befehle im Sinne der obersten Macht hervorbringen. Diese Tatsache und die Art, von der diese Befehle zwangsläufig sein müssen, da sie auf die Vernichtung von Leben zielen, widersprechen dem apriorischen Moralempfinden. Da dieses an das autonome Ich gekoppelt ist, wird es mit diesem gemeinsam verdrängt. An seine Stelle kommen die „soldatischen Tugenden“, unter deren Alibi für Gott, Kaiser und Vaterland, für Volk und Vaterland, Volk und Heimat, für die sozialistische Heimat und den Schutz der Arbeiter- und Bauernmacht usw. schlicht *gemordet werden darf.* Für diese Formeln der Demagogie, hinter denen sich zu allen Zeiten nie der Wille der befehlenden Befehlsempfänger verbarg, sondern immer nur der einer relativ kleinen, aber mächtigen Minderheit, planen Menschen buchstäblich gezielt, die Organe von Hirn bis Darm anderer Menschen zu durchschlagen, zu zerfetzen, ihre Körper zu verbrennen, zu zerquetschen oder zu vergasen. Dazu bereit zu sein und, noch schlimmer, andere dazu zu zwingen, kennzeichnet den ehrenhaften Beruf des Offiziers.

Es ist dies freilich keine Eigenart, die nur DDR-Offiziere hätten. In dieser Hinsicht sind leider alle Offiziere der Welt gleich. Sie alle prägen das Bild von Donovans *Universal Soldier*, der mit scheinbar unterschiedlicher Motivation überall gleich handelt.

Militaristisch aber wird die Sache, wenn der Offizier vor allen anderen verehrt, privilegiert und glorifiziert wird. Genau dies war in Deutschland lange üblich, und es ist die DDR, in der diese Tradition in gerader Linie ihre Fortsetzung findet.

So sieht man also die selbstsicher ausschreitenden Offiziersschüler der „Nationalen Volksarmee" auf den Bahnhöfen, beflügelt von der Wirkung ihres geballten Auftretens. Unbescheiden erkämpfen sie sich die Sitzplätze, wenn es darum geht, einen einfahrenden Zug zu stürmen. Für sie ist die Entscheidung gefallen – sie sitzen auch in diesem Sinne im fahrenden Zug. Sie können ihr absolutes Bekenntnis zur Macht offen zeigen. Da ihnen auch gar nichts anderes übrigbleibt, tun sie es rückhaltlos.

Die Privilegien, die auf sie warten, erleichtern es ihnen: Offiziere erhalten selbstverständlich sofort eine für DDR-Verhältnisse vernünftige Wohnung. Ihre Gehälter liegen spürbar höher als die der Normalverdiener im zivilen Bereich. Zum 50. Jahr schon winkt ihnen eine Pension. Es wird ihnen auf Wunsch auch in diesem Alter noch ein Studium gewährt. Aber auch ohne ein solches bekleiden sie mitunter Ämter, zu denen sie das große Können im Umgang mit Menschen, das sie während ihres Ehrendienstes erwarben, selbstverständlich legitimiert. So gibt es dann beispielsweise den „Kaderleiter Dipl.ök.mil." oder den Wehrkundelehrer „Dipl.päd.mil."

Kleinere Vergünstigungen der Offizierslaufbahn sind zahlreich, etwa die zur Ausbildung des Offiziers immer gehörende Fahrschule in allen Klassen oder die der ganz normal angesehenen Bereitstellung der Dienstkleidung. Seinen Offizieren gegenüber erweist sich der Staat als höchst dankbar.

Die Ernüchterung kommt mit dem Alltag im Dienst, nachdem die Offiziersschüler das „S" auf ihren Schulterstücken gegen die zwei goldenen Pickel eintauschen durften, die den Dienstgrad des Leutnants kennzeichnen. Nach und nach lernen sie nun die Fassadenhaftigkeit des militärischen Ideals kennen und die Korrumpiertheit des Offizierskorps. Das Gefühl, auserwählt zu sein, lässt sie keck werden und ihre ganz persönlichen Interessen wieder zur Geltung bringen.

Der Offizier weiß, dass er mit beiden Stiefeln fest im Sozialismus steht. Er greift aus dem Vollen, das der Staat ihm durch Zusammenscharren des Vorhandenen häuft. Er ist es gewöhnt zu verschwenden, sein Dienst lehrt es ihn: Eine Kalaschnikow-Patrone kostet 1,20 Mark, eine RPG7-Panzerabwehrgranate einige hundert Mark. Ein Panzer verbraucht mehr als einen Liter Treibstoff pro Kilometer. Eine Flugstunde kostet Tausende, eine Mig Millionen. Der Offizier lebt in dem Glauben – und er liebt diesen –, dass all dies notwendig sei. Es wird ihm befohlen, dies zu glauben, und über Befehle denkt er befehlsgemäß nicht nach. Er führt sie aus. Aber er zieht daraus auch seine ganz persönlichen Schlussfolgerungen. Er zweigt armee-, – also staatseigenes – Material für seinen Eigenheimbau ab; die Fachleute für den Bau sucht er sich unter den Wehrpflichtigen aus, die offiziell abkommandiert werden. Hemmungslos prasst er zu den häufigen Gelagen, die zu Ehren von Waffenbrüderschaft oder einfach zu Ehren ihrer selbst gegeben werden und zu denen die Ordonnanzen

Dinge auftragen, die auf dem Tisch des Arbeiters, aus dessen Händen er seinen Auftrag erhalten zu haben vorgibt, nie erscheinen. Seine Rechtfertigung, sofern er sie nötig zu haben glaubt, ist einfach: Offizier kann jeder werden – sogar Frauen.

Eine so geartete Elite stellt das Offizierskorps der DDR dar. Den Rest der Armee, von Unteroffizieren „auf Zeit“ abgesehen, die auch diesbezüglich eine gewisse Zwischenrolle haben, bildet die Masse der Wehrpflichtigen.

5.3 Wehrpflicht

Nun ist Wehrpflicht weltweit keine Besonderheit. Das „Recht“, die Bürger ihres Staates zum Kriegsdienst zu zwingen, maßen sich die meisten Staaten an. Für die Ausnahmen sorgen hier natürlich nicht gerade die kommunistischen Diktaturen. Im Gegenteil, in ihnen liegt die Dauer des Wehrdienstes höher als in den NATO- und EG-Staaten – nur von Griechenland abgesehen. Darüber hinaus aber ist Wehrpflicht nicht gleich Wehrpflicht, auch wenn sie immer und überall einen unzulässigen Eingriff in die Souveränität des Einzelnen darstellt. Durch die Möglichkeit eines zivilen Ersatzdienstes wird der Wehrpflicht, wie sie dem deutschen Militarismus eigen ist, viel Charakteristisches genommen.

Das Wehrdienstgesetz der DDR, im März 1982 novelliert, räumt dem Staat eine Reihe von „Rechten“ ein, die es ihm ermöglichen, seine Armee jederzeit qualitativ und quantitativ so zu rekrutieren, wie es seinen jeweiligen Ansprüchen genügt. Nach diesem Gesetz ist die Einberufung zum 18-monatigen Grundwehrdienst für alle männlichen Bürger bis zu deren 27. Lebensjahr möglich.

Jeder Reservist *kann* bis ins Alter von 50 Jahren alle zwei Jahre für drei Monate eingezogen werden.

Ein juristisches Recht, den Wehrdienst zu verweigern, gibt es nicht. Der waffenlose Ersatzdienst, eine Konzession an kirchliche Forderungen, ist einem noch strengeren und noch schikanöseren Regime unterworfen als die reguläre Armee. Die Möglichkeit eines Zivildienstes steht bis Mitte 1989 noch nicht zur Debatte.

Wer sich trotz der hinreichend bekannten Gegebenheiten des Dienstes in den „Spatentruppen" zu diesem entschließt, muss mit all jenen Benachteiligungen rechnen, die jeder Verweigerer eines Bekenntnisses – und nun gar eines Dienstes – auf sich zu nehmen hat. Ein Studium etwa ist unter dieser Voraussetzung undenkbar.

Totalverweigerern drohte bis zu einem bestimmten Zeitpunkt in den 80er Jahren Haft mit Zwangsarbeit unter den übelsten Bedingungen. Bekannt geworden ist vor allem der Einsatz im Walzwerk Unterwellenborn, wo mit uralten Maschinen und Anlagen unter Missachtung der elementarsten Arbeitsschutzvorkehrungen noch heute produziert wird.

Ebenfalls auf Drängen der Kirche ging man inzwischen stillschweigend dazu über, Totalverweigerer zu ignorieren. Da es nur einige zehn pro Jahr gab, war das die unkomplizierteste Lösung, die aber nur sehr kurze Zeit Entkrampfung zu bringen vermag. (Im Kapitel über das sozialistische Christentum wird darauf noch näher eingegangen.)

Den Grundwehrdienst beginnen die männlichen DDR-Bürger in den allermeisten Fällen sofort beim ersten möglichen Termin, nämlich mit Erreichen der gesetzmäßigen Volljährigkeit. In diesem Alter von 18 Jahren ist entweder die zehnjährige Schulzeit plus zwei Jahre Berufsausbildung vorüber oder das Abitur wurde abgelegt.

Die Zäsur durch den Wehrdienst bietet sich also zu diesem Zeitpunkt an. Was über den Bedarf der Armee hinausgeht, kommt sobald wie möglich bzw. gleich nach Abschluss des Studiums an die Reihe. Diese etwas „älteren“ Soldaten sind jedoch in der NVA und den kasernierten Bereitschaften der Volkspolizei die Ausnahme.

In dem auf diese Weise erfassten Altersbereich kann davon ausgegangen werden, dass die wenigsten verheiratet sind bzw. Kinder haben. Ein Familienleben wird also nur selten gestört. Die Praxis der frühzeitigen Einberufung verfolgt aber nicht die Absicht, hier nicht zu stören. Das zeigt das rücksichtslose Einberufen von Reservisten, was oft zu verzweifelten Situationen der Frauen führt, schon gar, wenn sie mit Kindern allein bleiben müssen. Für den Staat ist vielmehr entscheidend, dass ein 18-jähriger viel leichter mit sich Krieg spielen lässt, als ein „gesetzter“ Familienvater von 27. (Das Durchschnittsalter der Familiengründenden liegt in der DDR deutlich unter dem in der Bundesrepublik.)

In vieler Hinsicht ist ein 18-jähriger noch Kind – was er aber nicht möchte. Die Uniform kommt daher vielen in gewisser Hinsicht nicht ungelegen, so gehasst sie der Rede der Betroffenen selbst nach auch meistens ist. Die allgemeine Unmündigkeit des DDR-Bürgers setzt die der Minderjährigen noch weiter herab, wofür die unmündigen erziehenden Erwachsenen sorgen, die so ihre eigene Unmündigkeit kontrastieren können. Mit dem Anlegen der Uniform glaubt so mancher, endlich ein Attribut des Männlichen zu erhalten. Die Welt hat ihm vorzugsweise immer wieder entsprechende Szenen vorgespielt, in deren Rollen er selbst glaubt nun agieren zu können. Das wahre Bild vom tödlich getroffenen Jungen, der mit zerfetzten Därmen nach seiner Mutter schreit, ist der Jugend, die man jetzt in die Jacken zwingt, wieder einmal nicht vertraut. Dieses Bild und alle entsprechenden, die den Krieg real zeigen und nicht geeignet sind, ihn populär und die Jugend einigermaßen gefügig zu machen, werden fast nicht publiziert. Es sind nicht die Schrecken des Krieges, die den Dienst in der Armee unbeliebt machen oder die damit verbundene Aussicht auf diese, sondern die lästige Einschränkung der Bewegungsfreiheit. Nur, sich in diese zu fügen, bleibt ja nicht erspart, und so wird eben Krieg gespielt. In der Übung werden gern sechzig und mehr Platzpatronen durch die MPi geballert, obwohl der Soldat weiß, dass die Reinigung derselben dadurch sehr mühevoll sein wird und es im Verlauf der unübersichtlichen Übung gar nicht auffiele, wenn er die Munition irgendwo im Sande verscharrte. Der Fluch auf die „Fahne", wie die Armee im Jargon der DDR-Jugend heißt, ist obligat, aber das Lieblingsthema in männlicher Runde bleibt noch jahrelang das dort Erlebte. Und je übler es war, desto größer ist die Freude am Bericht.

Ein Vorwurf ist aus diesem einfachen Phänomen den Betroffenen nicht zu machen. Doch der Staat hat es in seinem Kalkül, er braucht die Unreife seiner Soldaten. Jede ernsthafte und konsequente Kritik untergräbt seine Macht. Die Fähigkeit und der Wille zu einer solchen Kritik entwickeln sich aber erst in späteren Jahren.

Natürlich verzichtet der Staat wegen dieses seines Vorteils im Kampf um die Macht nicht auf die anderen altbewährten Methoden der militärischen Disziplinierung, denn auch die „Nationale Volksarmee" stellt keine „Armee neuen Typus" dar.

Schon die Musterung, die „Einberufungsüberprüfung" und der Einberufungsbefehl sind derart autoritär angelegt bzw. formuliert, dass nur sehr unsensible Halbstarke noch keck zu bleiben vermögen. Am Tage der Einberufung werden auch die letzten klein. Das über sie hereinbrechende Regime des Terrors stopft ihnen den Mund mit Angst. Es ist unvereinbar mit den Phrasen vom Ehrendienst und dem vielgezeigten Portrait des sozialistischen Soldaten – dem behelmten Haupt mit heldenhaftem Blick oder dem unter Schlamm und Schweiß strahlenden Gesicht mit einem Männermund voll weißer Zähne. Dass dieses Bild Lüge ist, wussten die frisch rekrutierten Jungen schon vorher, doch nun *spüren* sie es. Man lässt sie sich entkleiden und spült ihnen, gruppenweise in Duschräume gepfercht, den letzten zivilen Staub vom Leib. Ihre Zivilsachen müssen sie mit bereitstehenden Postmietbehältern nach Hause schicken. Die Haare schert man ihnen in der Kaserne sklavisch kurz – der ohnehin befohlene Friseurbesuch vorab erweist sich oft als unzureichend. Nie geht bei alledem etwas schnell genug, ständig werden sie in unverschämtem Tonfall angetrieben. Nicht einmal zum Essen lässt man ihnen in den ersten Wochen genug Zeit – kaum dass sie vor ihren Tellern sitzen, wird befohlen, „fertig zu werden“. Noch kauend geht es 'raus aus dem Speisesaal (von denen es bis zu 5 Klassen gibt, damit die Dienstgrade im ganz unsozialistischen Dünkel unter sich bleiben können), wird angetreten und abmarschiert.

Auch der nach der Aufteilung der Grundausbildungszüge auf die übrige Truppe einsetzende Stress, den Angehörige des zweiten und dritten Diensthalbjahres nun den Neuen bereiten, um ihre angemaßte Überlegenheit auszuspielen und um sich zu revanchieren für das, was sie ihrerseits als Neue erleben mussten, hat nichts zu tun mit dem Propagandabild der sozialistischen Soldatenpersönlichkeit. Dieser Stress ist gekennzeichnet durch alle üblen Erscheinungen, die unter den Bedingungen von zwangsweiser Zusammenpferchung unterschiedlichster Charaktere auftreten müssen – zumal unter der Terrorherrschaft einer übergeordneten Befehlsgewalt. Der Glaube vieler, diese Terrorherrschaft von oben müsse die gemeinsam darunter leidenden einen, erweist sich unbarmherzig als Irrtum.

Man kann das alles überstehen. Es gibt keine Prügelstrafe mehr und keinen Spießrutenlauf. Doch die Forderung nach Kadavergehorsam besteht weiter und die physische Tortur ist ersetzt durch ein Mehr an psychischer Schikane. Diese beginnt mit der Unsinnigkeit vieler Details der Dienstvorschrift und endet mit der Willkür bei der Handhabung der in ihr fixierten Rechte des Soldaten.

Die Niederkunft der Frau muss kein Grund sein für Sonderurlaub, wenn der Soldat mit dieser Frau nicht verheiratet ist – selbst dann nicht, wenn das Kind gleich nach der Geburt stirbt. Ein solcher Fall ist verbürgt und er ist mustergültig sowohl für die Niedertracht des militärischen Regimes der Armee als auch für die Destruktivität der bürokratischen Logik, die die Bedeutung des Ehevertrages über die der leiblichen Vaterschaft stellt. (19. VP-Bereitschaft, Basdorf, 1973)

Auch hier freilich gibt es graduelle Unterschiede. Mancherorts gibt es Offiziere, die sich ein Quantum an Vernunft und Menschlichkeit bewahrt haben. Bei einigen ist es rätselhaft, warum sie überhaupt diesen Beruf ergreifen konnten, doch sie sind Ausnahmen; sie lassen hier und da ein Aufatmen zu, das aber die Regel der Unterdrückung nur bestätigt.

Das Negative bleibt auch in dieser Armee möglich, und diese Möglichkeit bestimmt ihren Charakter. Die von der Diktatur befohlene Wehrpflicht macht aus der Armee in besonderem Maße einen zusammenhaltlosen Haufen unterschiedlichster Elemente. Die Uniform soll sie gleichmachen, der Fahneneid soll appellieren an ihr Gewissen und sie zur Ergebenheit zwingen. In allen anderen Situationen ist das hier vorausgesetzte Gewissen unerwünscht. Knecht, schon gar Kriegsknecht zu sein, heißt, sein Gewissen zu unterdrücken. Nicht einmal das Wollen-Sollen der intentional-substantiellen Erziehung spielt hier noch eine Rolle. Der Soldat soll, damit er gut sei, an die Pflicht glauben, der Macht gehorchen zu müssen. Dies liegt im Wesen eines jeden militärischen Verbandes – in ihm ist Gewissen grundsätzlich fehl am Platz.

Dies widerspricht dem Propagandabild der DDR-Armee, demgemäß sich diese aus lauter sozialistischen Persönlichkeiten zu rekrutieren hat, die sich nach dem Dienst mit der Waffe regelrecht drängen. Die sozialistische Ideologie schuf daher den Recht-Pflicht-Dualismus, der diese beiden Abstrakta zu einer höheren Einheit verschmilzt. Hinsichtlich des Militärdienstes kommt zu dieser Einheit noch die Komponente des Ehrenhaften hinzu: Der Wehrdienst ist nicht nur eines jeden DDR-Bürgers Recht und Pflicht, er ist seine *Ehrenpflicht*. Hinter diesem Wort verbirgt sich bereits die Drohung des Staates mit höchstem Beleidigtsein und der Konsequenz aus diesem gegenüber jedem, der dieser Pflicht nicht nachzukommen gedenkt.

Es ist gar nicht erstaunlich, dass der Recht-Pflicht-Dualismus einen Widerspruch nur *scheinbar* zu lösen vermag. Bekanntermaßen genügt ja dieser Schein – jenseits von ihm kann der Realität getrost Rechnung getragen werden. Dazu gehören sowohl der de facto geforderte Kadavergehorsam wie auch das waltende Misstrauen des Staates gegenüber denen, die er mit Waffen betraut. Dieses Misstrauen erwächst aus der Furcht der Mächtigen, Teile der Bewaffnung und Munition könnten in die schwer kontrollierbaren Hände der Bevölkerung gelangen. Auch in den bewaffneten

Organen sind die Waffen, sofern sie nicht gerade bei einer Übung oder zu Wachzwecken im Einsatz sind, unter sicherem Verschluss. Die Stahltüren der Waffenkammern werden mehrfach verschlossen und versiegelt. Wer eine Waffe bei irgendeiner Gelegenheit abhandenkommen lässt, kommt vor das Militärgericht, das ihn in der Regel zur Haft in den sehr gefürchteten Strafkolonien Schwedts verurteilt. Schon wenn nur ein Teil der Waffe fehlt, z.B. die allein völlig nutzlose Mündungsmutter der Kalaschnikow, bekommt der verantwortliche Soldat die größten Schwierigkeiten. Die scharfe Munition für den Wachdienst oder für das Übungsschießen wird vorgezählt. Fehlt zum Ende der Wache nur ein Schuss, steht die ganze Abteilung Kopf.

Doch die Befürchtungen des Staates beziehen sich nicht nur auf aus den Kasernen herausgelangende Waffen, sondern auch auf die in die Köpfe der Soldaten hineingelangenden Gedanken, die der marxistisch-leninistischen Ideologie und dem Geist des DDR-Militärwesens widersprechen könnten. Diese Kontrolle ist ein weit schwierigeres Unterfangen als die Prüfung auf Vollzähligkeit in den Waffenkammern. Der „ideologischen Subversion" kann nur vorgebeugt werden. Das geschieht durch das Verbot privater Radios aller Art, Fernseh- und Tonbandgeräte. Unerlaubt ist auch der Besitz sämtlicher westlicher Presseerzeugnisse; Bücher auch militärisch und politisch ganz irrelevanten Inhalts werden kritisch beäugt, wenn sie von einem westlichen Verlag sind. Da der prüfende Vorgesetzte seinem eigenen Urteilsvermögen in der Regel (mit Recht) misstraut und eine anders geartete Entscheidung *seines* Vorgesetzten in Erwägung ziehen muss, erlässt er in solchen Fällen fast immer den Befehl, das betreffende Buch nach Hause zu schicken. Schließlich soll auch durch regelmäßigen

Polituntericht, in dem das Denken der Soldaten prophylaktisch in die richtigen Bahnen gehoben werden soll, dem Einfluss unabhängigen Denkens vorgebeugt werden.

Fährt eine Abteilung in den Urlaub und ist in ihr jemand, der zu Hause „Westbesuch“ hat oder erwartet, so muss dieser vom Urlaub zurücktreten.

Selbstverständlich behält sich die Führung das Recht vor, die Post zu kontrollieren. Ohne viel Aufsehen davon zu machen, geht man davon aus, dass dies schließlich dem Schutz der Arbeiter- und Bauernmacht dient, die nicht auf Grund des Bestehens eines zivilen Postgeheimnisses gefährdet werden darf. Pakete müssen vom Empfänger in der Schreibstube ausgepackt werden. Unzulässige Gegenstände werden einbehalten, bis der Betreffende sie bei Gelegenheit eines Urlaubes mit nach Hause zurücknehmen kann.

Am Verhältnis der Machthabenden zu ihrer Armee wird das Wesen der Macht deutlich. Die Armee ist ein Teil des Volkes, denn sie wird von diesem gestellt und unterliegt zudem einer hohen Fluktuation, so dass sie sich auch nicht von ihm löst. Insofern ist sie natürlich eine „Volksarmee“, aber so ist das Wort nicht zu verstehen. Es soll unterstellen, dass die Armee vom Volk selbst aufgestellt, gewissermaßen von unten aus diesem herausgehoben wird. Das schon zum Klischee gewordene symbolische Überreichen des Gewehrs an den Soldaten durch einen „Arbeiter“ soll den Begriff der „Volksarmee“ ausfüllen. Die Unmündigkeit besonders des Soldaten, seine Rechtlosigkeit und das tiefe Misstrauen ihm gegenüber sind damit aber nicht zu vereinbaren. Das Misstrauen gegenüber dem Soldaten erwächst aus dem Misstrauen gegenüber dem ganzen Volk. Die Vertrauensfrage ist bereits entschieden, sobald sie, in ihrer Richtung pervertiert, aus der Sicht der Regierenden gestellt wird, die dann die eigentlich Herrschenden sind. Vertrauen haben kann, wenn überhaupt, nur das „Volk" – genauer gesagt: wirkliche Vertreter aus diesem – in die Regierung, und dies auch nur dann, wenn es im Rahmen einer Demokratie selbst der Herrschende ist. Je weniger das der Fall ist, desto mehr ist die Regierung die Herrscherclique, die nicht das „Machtorgan" des Volkes, sondern dessen Tyrann ist. Die Demagogie dieses Tyrannen spricht dort, wo die Rede ist vom „Vertrauen der Regierung in das Volk".

Das militärische Regime, in dem es prinzipiell um den Gehorsam und nicht um das Denken geht, ist das für die Diktatur am besten geeignete. Dies genau ist der Grund, warum Diktaturen dazu neigen, das militärische Regime auf den „zivilen Sektor" zu übertragen. Der Widerstand, der diesem Vorhaben infolge des natürlichen Freiheitsbedürfnisses entgegengebracht wird, soll durch die Verherrlichung des Militärischen und durch die Verbindung von Militär und Tugendhaftigkeit beseitigt werden, aber auch durch die Vernichtung der inneren Freiheit durch eine allseitige Manipulation (oder „Erziehung"). Das Ergebnis ist das, was gemeinhin unter der Geisteshaltung des Militärs, dem *Militarismus*, verstanden wird.

Die Ideologie der DDR behauptet, die DDR sei ein friedlicher Staat, in dem der deutsche Militarismus bewältigt und aufgearbeitet worden sei. Tatsache ist, dass die DDR den deutschen Militarismus unmittelbar übernommen hat und nur durch die momentane Unführbarkeit eines Krieges und ihre Unselbständigkeit durch die Einbindung in den Warschauer Pakt an militärischen Aggressionen gehindert wird. Den Ausspruch Gerhard Johann David von Scharnhorsts publiziert die DDR in ihrem Land auf ihrem Abreißkalender, weil er ihr ins Konzept passt: „Alle Bewohner des Staates sind geborene Verteidiger desselben.“

Auch dies ist eine Wahrheit, durch die sich so mancher gezwungen fühlt, dann eben diesen Staat nicht zu bewohnen.

6. Sozialistische Menschenrechte

6.1 Recht und Freiheit

Den Begriff der Menschenrechte gab es bekanntlich schon vor dem 10. Dezember 1948. Allerdings war er damals bei weitem nicht so verbreitet, wie das heute der Fall ist.

Was man unter ihm zu verstehen hat, ist seit diesem Datum, an dem die Vereinten Nationen die Allgemeine Erklärung der Menschenrechte verabschiedeten, keine Frage mehr. Die 29 Artikel dieser Erklärung sind das Ergebnis eines Erkenntnisprozesses, der so alt ist wie die Spezies Mensch. Sie sind tatsächlich eine Erkenntnis und nicht eine aktuell gerade günstige Festlegung. Das ist schon der Punkt, an dem sich die Geister scheiden.

Das bis dahin unbekannte Maß des Verbrechens, durch das die erste Hälfte des 20. Jahrhunderts weltweit gekennzeichnet ist, hat diesen Erkenntnisprozess gnadenlos beschleunigt. Am Ende des zweiten Weltkrieges war man sich darüber im Klaren, dass etwas Entscheidendes zu geschehen hatte. Man formulierte die grundlegenden Rechte des Menschen, die man zunehmend als dessen Attribut erkannt hatte und die der Mensch *allein* durch sein Menschsein hat. Das Wort „Menschenrecht" verdeutlicht den unlösbaren Zusammenhang seiner Bestandteile. Es bindet endlich das Recht an den Menschen. Französisch heißt es *droit naturel de l'homme* – das *natürliche* Recht des Menschen. Dies ist noch deutlicher.

Warum man ihre Deklaration für notwendig hielt, kommt in der Präambel der Deklaration zum Ausdruck. In deren erstem Satz heißt es, dass *„die Anerkennung der* *allen Mitgliedern der menschlichen Familie innewohnenden Würde und ihrer gleichen und unveräußerlichen Rechte die Grundlage der Freiheit, der Gerechtigkeit und des Friedens auf der Welt bildet".*

Diese Feststellung ist von fundamentaler Wichtigkeit; man kann sie nicht oft genug wiederholen. Die gleichen und unveräußerlichen Rechte des Menschen − das sind die Menschenrechte. Ihre Anerkennung − gemeint ist selbstverständlich die faktische Anerkennung − *ist die Grundlage von Freiheit, Recht und Frieden.* Diese Rechte werden nicht erteilt wie eine Fahrerlaubnis. Sie sind nicht erwerbbar und nicht zu verlieren. Jeder Mensch hat sie, so wahr er lebendig ist, und jeder Mensch, wann und wo auch immer er auf dieser Welt gelebt hat, *hatte* sie. Ob er von ihnen weiß oder wusste, ob er sie in Anspruch nehmen kann oder konnte, inwieweit sich andere Menschen die Macht anmaßen oder anmaßten, diese Rechte einzuschränken, ist eine andere Frage.

Die Präambel resümiert im nächsten Absatz, was die *Nichtanerkennung* der Menschenrechte bedeutet, indem sie erklärt, dass die *„Verkennung und Missachtung der Menschenrechte zu Akten der Barbarei führten, die das Gewissen der Menschheit tief verletzt haben..."*

Die Verbrechen der Zeit bis 1948 waren nicht nur Verletzungen der Menschenrechte, sondern auch eine Folge von vorangegangenen Menschenrechtsverletzungen. Deshalb ist es *„wesentlich, die Menschenrechte durch die Herrschaft des Rechts zu schützen"*, heißt es in der Präambel. Und aus noch einem Grund ist ihre Erklärung notwendig, nämlich *„da eine gemeinsame Auffassung über diese Rechte und Freiheiten von größter Wichtigkeit für die volle Erfüllung dieser Verpflichtung ist."*

Für die Mitgliedstaaten der Vereinten Nationen kann es keine Diskussion über den Inhalt der Menschenrechte mehr geben. Das ist kein Dogmatismus, sondern das Ergebnis einer erfolgten Einigung. Will man an die Herstellung der Wände eines Gebäudes gehen, müssen die Arbeiten an den Fundamenten abgeschlossen sein.

Ebenfalls in der Präambel ist zu lesen, dass sich *„die Mitgliedstaaten ... verpflichtet haben, in Zusammenarbeit mit den Vereinten Nationen die allgemeine Achtung und Verwirklichung der Menschenrechte und Grundfreiheiten durchzusetzen."* So wurde die Allgemeine Erklärung der Menschenrechte verkündet *„als das von allen Völkern und Nationen zu erreichende gemeinsame Ideal, damit jeder einzelne und alle Organe der Gesellschaft sich diese Erklärung stets gegenwärtig halten und sich bemühen, durch Unterricht und Erziehung diese Rechte und Freiheiten zu fördern und durch fortschreitende Maßnahmen im nationalen und internationalen Bereich ihre allgemeine und tatsächliche Anerkennung und Verwirklichung bei der Bevölkerung ... der Mitgliedstaaten ... zu gewährleisten."*

In diesem Sinne darf man die Deklaration der Menschenrechte auch verstehen als die Besinnung des Menschen auf seine Vernunft. Und dass diese sein Attribut sei, sogar das wichtigste im Spektrum der Unterscheidungsmerkmale zum Tier, bestreiten nicht einmal die etablierten Marxisten. Aber sie haben freilich mit der Absolutheit des Maßstabes, den die Menschenrechtsdeklaration darstellt, ihre Schwierigkeiten. Die gesamte Problematik der Menschenrechte ist für die DDR-Ideologie ein äußerst schwieriges Terrain. Ihr angestrebtes Image zwingt sie zur Mitgliedschaft in der UNO, doch ihr politisches System lebt nur unter der Prämisse der Menschenrechtsmissachtung. Indem die UNO Staaten wie die DDR oder Rumänien als Mitglieder duldet, liefert sie das Argument für Alexander Solshenizyns Feststellung, sie sei eine „zutiefst unmoralische Institution".

In der Tat ist die Art und Weise, wie sich der Staat DDR in puncto Menschenrechte aus der Affäre zu winden versucht, schon fast als peinlich zu bezeichnen, überwögen nicht – wie immer – der Eindruck von Impertinenz und Zynismus.

Eine klare Linie gibt es innerhalb dieses Bereiches der staatlichen Demagogie nicht. Verwirrt werden deren verschiedenste Register gezogen, wird sich widersprochen, wird ohne jede Grundlage behauptet, ohne jede Scham gelogen und entstellt. Obwohl sie es selbst ununterbrochen im Munde führen, reagieren die Machthabenden aggressiv, wenn das Wort „Menschenrechte", gesprochen von jenen, die sie darum betrügen, an ihr Ohr dringt.

Mit Ausnahme ihrer Verwirklichung geschieht in der DDR mit den Menschenrechten sehr viel. Das ist nicht erstaunlich, denn das Defizit an wirklicher Substanz muss kompensiert werden. Wie erfolgt dies? Eine Möglichkeit dazu findet sich im „Kleinen Politischen Wörterbuch" [4]:

> *Menschenrechte: grundlegende Rechte, die die Rechtsstellung des einzelnen Bürgers in einer bestimmten Gesellschaft und sein Verhältnis zum Staat widerspiegeln. Sie werden in der Regel in den Verfassungen der Staaten als Bürgerrechte, Grundrechte oder Grundrechte und -pflichten zusammenfassend formuliert. Die M. sind Ausdruck des jeweiligen Charakters der Produktionsverhältnisse und der davon abgeleiteten politischen Verhältnisse einer Gesellschaft. Es gibt deshalb keine ewigen, dem Menschen angeborenen Rechte. ...*

Wovon ist hier eigentlich die Rede? Von dem, was einleitend zu diesem Kapitel an Hand der Präambel zur Menschenrechtsdeklaration gesagt wurde, ist nicht die Spur vorhanden. Die Menschenrechte werden hier degradiert zu den Grundrechten jeder beliebigen Verfassung. Demzufolge ist die Apartheid offenbar menschenrechtlich fundiert, und das Treiben eines Pieter Willem Botha, Augusto Pinochet oder Alfredo Strößner völlig legitim, sofern sie sich nur an ihre *eigenen* Gesetze halten, was ihnen nicht schwerfällt, da zu jeder ihrer Handlungen in ihrem Auftrag ein Gesetz geschrieben werden kann. Auf diese Weise wird natürlich auch das Treiben der Honecker-Clique legitim, und der Stacheldraht durch Deutschland wird menschenrechtlich sanktioniert.

Auf die Gleichsetzung von Recht und Gesetz wurde bereits im Abschnitt über das Wesen der Manipulation eingegangen; an die dort zitierten Worte von Alfred Bengsch sei hier erinnert. Das Verfahren dieser Gleichsetzung wird nun auf die Menschenrechte ausgedehnt. Die Konsequenz ist ihre völlige Vernichtung im realen Leben. Diese Konsequenz ist aber das Ziel. Da niemand mehr weiß, was Menschenrechte eigentlich konkret sind, ist alles dafür erklärbar bzw. dementierbar: Eigene Moral, eigenes Recht, eigenes Menschenrecht. Die Deklaration von 1948 ist nur noch *ein* Beispiel, *eine* Möglichkeit, zu der man sich zwar prinzipiell bekennt (um der UNO-Mitgliedschaft willen), sich aber eine eigene Auffassung über sie vorbehält. Denn der Artikel des „Kleinen Politischen Wörterbuches“ hat für die wirkliche Politik der DDR natürlich gar keine Bedeutung.

In dieser gesteht man durchaus – wenn auch unausgesprochen – die Existenz eines gemeinsamen Bezugspunktes zu. Den Studenten, als deren marxistischleninistisches Arbeitsmaterial das Wörterbuch vor allem gedacht ist, kann man den Unsinn seiner Artikel als geistige Nahrung verabreichen wollen. Den westlichen Staatsmännern, die sich in Ostberlin die Klinke in die Hand geben, muss man andere Dinge auftischen.

Wenn also die Menschenrechte an sich für die Machthaber der DDR *leider* fixiert sind, so bleibt doch die Möglichkeit, die Existenz verschiedener *Auffassungen* von ihnen zu deklarieren. So gibt es nun die „sozialistische Menschenrechtsauffassung“ und die „bürgerliche“. Offenbar drückt die Präambel zur Menschenrechtsdeklaration die „bürgerliche“ Auffassung aus, denn aus ihr geht unmissverständlich hervor, dass die Achtung der Menschenrechte die Voraussetzung für den Frieden ist. Fragt man danach, was unter Frieden denn eigentlich zu verstehen sei, kommt man der Sache näher. Es ist dann durchaus möglich zu sagen, dass das Wesen der Menschenrechte mit dem Wesen des Friedens identisch ist. Darin nämlich wird ersichtlich, dass es zum Frieden keinen anderen Weg gibt *als den Frieden*. Dass dies auch die Forderung des ursprünglichen Christentums ist, ist kein Zufall, sondern Ausdruck der prinzipiellen Gleichheit dieser Erkenntnis.

Auf dergleichen Überlegungen reagiert die DDR natürlich höchst ungehalten. Honecker und seine Gefolgschaft werden nicht müde, den Frieden zur Voraussetzung zu machen für die Verwirklichung der Menschenrechte.

In einem 1988 erschienen Buch der DDR-Akademie der Gesellschaftswissenschaften mit dem Titel „Individuelle Freiheit in Geschichte und Gegenwart“ [41], verfasst von *Harald Schliwa*, dessen Name hier fortan als Synonym gelten darf für das Unisono der Staatsideologen von Kurt Hager bis hinab zum subalternen Angestellten eines „staatlichen Organs", heißt es auf Seite 282:

> *Die sozialistischen Länder sehen ein besonderes Anliegen darin, die friedenssichernde Funktion der Menschenrechte des modernen Völkerrechts zu fördern und wenden sich entschieden gegen das destabilisierende und friedensgefährdende Konzept, Frieden von der Anerkennung des bürgerlichen Verständnisses der Menschenrechte und der Einführung einer kapitalistischen Menschenrechtspraxis abhängig zu machen.*

Die Diskreditierung des als „kapitalistische Menschenrechtspraxis" bezeichneten Zusammenhangs zwischen Frieden und Menschenrechten ist das Wesensmerkmal der „sozialistischen Menschenrechtsauffassung", die offiziell verbunden wird mit der Nichtanerkennung des Artikels 13 der Menschenrechtsdeklaration und inoffiziell verbunden ist mit der faktischen Missachtung *sämtlicher* Menschenrechte, was später noch auszuführen sein wird.

Zum Artikel 13, der das Recht auf Freizügigkeit und Auswanderungsfreiheit verkündet, lässt sich Schliwa ausgiebig aus, was in der Propagandaliteratur der DDR als Seltenheit gelten muss. Offenbar stellt die Argumentationsweise dieses Autors die skeptischen Zensoren im ZK der SED endlich einmal zufrieden, so dass sie den Bruch des Tabus dieser Veröffentlichung einschließlich einer ISBN für würdig halten. Auf Seite 293 ist zu lesen [41]:

> *Zu den persönlichen Grundrechten gehört das Recht auf Freizügigkeit. Es gestattet jedem, sich im Rahmen der Gesetze innerhalb des Staatsgebietes der DDR ungehindert zu bewegen. ... Bürgerliche Ideologen und Politiker in der BRD proklamieren ein Recht auf*

Freizügigkeit für alle Deutschen auf dem Territorium beider deutscher Staaten. Revanchistische Kräfte fordern dies sogar für die Gebiete des ehemaligen deutschen Reiches in den Grenzen von 1937.

Hier wird die halbe Wahrheit in mustergültiger Form zur ganzen Lüge. Sehr wahrscheinlich gibt es Leute, die die Forderung nach Freizügigkeit innerhalb des Gebietes des ehemaligen deutschen Reiches vertreten. Doch das ist hier gar nicht von Interesse. Die Erwähnung dieser Forderung durch Schliwa ist der Ersatz für das Erwähnen der Anmahnung der Freizügigkeit nach Artikel 13, die er versucht, mit neofaschistischem Revanchismus gleichzusetzen. Es widerspreche dem Völkerrecht, *„Rechte für Gebiete anderer Staaten bzw. für Bürger anderer Staaten zu proklamieren."* Im Klartext heißt dies nichts anderes, als dass die Anmahnung der Freizügigkeit nach Artikel 13 der Menschenrechtsdeklaration, die Anmahnung einer völkerrechtlichen Vereinbarung also, dem Völkerrecht widerspreche. Wenn Freizügigkeit völkerrechtlich gefordert wird, gilt sie natürlich auch innerhalb irgendwelcher Grenzen, solange diese zwischen Staaten liegen, die dieses Völkerrecht anerkennen, also auch innerhalb derer von 1937. Doch nach Schliwa und all jenen, für die er spricht, stellt diese Forderung eine *„Verletzung der Souveränität und der Territorialhoheit anderer Staaten"* dar und ist *„nicht nur völkerrechtswidrig, sondern ... auch friedensgefährdend."* (Seite 293)

Dies ist wieder die Pervertierung des Grundgedankens der Menschenrechte: Die Forderung nach ihnen läuft dem Frieden zuwider, so lange es noch keinen Frieden gibt. So lautet die Quintessenz der „sozialistischen Menschenrechtsauffassung": Frieden wird durch Menschrechte unmöglich.

Für Freizügigkeit hat die DDR selbstverständlich also auch ihr eigenes Verständnis. Mit dem Betreten und Verlassen eines Gebietes hat sie danach überhaupt nichts zu tun. Den Artikel 13, der dieses aber fordert, kommentiert Schliwa auf Seite 293 so [41]:

> *Eine Reihe Verfassungen kapitalistischer Staaten enthalten ein Auswanderungsrecht für ihre Bürger. Bürgerliche Ideologen feiern dieses Recht geradezu als den Gipfelpunkt individueller Freiheit und als Prunkstück der Menschenrechte. In Wahrheit verbergen sich dahinter ganz profane Erfordernisse der kapitalistischen Ökonomie und ein brutaler internationaler Ausbeutungsmechanismus der mächtigen kapitalistischen Staaten gegenüber den weniger entwickelten und vor allem gegenüber den Entwicklungsländern.*

Warum die Möglichkeit, ein Land zu verlassen, etwas mit Ausbeutung zu tun hat, und der Zwang, in einem Land bleiben zu müssen, etwas mit Freiheit, bedarf für den marxistischen Laien – und das ist jeder, der den Marxismus nicht studiert hat – freilich der Erklärung. Schliwa liefert sie verständnisvoll im Anschluss [4]:

> *Der Kapitalismus benötigt auf Grund seiner zyklischen Entwicklung eine disponible Bevölkerung. Das Auswanderungsrecht ermöglicht den ökonomisch mächtigsten kapitalistischen Ländern, in Zeiten hoher Nachfrage den Bedarf auch mit ausländischen Ausbeutungsobjekten decken zu können. Und es gestattet den schwach entwickelten Ländern, Menschen loszuwerden, denen sie weder Arbeit, Ausbildung noch soziale Sicherheit bieten können. ...*
> *Unter der verklärenden Flagge des Auswanderungsrechtes läuft auch der berüchtigte „brain drain“*

(„Gehirnraub"). Darunter ist die Abwerbung hochqualifizierter Kader aus Entwicklungsländern in kapitalistische Länder zu verstehen. Als Lockmittel dienen bessere Verdienst- und Arbeitsmöglichkeiten... Hinter der von bürgerlichen Medien, Ideologen und Politikern betriebenen Menschenrechtskampagne gegen die sozialistischen Länder steckt vor allem der Ärger darüber, dass die sozialistische Menschenrechtspraxis dem imperialistischen, „Gehirnraub" feste Barrieren entgegengesetzt hat.

Und hiernach versteigert sich der Autor in die Konsequenz seiner paradoxen Logik, die seiner Demagogie zugrunde liegt [41]:

Für die DDR entfällt die Notwendigkeit eines Auswanderungsrechts, weil sie in der Lage ist, Vollbeschäftigung, soziale Sicherheit für alle, hohe Bildung sowie berufliche Ausbildung zu gewährleisten.

Das nun soll überdies unterstellen, dass mit der (vermeintlichen) sozialen Absicherung alle Probleme gelöst seien und es gar keinen Bedarf am Verlassen des Landes gäbe. Ein Recht gemäß dem Artikel 13 sei somit schlicht überflüssig.

Als ahnte Schliwa den fragenden Blick so manches seiner Leser, entschließt er sich schnell zu einer Flucht nach vorn vor der Ausreiseproblematik und spricht diese selbst an. Ein Argument mehr gegen die Freiheit kann nur nützlich sein (Das Zitat stammt aus einer Schrift mit dem Titel „Politische und persönliche Grundrechte in den Kämpfen unserer Zeit", Seite 295 [41]):

Die Erinnerung an den ökonomischen, politischen und nicht zuletzt humanitären Schaden stützt die Richtigkeit der souveränen Entscheidung unseres Staates, die

Möglichkeit des Verlassens der sozialistischen Gesellschaft nicht als Grundrecht zu fixieren. Die Verantwortung für jeden ihrer Bürger, seine Freiheit und seinen Schutz gebietet der sozialistischen Staatsmacht, die Klassenauseinandersetzung zwischen Sozialismus und Imperialismus auch bei ihren Entscheidungen über Auswanderungsfragen und -anträgen zu berücksichtigen. Die Auswanderung in einen imperialistischen ... Staat zu befürworten, bedeutet, Menschen einem System auszuliefern, das sie zwingt, einer aggressiven Politik zu dienen, die ihre Existenz gefährdet und sich gegen den Sozialismus richtet. Es wäre Schizophrenie, wollte der sozialistische Staat unter diesen Umständen die Auswanderung zum sozialistischen Grundrecht der Bürger erklären.

Für die hier zu behandelnde Thematik ist dieses Zitat natürlich von größtem Interesse, denn es ist für die Haltung des Staates DDR höchst bezeichnend, wenn auch seine Primitivität kaum zu überbieten ist. Die „Klassenauseinandersetzung" – früher hieß es „Klassen-kampf" – ist wichtiger als die Gewährung eines popeligen Menschenrechts. Das steht dem Klassenkampf sogar im Weg.

Dieses Grundprinzip gilt für die Menschenrechte allgemein, es ist nicht beschränkt auf das Recht der Freizügigkeit. Erst wenn der Imperialismus mittels des Klassenkampfes, geführt frei von hemmenden Idealen – also mit jedem ihm dienlichen Mittel – von der Erde ausgelöscht sein wird, soll man sich dieser Ideale erinnern dürfen. Unterstellen wir einmal, es könnte dem Kommunismus gelingen, ein grenzenloses Weltreich zu errichten, das darüber hinaus keine Diktatur, sondern ein Reich des Friedens wäre. *Dann* wird man eine Menschenrechtsdeklaration allerdings nicht mehr brauchen, weil es niemanden mehr geben würde, demgegenüber sie durchzusetzen wäre. Das Himmelreich auf Erden aber ist nicht zu erschaffen, indem man den Teufel mit dem Bau beauftragt.

Schliwa versucht bei dieser Gelegenheit gleich noch eine zweite wunde Stelle im humanen Antlitz des Sozialismus wegzubesprechen. Denn natürlich spricht der Artikel 13 nicht nur vom Auswandern. Freizügigkeit bedeutet sehr wohl auch das Recht zu reisen. Nur in der DDR freilich nicht [41]:

> *Auch die grenzüberschreitende Reisetätigkeit unterscheidet sich vom Recht auf Freizügigkeit.*

Dennoch [41],

> *Weltoffenheit, internationale Kommunikation, das Kennenlernen der Kultur und der Lebensweise anderer Völker ... gehören zu den Idealen des Sozialismus. ... Aber die Verwirklichung dieses Ideals wird erheblich dadurch gehemmt, dass in der imperialistischen Politik mit dem Ziel der Schwächung des Sozialismus und der historischen Revanche der Reiseverkehr mißbraucht wird.*

Die westliche Welt hat wirklich einen Anteil an der Tatsache, dass die Menschen in der DDR und anderer Ostblockstaaten auf die Gewährung der Menschenrechte verzichten müssen. Allerdings liegt dem ein ganz anderer Mechanismus zugrunde, als Schliwa es darstellt, nämlich der Mechanismus der künstlichen Lebenserhaltung nicht lebensfähiger Wirtschaftssysteme durch die Außenpolitik Westeuropas. *Wunde* Stellen sind noch ansprechbar, gewiss, und indem man sie selbst anspricht, soll dem Leser der von ihm kommende Hinweis auf sie im Halse stecken bleiben. Doch mit dem soeben genannten Faktum erweist sich das Antlitz des Sozialismus als nekrotische Fratze, an deren Tabu ausnahmslos niemand rühren darf. Denn die ökonomische Intensivtherapie, die der Westen dem Osten angedeihen lässt, ist von diesem nicht caritativ gemeint. Sie ist dem Westen nützlich, er legt Wert auf den östlichen Markt und kauft die hochwertigen Exportgüter, die ihm der Osten zu Dumpingpreisen entgegenschleudert, womit sie sich auf dem Weltmarkt in billigen Plunder verwandeln: Die Nobel-Armbanduhr aus Glashütte ist im Westen Deutschlands nicht mehr als die „gute Gebrauchsuhr für den Alltag“, das Schwarzweiß-Fernsehgerät aus Radeburg, für das der DDR-Bürger über 1000 Mark zahlen muss – weit mehr als ein normales Monatseinkommen also –, gibt es für weniger als 100 DM im Westen – hier nur ein Bruchteil des monatlichen Verdienstes. Was dem Westen nützt, stärkt ihn natürlich und trägt mit bei zur Ermöglichung jener „aggressiven Politik“, die sich „gegen den Sozialismus richtet“. Es ist zynisch und grotesk, dass für den Todfeind des Sozialismus das Beste gerade gut genug ist und er ohne diesen Feind nicht leben kann.

Doch noch einmal zurück zum Verhältnis von Frieden und Menschenrechten. Schliwa gebraucht den Ausdruck „friedensfördernde Rechte“ und will in diesen den Niederschlag von übereinstimmenden Auffassungen sehen, denen *„die gegensätzlichen Positionen in der innerstaatlichen Gestaltung und Anwendung der Menschenrechte“* unterzuordnen seien. Implizit enthält der Ausdruck die Behauptung, dass es Rechte gäbe, die dem Frieden nicht förderlich, sondern abträglich sind. Für das Recht der Auswanderung stellte sich das unmittelbar heraus. Mit dieser Negierung des Wertes eines Teils der Menschenrechte, desjenigen nämlich, der allzu deutlich der sozialistischen Despotie zuwiderläuft, wird der Eindruck von der Friedfertigkeit des Regimes beeinträchtigt. Dies macht es notwendig, anderweitig die Friedensinitiative zu ergreifen. Das Ergebnis dieser Initiative ist die *„ausdrückliche Hervorhebung eines Rechtes auf Leben in Frieden als Menschenrecht des modernen Völkerrechts"*. [41]

Das Recht auf ein Leben in Frieden ist eine so lebensbejahende, über jede Kritik erhabene Formulierung, dass man ihren den Geist der Menschenrechtsdeklaration unterminierenden Charakter nur ungern erkennt. Der Artikel 3 der Deklaration sagt „nur", dass jeder Mensch das Recht auf Leben, Freiheit und Sicherheit der Person hat. Der Frieden wird hier nicht erwähnt. Ein „Recht auf Leben im Krieg" zu erklären, wäre wahrhaftig absurd, besteht doch das Wesen des Krieges gerade darin, der jeweils gegnerischen Seite dieses Recht abzusprechen, zumindest sich gezielt darüber hinwegzusetzen. Der gegenwärtige Zustand, der weder Krieg noch Frieden ist, kann als Vorstufe zu jedem der beiden Zustände betrachtet werden, ist aber jedenfalls kein Frieden. So gesehen ist das „Recht auf ein Leben in Frieden" eigentlich nur eine auf das Emotionale zielende Tautologie. Denn Leben und Frieden bedingen einander, und das Leben der realen Welt, in der der erwähnte Status quo herrscht, ist umso mehr nur biologischer Stoffwechsel, desto weiter man vom wirklichen, gewaltfreien Frieden entfernt ist.

Die besagte Initiative des Ostens führte zu zwei UN-Deklarationen, 1972 zur „Deklaration über die Vorbereitung der Völker auf ein Leben in Frieden" und einige Zeit später zur „Deklaration über das Recht der Völker auf Frieden". Mit diesem „Recht der Völker" kam man nun endlich wieder vom Individuum Mensch ab, das als „jeder Mensch..." die Deklaration von 1948 so penetrant durchzieht. Jetzt geht es wieder um das Recht des Volkes, dem sich das Individuum unter Verzicht auf *seine* Rechte zu beugen hat, was der sozialistischen Ideologie endlich wieder ins Konzept passt. Nach Schliwa führen die erwähnten Deklarationen den nach dem zweiten Weltkrieg geschaffenen Geist des Völkerrechts fort und machen ihn „fruchtbar“ für die Erfordernisse des Nuklearzeitalters. Erst hierin zeichne sich *„die so notwendige konstruktive Verknüpfung des weltweiten Friedenskampfes mit der Frage der Menschenrechte ab“.*

Man darf wohl diese Auffassung, die der aktuellen Situation im politischen Weltgeschehen Rechnung tragen soll, als ideologisches Fundament im Streit um die Menschenrechte betrachten. Doch als solches lässt man es im Zuge der täglich zu erstellenden Propaganda gern in deren Sumpf begraben. In den Medien jongliert man mit dem Begriff der Menschenrechte, wie es gerade am passendsten empfunden wird. Zum 40. Jahrestag der Deklaration der Menschenrechte wurde festgestellt, dass das „Recht eines jeden auf ein Leben in Frieden“ seit der Allgemeinen Erklärung der Menschenrechte „für die Völker der Welt oberstes Gebot“ sei, wovon sich „auch die DDR“ leiten lasse [42]. Ein Kommentator der Zeitung „Deutsches Sportecho“ nennt dies ein Prinzip der Staatspolitik der „sozialistischen DDR“, das die Erkenntnis einschließe, *„dass alle davon abgeleiteten Menschenrechte eine Einheit bilden.“* [43]

Ein Jahr zuvor konnte man in mehreren Zeitungen lesen [44]:

> *Es prägt den Alltag in der Welt des Sozialismus, dass die Bürger nicht nur einige ausgewählte Menschenrechte in Anspruch nehmen dürfen. Die umfassende Gewährleistung der Menschenrechte in ihrer untrennbaren Einheit von politischen, sozialökonomischen und*

> *kulturellen Rechten ist Wesensmerkmal der Politik unseres sozialistischen Staates.*
> *Die in der DDR verfassungsmäßig verbrieften Garantien für die grundlegenden Rechte der Bürger gehen jedoch weit über diesen internationalen Standard hinaus.*

Unverschämter und anmaßender kann ein Regime gegenüber seinen Unterworfenen nicht sein. Hervorzuheben ist auch die Formulierung „dürfen", die das Verhältnis zwischen Macht und Volk als ein von Erziehungsansprüchen geprägtes unterstreicht. Von einer Aussparung des Auswanderungsrechtes steht hier übrigens nichts, obwohl der Ausreisedruck seit langem schon zum Bild des sozialistischen Alltags gehörte.

Wenngleich man sich in der DDR also eine eigene Menschenrechtsauffassung konstruiert hat, zu der die Priorität des Rechts auf Leben in Frieden gehört, ist der Umgang mit dem Wort „Menschenrecht" in der Propaganda reichlich verworren. Jedoch betont man immer wieder die Zugehörigkeit der DDR zu den UN-Menschenrechtskonventionen von 1966 [45][46] und deren Trennung in politische und zivile Rechte einerseits und soziale und kulturelle Rechte andererseits. In dieser Trennung sieht man den Versuch „imperialistischer Staaten", die Menschenrechte zu teilen, um nur den Teil derselben anzuerkennen, den sie einzuhalten in der Lage und willens sind.

> *Doch diese Trennung ist theoretisch und praktisch nicht zu rechtfertigen. Sie kann nur als formaler Akt gewertet werden, der dem Umstand geschuldet ist, dass eine Reihe bürgerlicher Staaten zwar der Verabschiedung politischer Rechte zustimmte, sich aber der Verpflichtung zur Sicherung sozialer Rechte entziehen wollte ... [47]*

Die Erwähnung der sozialen Rechte zielt immer wieder auf das Recht auf Arbeit. Dieses Recht gibt die DDR vor, verwirklicht zu haben, wohingegen sie die Arbeitslosigkeit in den westlichen Staaten als Beweis für die Unterlegenheit der „kapitalistischen Menschenrechtspraxis“ darstellt. Wenn es um dieses Recht geht, ist das *„Erfassen der Menschenrechte in ihrer Einheit und in ihrer Gliederung ... eine Kardinalfrage der UN-Menschenrechtskonvention.“* [47] Die offizielle Ausgrenzung des Konkurrenten dieses Rechts, des Auswanderungsrechts, wird in diesem Zusammenhang tunlichst übergangen. Was es aber mit dem Recht auf Arbeit in der DDR auf sich hat, wurde bereits beschrieben.

Als drittes Kennzeichen der sozialistischen Menschenrechtsauffassung wurde auf Seite 263 die inoffizielle Missachtung sämtlicher Menschenrechte bezeichnet. Wenn man den Begriff der sozialistischen Menschenrechtsauffassung formal ernst nimmt, ist die Zuordnung dieses Kriteriums durchaus frei von Ironie. Man begibt sich damit lediglich auf den Boden der Tatsachen, der aber selbstverständlich nicht die Basis eines Dialogs mit den Machthabern der DDR sein kann. Denn wie alle gesellschaftlichen Bereiche dieses Staates ein Scheinleben führen, so sind auch die Menschenrechte in der DDR nicht eine Frage der Lebensgestaltung, sondern ein Mittel der Demagogie, der Imagepflege und der Kaschierung tatsächlicher Menschenrechtsverletzungen. Aus diesem Grund bereitet es der DDR auch keinerlei Schwierigkeiten, Mitglied zu sein bei jeglichen Konventionen und Konferenzen zu den Menschenrechten. Das Wort „Verpflichtung“ kennen ihre Ideologen nur hinsichtlich der „bürgerlichen Staaten“. Wenn es um das eigene Land geht, hat es keinerlei Bedeutung. Es wird dann verdrängt durch die Forderung nach „Respektierung unterschiedlicher Menschenrechtsauffassungen", nach „Nichteinmischung in innere Angelegenheiten" und, vor allem, durch das Wort „Absichtserklärung".

Für die DDR ist die Unterzeichnung einer Konvention oder eines Schlussdokumentes wie dem der KSZE-Nachfolgekonferenzen ein theatralischer Akt von unmittelbarer Wirkung. Enthält das Unterschriebene, ja sogar das *Ratifizierte* – die Konventionen von 1966 wurden von der DDR 1974 ratifiziert [48] – Verpflichtungen den Menschen gegenüber, so erklärt der Staat sie diesen gegenüber sofort als „unverbindliche Absichtserklärungen". Dieses Wort ist mit seiner beabsichtigten Wirkung, eine Absicht als natürlicherweise unverbindlich zu erklären, für das Wesen des DDR-Regimes sehr charakteristisch. Denn was ist eine Absicht wert, wenn sie nicht die Bereitschaft zu ihrer Durchsetzung beinhaltet? Ein Vertrag ist immer Ausdruck einer Absicht, das ist so trivial, dass niemand darüber redet. Was sollte der, der zur Feder greift, um eine Unterschrift zu leisten, anderes bezwecken, als seiner Absicht, den Vertrag anzuerkennen, Genüge zu tun? Die Absicht, etwas zu *tun*, kommt *vor* dem Vertragsabschluss. Im Vertrag einigt man sich, und zwar durchaus verbindlich, auf die Einhaltung des Beabsichtigten. Die primitive Frechheit, den Vertrag im Nachhinein wieder durch seinen Ursprung, die Absicht, zu entkräften, traut der loyale Partner den sich lauter und mondän gebenden Gesandten aus der DDR einfach nicht zu – oder er spielt die Rolle des Vertrauensseligen. Die DDR wird in ihrer Bereitschaft gelobt und sie lobt sich selbst für ihre Fortschrittlichkeit, nun dieser oder jener Konvention anzugehören, für die Dokumentation ihrer Friedensliebe, ihrer Abrüstungsbereitschaft, ihrer Humanität. Die unmittelbare Wirkung ist erzielt, der Zweck des Vertrages erreicht. Nun kann er wieder vergessen werden, und das Vergessen ist offenbar. Die „loyalen“ Partner müssen das registrieren. Sie tun dies auch, lassen es aber damit bewenden. Damit verlieren sie ihre Loyalität gegenüber dem Volk, das jener Staat regiert, mit dem sie kontraktieren. Der Wert der völkerrechtlichen Vereinbarungen wird fraglich, der Wert der Dokumente wird zu dem von Makulatur.

Prinzipiell ist dies dieselbe Situation, wie sie innerhalb der DDR besteht. Sie übertrifft sich insofern selbst in ihrem Exportprogramm: Es gelingt ihr, selbst ihre Verlogenheit nach außen zu tragen.

Alles in ihr geschieht im Namen und zum Wohle des Volkes, auch die größte Niedertracht und das gemeinste Verbrechen. Kommen Klagen bei den internationalen Gremien, fragt man nicht die Betroffenen, sondern die Wortführer des Staates, die mit den Tätern quasi identisch sind. Diese legen ihre Gesetze vor, nach denen die Klage ganz unmöglich begründet sein kann und dementieren voller Entrüstung. Damit gibt sich das Rechenschaft verlangende Gremium zufrieden. Zur gleichen Zeit werden die Kläger wegen ihrer Klage kriminalisiert und mundtot gemacht. Die Klagen bei den internationalen Gremien sind relativ selten, denn sie stellen nach dem Strafrecht der DDR, sofern es die Staatsorgane der DDR gerade so zu interpretieren belieben, den Tatbestand der „ungesetzlichen Verbindungsaufnahme“ oder der „öffentlichen Herabwürdigung“ (des Staates) dar.

6.2 Die Menschenrechte im Detail

Worüber aber wäre theoretisch Klage denkbar? Es soll dazu einmal die Menschenrechtsdeklaration durchgegangen werden, wenn auch die notwendigen Feststellungen zu den einzelnen Artikeln recht banal erscheinen müssen. Diese Banalität aber hat ihren Ursprung in der Gewöhnung an den Status quo des Unrechts, und es ist sehr wohl sinnvoll, sich die *Absolutheit der Missachtung der Menschenrechte* konkret vor Augen zu führen.

Gewiss, die Präambel spricht bezüglich der Menschenrechte von einem anzustrebenden Ideal. Mit der Ratifizierung der Konventionen von 1966 müsste aber zumindest eine Tendenz sichtbar sein, die in die Richtung dieses Ideals geht, nämlich im Sinne des Artikels 2 Absatz 2 dieser Konventionen, in dem es heißt [45][46]:

> *...verpflichtet sich jeder Staat dieser Konvention, im Einklang mit den in seiner Verfassung vorgesehenen Verfahren und den Bestimmungen dieser Konvention die notwendigen Schritte zu unternehmen, um solche gesetzgeberische und andere Maßnahmen zu ergreifen, um den in dieser Konvention anerkannten Rechten Wirksamkeit zu verleihen.*

Ein Blick auf die Realität macht sichtbar, wie weit die Bemühungen des Mitgliedstaates DDR in dieser Hinsicht gediehen sind. (Alle weiteren Zitate der Artikel aus [62])

> *Artikel 1 (Freiheit, Gleichheit, Brüderlichkeit)*
> *Alle Menschen sind frei und gleich an Würde und Rechten geboren. Sie sind mit Vernunft und Gewissen begabt und sollen einander im Geiste der Brüderlichkeit begegnen.*

Der Artikel enthält zunächst eine Feststellung ohne Relevanz der Erfüllbarkeit. Immerhin widerspricht man in der DDR bereits dieser Feststellung, da es ja ihrer Ideologie gemäß keine angeborenen Rechte gibt, sondern sich die Rechte des Menschen aus den Produktionsverhältnissen ableiten.

Artikel 2 (Verbot der Diskriminierung)
1. Jeder Mensch hat Anspruch auf die in dieser Erklärung verkündeten Rechte und Freiheiten, ohne irgendeine Unterscheidung, wie etwa nach Rasse, Farbe, Geschlecht, Sprache, Religion, politischer oder sonstiger Überzeugung, nationaler oder sozialer Herkunft, nach Eigentum, Geburt oder sonstigen Umständen.
2. Weiter darf keine Unterscheidung gemacht werden auf Grund der politischen, rechtlichen oder internationalen Stellung des Landes oder Gebietes, dem eine Person angehört, ohne Rücksicht darauf, ob es unabhängig ist, unter Treuhandschaft steht, keine Selbstregierung besitzt oder irgendeiner anderen Beschränkung seiner Souveränität unterworfen ist.

Das politische Bekenntnis spielt in der DDR eine ganz entscheidende Rolle. Nur durch das Bekenntnis ist es möglich, in Sphären der Gesellschaft aufzusteigen, wo man über die Gefährdungen aus der persönlichen Menschenrechtsanerkennung erhaben sein kann.

Artikel 3 (Recht auf Leben und Freiheit)
Jeder Mensch hat das Recht auf Leben, Freiheit und Sicherheit der Person.

Am Leben ihrer Bürger ist die Staatsmacht logischerweise interessiert. Sie ist es jedoch nur so lange, wie der „Bürger“ eine „gesellschaftlich nützliche Arbeit“ zu leisten in der Lage und bereit ist. Das Gesundheitswesen arbeitet nach Richtlinien, nach denen arbeitsfähige Patienten vorrangig vor Rentnern zu versorgen sind. Der Begriff „Freiheit" wird in der Deklaration nicht näher spezifiziert. Geistige Freiheit lässt sich mit der allgegenwärtigen Manipulation nicht vereinbaren. Körperliche Freiheit ist durch die Verweigerung eines Reise- und Auswanderungsrechtes beschränkt. Soziale Freiheit wird beschnitten durch die Priorität der sogenannten gesellschaftlichen Interessen. Die Summe dieser drei Komponenten, die äußere Freiheit, kann somit auf Grund der besagten Beschränkungen als nicht vorhanden bezeichnet werden. Die Freiheit des Ichs, die Autonomie der Persönlichkeit – also die innere Freiheit – hat durch das Entarten der Manipulation in Pseudomanipulation eine reelle Chance. Jedoch ist die Existenz von innerer Freiheit nicht nur eine Frage der sozialen und politischen Bedingungen und insofern mit dem Regime des Staates nur bedingt in Verbindung zu setzen.

Artikel 4 (Verbot der Sklaverei und des Sklavenhandels)
Niemand darf in Sklaverei oder in Leibeigenschaft gehalten werden; Sklaverei und Sklavenhandel sind in allen Formen verboten.

Dass die Bürger der DDR Sklaven sind, gilt in der oppositionell eingestellten Masse als sarkastisch anerkannter Fakt. Die gesamte Lebensausrichtung des DDR-Bürgers erfolgt – staatlich gelenkt – auf seine Arbeit für diesen Staat. Um zu verhindern, dass die ihre Unfreiheit empfindenden Massen das Territorium ihrer Knechtschaft verlassen, ist dieses von hochwirksamen Sperranlagen umgeben. Wer beim Überwinden der Sperren ertappt wird, muss damit rechnen, erschossen zu werden. Das

Sicherheitssystem des Staates ist eine gewaltige Maschinerie, der das Aufkeimen einer noch so kleinen Revolte zum Opfer fällt. Das „legale“ Verlassen des Landes in Richtung Westen erfolgt nur unter sehr einschränkenden, dem Bürger teilweise unbekannten Bedingungen und nach Möglichkeit unter Geiselnahme seiner Angehörigen – indem diese nicht mitreisen dürfen. Gegen ein Kopfgeld ist jeder Bürger käuflich, kann jeder zur Ware werden. Das gilt nicht nur für die politischen Häftlinge. Allerdings liegt der Preis für einen nicht inhaftierten wesentlich höher. Dass ein westlicher Mäzen diesen zu zahlen bereit ist, kommt nicht oft vor. Der Preis richtet sich auch nach der Güte der Ware, das heißt vor allem nach der Qualifikation des Betreffenden und dem Grad der bereits erreichten Amortisation.

Mit der marxistischen Sozialchronologie, der zufolge Sklavenhalterordnungen längst der Geschichte angehören, lässt sich der Tatbestand ihrer Fortexistenz bis in die Gegenwart nicht wegdefinieren. Es ist einleuchtend, dass es die modernen Sklavenhalterstaaten sind, die dies versuchen.

Artikel 5 (Verbot der Folter)
Niemand darf der Folter oder grausamer, unmenschlicher oder erniedrigender Behandlung oder Strafe unterworfen werden.

Die Berichte der Haftentlassenen aus der DDR sprechen für sich. Für sich spricht ebenso das Schweigen von solchen, die versuchen, das Erlebte aus ihrer Erinnerung zu streichen, weil sie den Eindruck dieser Erinnerung nicht ertragen können.

Artikel 6 (Anerkennung als Rechtsperson)
Jeder Mensch hat überall Anspruch auf Anerkennung als Rechtsperson.

Der Begriff der Rechtsperson wird in einer Despotie gegenstandslos.

Artikel 7 (Gleichheit vor dem Gesetz)
Alle Menschen sind vor dem Gesetz gleich und haben ohne Unterschied Anspruch auf gleichen Schutz durch das Gesetz. Alle haben Anspruch auf den gleichen Schutz gegen jede unterschiedliche Behandlung, welche die vorliegende Erklärung verletzen würde, und gegen jede Aufreizung zu einer derartigen unterschiedlichen Behandlung.

In den Gesetzen der DDR ist eine so breite Variabilität vorgesehen, dass es in weitem Umfang in den Händen der Gerichte liegt, wie eine Handlung zu beurteilen, eine Person zu verurteilen ist. Der Einfluss der persönlichen Stellung des Betreffenden ist vorprogrammiert und tägliche Praxis.

Artikel 8 (Anspruch auf Rechtsschutz)
Jeder Mensch hat Anspruch auf wirksamen Rechtsschutz vor den zu ständigen innerstaatlichen Gerichten gegen alle Handlungen, die seine ihm nach der Verfassung oder nach dem Gesetz zustehenden Grundrechte verletzen.

Die Verfassung der DDR ist ebenso nur Papier wie es innerhalb ihrer Grenzen die Menschenrechtsdeklaration ist. Da der Staat Täter und Richter in einem ist, kann es keinen wirksamen Rechtsschutz geben.

Artikel 9 (Schutz vor Verhaftung und Ausweisung)
Niemand darf willkürlich festgenommen, in Haft gehalten oder des Landes verwiesen werden.

Ausweisungen und willkürliche Festnahmen sind in der DDR in einem solchen Maße an der Tagesordnung, dass der Westen sie schon keines Kommentars mehr für würdig befindet.

Artikel 10 (Anspruch auf rechtliches Gehör)
Jeder Mensch hat in voller Gleichberechtigung Anspruch auf ein der Billigkeit entsprechendes und öffentliches Verfahren vor einem unabhängigen und unparteiischen Gericht, das über seine Rechte und Verpflichtungen oder aber über irgendeine gegen ihn erhobene strafrechtliche Beschuldigung zu entscheiden hat.

Die Gerichte der DDR sind sämtlich Instrumente des Parteistaates. Überparteiliche Gerichte sind unmöglich.

Artikel 11 (Quivis censetur innocens, nulla poena sine lege)
1. Jeder Mensch, der einer strafbaren Handlung beschuldigt wird, ist so lange als unschuldig anzusehen, bis seine Schuld in einem öffentlichen Verfahren, in dem alle für seine Verteidigung nötigen Voraussetzungen

gewährleistet waren, gemäß dem Gesetz nachgewiesen ist.
2. Niemand kann wegen einer Handlung oder Unterlassung verurteilt werden, die im Zeitpunkt, da sie erfolgte, auf Grund des nationalen oder internationalen Rechts nicht strafbar war. Desgleichen kann keine schwerere Strafe verhängt werden als die, welche im Zeitpunkt der Begehung der strafbaren Handlung anwendbar war.

Prozesse haben oft Scheincharakter. Das Urteil steht dann schon vor dem Prozess fest. Besonders die Prozesse wegen nichtkrimineller „Straftaten“ sind in der Regel nicht öffentlich.

Artikel 12 (Freiheitssphäre des einzelnen)
Niemand darf willkürlichen Eingriffen in sein Privatleben, seine Familie, sein Heim oder seinen Briefwechsel noch Angriffen auf seine Ehre und seinen Beruf ausgesetzt werden. Jeder Mensch hat Anspruch auf rechtlichen Schutz gegen derartige Eingriffe oder Anschläge.

Willkürliche Eingriffe in das Privatleben sind in der DDR eine Selbstverständlichkeit. Haussuchungen vor allem bei oppositionell eingestellten sind die Regel, auch wenn ihnen irgendetwas zur Last gelegt wird oder gelegt werden soll, was nach westlichem Verständnis absolut keine strafbare Sache ist. Das Postgeheimnis existiert nur auf dem Papier. Der Staatssicherheitsdienst hat das „Recht“, jegliche Post, auch Telefone, zu überwachen. Der Bürger hat dagegen keinen Anspruch auf rechtlichen Schutz.

Artikel 13 (Freizügigkeit und Auswanderungsfreiheit)
1. Jeder Mensch hat das Recht auf Freizügigkeit und freie Wahl seines Wohnsitzes innerhalb eines Staates.
2. Jeder Mensch hat das Recht, jedes Land, einschließlich seines eigenen, zu verlassen sowie in sein Land zurückzukehren.

Vom Recht auf Freizügigkeit über die Staatsgrenzen hinaus distanziert sich die Staatsführung offiziell. Hierauf wurde bereits ausführlich eingegangen.

Artikel 14 (Asylrecht)
1. Jeder Mensch hat das Recht, in anderen Ländern vor Verfolgungen Asyl zu suchen und zu genießen.
2. Dieses Recht kann jedoch im Falle seiner Verfolgung wegen nicht politischer Verbrechen oder wegen Handlungen, die gegen die Ziele und Grundsätze der Vereinten Nationen verstoßen, nicht in Anspruch genommen werden.

Der DDR-Bürger kann nicht in anderen Ländern Asyl suchen. Immer mehr Staaten, unter ihnen Griechenland und Österreich, erklären sich zugunsten ihrer „diplomatischen Beziehungen“ zum DDR-Regime bereit, auf ihrem Gebiet ohne Aufenthaltsgenehmigung aufgegriffene DDR-Bürger auszuliefern. Die DDR gewährt Menschen, die aus kommunistischen Diktaturen flüchten, kein Asyl.

Artikel 15 (Recht auf Staatsangehörigkeit)
1. Jeder Mensch hat Anspruch auf Staatsangehörigkeit.
2. Niemand darf seine Staatsangehörigkeit willkürlich entzogen noch ihm das Recht versagt werden, seine Staatsangehörigkeit zu wechseln.

Der DDR-Bürger hat nicht das Recht, seine Staatsbürgerschaft zu wechseln. Die DDR-Staatsbürgerschaft kann nach Ermessen der „staatlichen Organe“ aberkannt werden, wenn es dafür „gesetzliche Gründe“ gibt. Diese sind nicht konkret umrissen, unterliegen also der Willkür.

Artikel 16 (Freiheit der Eheschließung, Schutz der Familie)
1. Heiratsfähige Männer und Frauen haben ohne Beschränkung durch Rasse, Staatsbürgerschaft oder Religion das Recht, eine Ehe zu schließen und eine Familie zu gründen. Sie haben bei der Eheschließung, während der Ehe und bei deren Auflösung gleiche Rechte.
2. Die Ehe darf nur auf Grund der freien und vollen Willenseinigung der zukünftigen Ehegatten geschlossen werden.
3. Die Familie ist die natürliche und grundlegende Einheit der Gesellschaft und hat Anspruch auf Schutz durch Gesellschaft und Staat.

Über Eheschließungen mit Ausländern entscheidet letztlich der Staat. Sie müssen beantragt werden; einen Rechtsanspruch gibt es nicht.

Artikel 17 (Gewährleistung des Eigentums)
1. Jeder Mensch hat allein oder in der Gemeinschaft mit anderen Recht auf Eigentum.
2. Niemand darf willkürlich seines Eigentums beraubt werden.

Dieses Recht ist sehr eine Frage der Relationen. Sowohl das Verbot des Besitzes von Produktionsmitteln über ein recht niedriges Limit hinaus als auch die wesentliche Besteuerung von finanziellen Guthaben erlauben dem Nicht-Privilegierten keinen Reichtum. Dass es in diesem Artikel nicht darum gehen kann, dem Menschen den Besitz von Hose und Hemd zuzubilligen, dürfte trivial sein.

Artikel 18 (Gewissens- und Religionsfreiheit)
Jeder Mensch hat Anspruch auf Gedanken-, Gewissens- und Religionsfreiheit; dieses Recht umfaßt die Freiheit, seine Religion oder Überzeugung zu wechseln, sowie die Freiheit, seine Religion oder Überzeugung allein oder in Gemeinschaft mit anderen, in der Öffentlichkeit oder privat, durch Lehre, Ausübung, Gottesdienst und Vollziehung von Riten zu bekunden.

Diese Freiheiten kann es schon auf Grund des bestehenden Erziehungsanspruches nicht geben. Überzeugungen etwa durch Lehre in der Öffentlichkeit zu bekunden und zu verbreiten, ist eine schlichte Unmöglichkeit, sofern diese Überzeugungen dem marxistischen Gedankengut zuwiderlaufen.

Artikel 19 (Meinungs- und Informationsfreiheit)
Jeder Mensch hat das Recht auf freie Meinungsäußerung; dieses Recht umfaßt die Freiheit, Meinungen unangefochten anzuhängen und Informationen und Ideen mit allen Verständigungsmitteln ohne Rücksicht auf Grenzen zu suchen, zu empfangen und zu verbreiten.

Die offenkundige Selbstverständlichkeit der Nichtgewährung dieses Rechts erübrigt jeden Kommentar.

Artikel 20 (Versammlungs- und Vereinsfreiheit)
1. Jeder Mensch hat das Recht auf Versammlungs- und Vereinsfreiheit zu friedlichen Zwecken.
2. Niemand darf gezwungen werden, einer Vereinigung anzugehören.

Versammlungen werden bei Bedarf des Staates für Zusammenrottungen erklärt, Vereinsgründungen für Geheimbündelei. Oft wird behauptet, die Anmeldepflicht für Versammlungen diene der Aufrechterhaltung von Ruhe und Ordnung. Wäre dies so, gäbe es keinen Grund für die Erteilung einer Genehmigung; die Anmeldung bedürfte dann keiner Antwort. Das tatsächliche Ziel sind natürlich Kontrolle und ggf. Verbot. Gleiches gilt für die Gründung von Vereinen. Staatlichen Vereinigungen anzugehören, besteht de facto durchaus ein Zwang, da es nicht ohne Konsequenzen bleibt, wenn man ihnen nicht angehört.

Artikel 21 (Allgemeines, gleiches Wahlrecht)
1. Jeder Mensch hat das Recht, an der Leitung öffentlicher Angelegenheiten seines Landes unmittelbar oder durch frei gewählte Vertreter teilzunehmen.
2. Jeder Mensch hat unter gleichen Bedingungen das Recht auf Zulassung zu öffentlichen Ämtern in seinem Lande.
3. Der Wille des Volkes bildet die Grundlage für die Autorität der öffentlichen Gewalt; dieser Wille muß durch periodische und unverfälschte Wahlen mit allgemeinem und gleichem Wahlrecht bei geheimer Stimmabgabe oder in einem gleichwertigen freien Wahlverfahren zum Ausdruck kommen.

Über das Wahlsystem in der DDR wurden bereits Ausführungen gemacht. Der Wille des Volkes bildet keineswegs die Grundlage für die Autorität der öffentlichen Gewalt, wie der Absatz 3 dies verlangt.

Artikel 22 (Soziale Sicherheit)
Jeder Mensch hat als Mitglied der Gesellschaft Recht auf soziale Sicherheit; er hat Anspruch darauf, durch innerstaatliche Maßnahmen und internationale Zusammenarbeit unter Berücksichtigung der Organisation und der Hilfsmittel jedes Staates in den Genuß der für seine Würde und die freie Entwicklung seiner Persönlichkeit unentbehrlichen wirtschaftlichen, sozialen und kulturellen Rechte zu gelangen.

Das Wohnungsproblem in der DDR ist nicht lösbar, weil die reglementierte Wirtschaft dazu nicht in der Lage ist. Lösungen sind Scheinlösungen, die vor allem über die Festsetzung von Versorgungsmindestmaßen erzielt werden. Die freie Persönlichkeitsentwicklung kann es unter den schon festgestellten Gegebenheiten fehlender äußerer Freiheit nicht geben.

Artikel 23 (Recht auf Arbeit und gleichen Lohn, Koalitionsfreiheit)
1. Jeder Mensch hat das Recht auf Arbeit, auf freie Berufswahl, auf angemessene und befriedigende Arbeitsbedingungen sowie auf Schutz gegen Arbeitslosigkeit.
2. Alle Menschen haben ohne jede unterschiedliche Behandlung das Recht auf gleichen Lohn für gleiche Arbeit.
3. Jeder Mensch, der arbeitet, hat das Recht auf angemessene und befriedigende Entlohnung, die ihm und seiner Familie eine der menschlichen Würde entsprechende Existenz sichert und die, wenn nötig, durch andere soziale Schutzmaßnahmen zu ergänzen ist.
4. Jeder Mensch hat das Recht, zum Schutze seiner Interessen Berufsvereinigungen zu bilden und solchen beizutreten.

Auch hierüber wurde schon berichtet. Die beschriebenen Praktiken widersprechen diesem Artikel. Gleichen Lohn für gleiche Arbeit zu zahlen, ist auch in der DDR nicht üblich.

Artikel 24 (Erholung und Freizeit)
Jeder Mensch hat Anspruch auf Erholung und Freizeit sowie auf eine vernünftige Begrenzung der Arbeitszeit und auf periodischen, bezahlten Urlaub.

Marx lehrt die Marxisten, dass die Arbeitskraft der Reproduktion bedarf. Mit 18 Tagen Grundurlaub tut man dem an der Untergrenze Genüge. Der chronische Mangel an allem Materiellen und die Mühen, diesen zu kompensieren, schränken Entpannungszeiten ein und führen zu Dauerstress.

Artikel 25 (Soziale Betreuung)
1. Jeder Mensch hat Anspruch auf eine Lebenshaltung, die seine und seiner Familie Gesundheit und Wohlbefinden einschließlich Nahrung, Kleidung, Wohnung, ärztlicher Betreuung und der notwendigen Leistungen der sozialen Fürsorge gewährleistet; er hat das Recht auf Sicherheit im Falle von Arbeitslosigkeit, Krankheit, Invalidität, Verwitwung, Alter oder von anderweitigem Verlust seiner Unterhaltsmittel durch unverschuldete Umstände.
2. Mutter und Kind haben Anspruch auf besondere Hilfe und Unterstützung. Alle Kinder, eheliche und uneheliche, genießen den gleichen sozialen Schutz.

Es wird versucht, diesem Recht nachzukommen, jedoch nicht zur Schaffung eines Wohlbefindens, sondern zum Erhalt der Leistungsfähigkeit. Zunehmend aber werden die Lebensmittelversorgung und die ärztliche Betreuung schlechter. Das Gesundheitswesen liegt praktisch am Boden, auch, wenn das dem eher Gesunden nicht deutlich wird. Das ist die Ursache für die weite Verbreitung des Ausreisewunsches unter den Ärzten.

Artikel 26 (Kulturelle Betreuung, Elternrecht)
l. Jeder Mensch hat Recht auf Bildung. Der Unterricht muß wenigstens in den Elementar- und Grundschulen unentgeltlich sein. Der Elementarunterricht ist obligatorisch, fachlicher und beruflicher Unterricht soll allgemein zugänglich sein; die höheren Studien sollen nach Maßgabe ihrer Fähigkeiten und Leistungen allen in gleicher Weise offenstehen.
2. Die Ausbildung soll die volle Entfaltung der menschlichen Persönlichkeit und die Stärkung und Achtung der Menschenrechte und Grundfreiheiten zum Ziele haben. Sie soll Verständnis, Duldsamkeit und Freundschaft zwischen allen Nationen und allen rassischen oder religiösen Gruppen fördern und die Tätigkeit der Vereinten Nationen zur Aufrechterhaltung des Friedens begünstigen.
3. In erster Linie haben die Eltern das Recht, die Art der ihren Kindern zuteil werdenden Bildung zu bestimmen.

Die höheren Schulen stehen nach Maßgabe des politischen Bekenntnisses offen. Die Ausbildung soll zur sozialistischen Persönlichkeit führen. Schon durch diese Zielsetzung ist eine volle Entfaltung nicht möglich, weil sie nicht frei ist. Von einer Stärkung der Achtung der Menschenrechte und Grundfreiheiten kann keine Rede sein. Die Formulierung der Menschenrechte, ob in der Deklaration von 1948 oder in den weniger ideal gehaltenen Texten der Konventionen von 1966, wird nicht publiziert. Die Eltern haben keineswegs das Recht, die Art der ihren Kindern zuteilwerdenden Bildung zu bestimmen.

Artikel 27 (Freiheit des Kulturlebens)
1. Jeder Mensch hat das Recht, am kulturellen Leben der Gemeinschaft frei teilzunehmen, sich der Künste zu erfreuen und am wissenschaftlichen Fortschritt und dessen Wohltaten teilzuhaben.
2. Jeder Mensch hat das Recht auf Schutz der moralischen und materiellen Interessen, die sich aus jeder wissenschaftlichen, literarischen oder künstlerischen Produktion ergeben, deren Urheber er ist.

Die Einschränkung der äußeren Freiheit muss zwangsläufig auch zum kulturellen Verfall führen. Künstlerische Betätigung wird vom Staat strengstens überwacht und zensiert.

Artikel 28 (Angemessene Sozial- und Internationalordnung)
Jeder Mensch hat Anspruch auf eine soziale und internationale Ordnung, in welcher die in der vorliegenden Erklärung angeführten Rechte und Freiheiten voll verwirklicht werden können.

Ein Kommentar hierzu erübrigt sich.

Artikel 29 (Grundpflichten)
1. Jeder Mensch hat Pflichten gegenüber der Gemeinschaft, in der allein die freie und volle Entwicklung seiner Persönlichkeit möglich ist.
2. Jeder Mensch ist in Ausübung seiner Rechte und Freiheiten nur der Beschränkungen unterworfen, die das Gesetz ausschließlich zu dem Zwecke vorsieht, um die

Anerkennung und Achtung der Rechte und Freiheiten der anderen zu gewährleisten und den gerechten Anforderungen der Moral, der öffentlichen Ordnung und der allgemeinen Wohlfahrt in einer demokratischen Gesellschaft zu genügen.
5. Rechte und Freiheiten dürfen in keinem Fall im Widerspruch zu den Zielen und Grundsätzen der Vereinten Nationen ausgeübt werden. Keine Bestimmung der vorliegenden Erklärung darf so ausgelegt werden, dass sich daraus für einen Staat, eine Gruppe oder eine Person irgendein Recht ergibt, eine Tätigkeit auszuüben oder eine Handlung vorzunehmen, welche auf die Vernichtung der in dieser Erklärung angeführten Rechte und Freiheiten abzielen.

Die Konsequenz kann nur lauten: Kein Mensch hat Pflichten gegenüber einer Gemeinschaft, in der die freie und volle Entfaltung seiner Persönlichkeit nicht nur nicht möglich ist, sondern gezielt verhindert wird durch lebenslängliche Manipulationsversuche. Die Beschränkungen der Rechte in der DDR sind nicht die im Artikel genannten, möglichen und einzusehenden, sondern die der Diktatur.

7. Das sozialistische Christentum

7.1 Atheismus und Christentum

Existierende Abhandlungen über die Frage, ob und wie eine Kirche innerhalb der DDR-Gesellschaft existieren könne, würden zusammengefasst mittlerweile etliche Bände füllen. Doch es darf unterstellt werden, dass der Aspekt des Scheinbaren dabei so gut wie nie ausdrückliche Beachtung fände.

Hervorgegangen war der Konflikt zwischen Kirche und Staat zunächst aus dem Anspruch des Staates, die Kirche mehr und mehr zurückzudrängen und endlich ganz zu beseitigen. Noch in der 3. Auflage eines weiteren Standard-Nachschlagewerkes der DDR-Ideologie, dem „Kleinen Wörterbuch der Marxistisch-Leninistischen Philosophie“ von 1979, ist unter dem Stichwort „Religion“ unter anderem zu lesen, dass die *„wichtigste Grundlage für die Existenz der Religion in der Gegenwart die kapitalistische Gesellschaftsordnung“* bildet und dass die Religion „in der sozialistischen Gesellschaft ... ihre sozialen Grundlagen“ verliere. Noch immer hält man sich an Marx, nach dessen Auffassung die Religion die „moralische Sanktion“, „die feierliche Ergänzung“, der „allgemeine Trost- und Rechtfertigungsgrund“ in der „menschenunwürdigen Welt der Ausbeutung und Unterdrückung“ ist. Die Religion ist sogar die „allgemeinste Theorie“ dieser menschenunwürdigen Welt und eine „Form des entfremdeten Bewusstseins“ [49]. Dass sie auch in der sozialistischen Gesellschaft weiter „lebendig und wirksam“ bleibt, sei nur eine Folge des „Beharrungsvermögens der Tradition“. Immerhin zeigt sich die Arbeiter- und Bauernmacht großzügig tolerant und duldet das Treiben jener, die sich nicht lösen können vom Glauben an ein „Leben im Jenseits“, die nicht Willens oder fähig sind, endlich die Augen zu öffnen und die strahlende Klarheit des wissenschaftlichen Geistes des Marxismus-Leninismus über sich kommen zu lassen.

Wie sehr das Bestreben des Staates in seinen Anfangsjahren auf die Zurückdrängung der Kirche ausgerichtet war, beweisen in neuerer Zeit die zahlreichen Dementis dazu. Heute bedarf die Haltung von früher dringend einer Uminterpretation. Für die Anpassung der Geschichte und der gesellschaftswissenschaftlichen Gesetzmäßigkeiten an die Forderungen der Gegenwart ist vor allem die Akademie für Gesellschaftswissenschaften beim ZK der SED zuständig. Ein Kollege des schon bekannten Harald Schliwa ist der „namhafte Gesellschaftswissenschaftler“ Professor Olof Klohr. Er schreibt in einer Antwort auf einen Leserbrief, in dem er gefragt wurde, ob die DDR ein „atheistischer Staat“ sei [50]:

> *Die dominierende Rolle ... des Marxismus-Leninismus ... liegt überhaupt nicht in dem Bestreben begründet, Religion und Kirche zurückzudrängen oder dem Atheismus zum ‚Siege‘ zu verhelfen.*

Nach Klohr ist die DDR selbstverständlich kein atheistischer Staat, sondern eben ein sozialistischer.

Für die machtbesitzenden Gebrauchsmarxisten der Gegenwart unterscheiden sich die monotheistischen Religionen nur unwesentlich vom Polytheismus der alten Griechen oder vom Totemismus der Urgesellschaft. Für sie ist jegliche Religion nur das Ergebnis der Ohnmacht vor nicht zu begreifenden Mächten. An die Stelle der Naturgewalten in früherer Zeit trat später lediglich die Macht des kapitalistischen Wirtschaftssystems mit seinen „spontan wirkenden Gesetzen“, *„die zu sozialer*

Unsicherheit, zu Arbeitslosigkeit, Krisen und verheerenden Kriegen" führen. So entstanden die monotheistischen Weltreligionen als *„Ausdruck des Protests und zugleich der Ohnmacht der ausgebeuteten Volksmassen."* [49]

Vom ethischen Gehalt der monotheistischen Religionen ist mit keinem Wort die Rede. Dies ist letzten Endes begründet in der marxistischen Auffassung, der zufolge es keine festen Werte gibt, sondern sich Werte zusammen mit den materiellen gesellschaftlichen Verhältnissen verändern. Ein besonderer Wert ist also zum Beispiel der christlichen Ethik überhaupt nicht zuzuschreiben. Nun hat sich das „Beharrungsvermögen der Tradition" aber inzwischen als weitaus hartnäckiger erwiesen, als man es sich in den Zeiten des offenen Stalinismus noch ausmalte. Freilich ist dafür der Einfluss der so nahe gelegenen kapitalistischen Welt in hohem Maße mit verantwortlich zu machen. Doch das spricht man schon lange nicht mehr aus.

Am 30. Mai 1968 erfolgte gegen den massiven Widerstand der Bevölkerung, vor allem tausender Jugendlicher, die Sprengung der historischen Universitätskirche St. Pauli im Zentrum Leipzigs. Sie hatte einem sozialistischen Neubau zu weichen und wurde beseitigt, obwohl das westliche Angebot bestand, sie komplett *umzusetzen*. Weil die Überrumpelungstaktik bezüglich der kurzzeitig zurückgedrängten Masse Eile gebot, wurde nicht einmal Zeit gelassen, die einst von Johann Sebastian Bach gespielte Silbermannorgel dieser Kirche zu retten. Es war dies eine der letzten brutalen Aktivitäten gegen die physische Existenz der Kirche. Zur allgemeinen Praxis gehörte aber noch lange danach das Verdecken von Kirchenbauten hinter sozialistischen Neubaublocks, was ihnen die Dominanz in den Stadtansichten nehmen sollte.

Doch per Definition und marxistischem Gesetz war der Kirche offenbar nicht beizukommen. Sie behauptete sich und stellte darüber hinaus auch noch Forderungen. Außerdem war die Repressionspolitik gegenüber der Kirche auch nicht mehr zu vereinbaren mit dem Bestreben, die Mitgliedschaft der UNO zu erlangen. Wohl oder übel musste der Staat die Kirche wieder etwas atmen lassen.

Im März 1978, vier Jahre also nach der Ratifikation der Menschenrechtskonvention, die dem UN-Beitritt unmittelbar gefolgt war, hatte sich die Kirche soweit zur Geltung gebracht, dass der Staat nicht mehr umhinkonnte, einen Dialog mit ihr einzugehen. Es wurde verhandelt und danach offiziell miteinander gesprochen. Die Formel von der „Kirche im Sozialismus“ sollte nun endlich Geltung erlangen, der zufolge der Staat die Kirche zu dulden versprach und die Kirche sich dazu bereit erklärte, dem Staat nicht oppositionell gegenüberzustehen, sondern ihren Standort im sozialistischen Staat als Gegebenheit anzuerkennen.

Seither ist man in steigendem Maße bemüht gewesen, die Möglichkeit der Koexistenz von Kirche und Sozialismus innerhalb *einer* Gesellschaft zu demonstrieren. Der Staat brauchte diese Demonstration zur Belegung des von ihm selbst verbrieften Rechtes auf Religionsfreiheit, ohne das man ihm völkerrechtlich nicht die gewünschte Akzeptanz entgegenbrächte, auf die er aber ganz außerordentlich Wert legt. Die Kirche braucht diese Demonstration, um sich die Duldung durch den Staat laufend neu zu erwerben. Es ist nicht verwunderlich, dass die prinzipielle Unvereinbarkeit von sozialistischer Diktatur und Kirche nicht den Staat, der die Macht innehat, sondern die Kirche, die um Gnade bitten muss, zu Konzessionen zwingt. Denn unvereinbar sind Staat und

Kirche entgegen allen Versuchen geblieben, das Gegenteil zu beweisen, weil diesem Verhältnis der Gegensatz von Sozialismus und Christentum immanent ist, somit also auch der von Atheismus und Gott. Gerade deswegen wird dieser Zusammenhang immer wieder neu auf das Tapet gebracht – wird gedeutet, interpretiert, definiert und manipuliert, und zwar von beiden Seiten dieser Zwangskoalition.

7.2 Jugendweihe und Konfirmation

Ein ganz bedeutsamer Reibungspunkt im Miteinander von Kirche und Staat ist die Problematik von Konfirmation und Jugendweihe. Hier, wo es jedem um die „Sicherstellung" der Seelen geht, bricht der Antagonismus von Kirche und Sozialismus alle Jahre neu auf wie ein nicht heilendes Geschwür, entsprechend dick ist auch regelmäßig der ideologisch-theologische Verband, mit dem man diese Schwachstelle immer wieder umwickelt, ohne dass damit die Formen ihrer sozialen Pathologie zu verstecken wären.

Das „Theologische Lexikon" des evangelischen UNION-Verlages der DDR [51] widmet dieser Problematik einen Artikel sogar unter dem Stichwort „Konfirmation und Jugendweihe". Mit ihm möchte man offenbar die Standard-Rezeptur gegen diesen Antagonismus vermitteln. Bevor darauf eingegangen werden soll, seien das staatliche Verständnis von der Jugendweihe und ihr üblicher Ablauf hier erläutert. Tatsächlich gestattet der sakramentale Charakter der sozialistischen Weihe ihre Beschreibung an dieser Stelle durchaus – ein Umstand, dem am Schluss dieses Kapitels ohnehin noch Rechnung getragen wird.

Die Jugendweihe erfolgt in der 8. Klasse, was sich mit dem Alter der kirchlichen Konfirmanden von ca. 14 Jahren deckt. Vom Beitritt zur FDJ ist die Jugendweihe nicht abhängig. Obwohl man allgemein unter „Jugendweihe“ nur den mit ihr verbundenen Festakt versteht, gehören zu ihr offiziell auch zehn „Jugendstunden“. In diesen werden *„Gespräche über weltanschauliche, politisch-moralische und kulturell-ästhetische Fragen mit Besuchen in sozialistischen Betrieben, staatlichen Organen, wissenschaftlichen und kulturellen Einrichtungen, Kampfstätten der Arbeiterbewegung und Nationalen Mahn- und Gedenkstätten verbunden.“* [4] (So intensiv, wie das Erleben diesem Zitat gemäß sein müsste, ist es in Wirklichkeit nicht. Oftmals herrscht der Eindruck vor, dass es mehr auf das Erledigen, auf das „Abhaken“ ankommt, als auf den angestrebten Sinn. Das ist aber angesichts der Pseudomanipulation nicht überraschend.)

Der Zweck des Ganzen ist der folgende [4]:

> *Als Teil des einheitlichen sozialistischen Bildungssystems trägt die Jugendweihe dazu bei, den Jugendlichen anwendungsbereites Wissen in Grundfragen der wissenschaftlichen Weltanschauung und der sozialistischen Moral zu vermitteln, sie im Geiste des sozialistischen Patriotismus und proletarischen Internationalismus zu erziehen und ihnen zu helfen, sich auf die aktive Teilnahme an der Gestaltung der entwickelten sozialistischen Gesellschaft und an der Schaffung grundlegender Voraussetzungen für den allmählichen Übergang zum Kommunismus vorzubereiten.*

Dies ist nun absolut nichts Neues, es unterstreicht aber nochmals die Kontinuität der kommunistischen Erziehung.

Wenn die Jugendlichen, fast noch Kinder eigentlich, ihre erste Marxistenlehre absolviert haben, sind sie reif für das Gelöbnis, das in einer öffentlichen Feier abzulegen ist. Über die Feierlichkeiten zu diesem Anlass wird verkündet [4]:

> *Die Feiern zur J. nehmen durch das Auftreten hervorragender Persönlichkeiten als Festredner und durch die Mitwirkung von Künstlern, Ensembles, Volkskunstgruppen der Betriebe, Pionier- und FDJ-Chören einen bedeutenden Platz im geistig-kulturellen Leben der Städte und Dörfer ein. Es sind Feste der Gesellschaft und der Familien.*

Die Jugendweihe ist selbstverständlich „freiwillig“, aber dass man an ihr teilgenommen hat, wird in jedem Bewerbungslebenslauf erwähnt. Ganz klar und einschränkungslos ist die Jugendweihe mit einem politischen und weltanschaulichen Bekenntnis verbunden. Die Ausschließlichkeit dieses Bekenntnisses war 1954, als die Jugendweihe eingeführt wurde, ohne Zweifel angestrebt. Die sozialistische Jugendweihe war *ein* Beitrag in der Zurückdrängung des religiösen Glaubens und setzte dort an, wo das „Beharrungsvermögen der Tradition“ noch am wenigsten ausgeprägt sein musste – in der Jugend. Ihre zeremonielle Form ist dabei dem religiösen Ritual äquivalent, so dass die Konversion zum Atheismus nicht mit dem Verlust eines feierlichen Aktes verbunden war, nach dem das Bedürfnis weiterhin bestand.

Ungeachtet dessen jedoch wurde es in Teilen der Bevölkerung üblich, nun eben beide Weihen über sich ergehen zu lassen. Die kirchliche blieb eine schon durch die Eltern geforderte Selbstverständlichkeit, die staatliche forderte der Staat. Ihr war Folge zu leisten, wollte der Segen der in staatlicher Hand liegenden beruflichen

Entwicklung in Anspruch genommen werden. Es war unvermeidlich, dass zumindest eines der mit den Weihen verbundenen Bekenntnisse zum Scheinbekenntnis wurde. Erstaunlicherweise interessierte den Staat die Konfirmation eines Jugendweiheteilnehmers nicht. In keinem seiner indiskreten, jedem Datenschutz spottenden Fragebögen gibt es noch eine Rubrik für die Konfession. Das ist kein Zeichen der staatlichen Toleranz, sondern seiner Ignoranz der Kirche gegenüber, und diese Ignoranz passt in das Schema der Verdrängung. Wie zu erwarten, interessierte ihn aber auch bald nicht mehr, dass das Bekenntnis des Jugendweihegelöbnisses Scheincharakter hatte.

Die Initiative ging von der Kirche aus, sie verlangte Klarheit in der Entscheidung. Der Widerspruch zwischen dem politischen Bekenntnis und dem christlichen Glauben ist so scharf und unausweichlich, dass dem Staat nichts weiter übrigblieb, als ihn in einem Atemzug anzuerkennen und für nicht existent zu erklären. Über das künstliche Bindeglied zwischen Staat und Kirche, zu dem die CDU der DDR immer mehr gemacht wurde, will man die mit diesem Vorhaben verbundene überaus dumme Argumentationsweise in die Kirche einbringen. Selbstverständlich handelt es sich bei ihr nur um leere Rhetorik, die kein einziges wirkliches Argument enthält und enthalten kann. Sie ist beschränkt auf das Zitieren namhafter Oberideologen, die auf diese Weise Eingang finden in das „Theologische Lexikon“ [51], Artikel „Konfirmation und Jugendweihe“:

> *Die Jugendweihe ist ihrem Selbstverständnis nach ein öffentliches Bekenntnis zu den hohen Zielen, Idealen und Moralauffassungen der sozialistischen Gesellschaft, ein feierliches Bekenntnis zum Sozialismus und seinen humanistischen Zielen‘ (Prof. Kurt Hager zum 20-jährigen Bestehen der Jugendweihe 1974). K. u. J. sind*

daher in keiner Weise alternativ, ebenso wenig wie beispielsweise standesamtliche Eheschließung und kirchliche Trauung es sind...

Genau dort, wo der Widerspruch geradezu ins Auge springt – wenn nämlich die Rede ist vom „politischen Bekenntnis", was, wie das Zitat auf Seite 298 belegt, sehr wohl die weltanschauliche Seite beinhaltet, worüber man hier beflissentlich hinwegsieht und versucht, nur auf die gemeinsamen „humanistischen Ziele" zu orientieren – setzt man das Wort „daher" ein und leitet hin zum Gegenteil der sich hier logisch ergebenden Konsequenz.

Ebenso könnte man schreiben: Die Jugendlichen bekennen sich zum Atheismus, *daher* können sie sich auch zum Christentum bekennen.

Doch diese Feststellung wäre sowohl den Ideologen als auch als auch den Nachbetern in der Blockpartei zu plump. Sie erklären deshalb, dass Sozialismus und Atheismus nicht identisch seien, womit sie den Kirchenleitungen, von denen die Ausschließlichkeit von Konfirmation und Jugendweihe mit eben dieser Identität begründet wird, den Wind aus den Segeln nehmen möchten. Eine Identität von Sozialismus und Atheismus widerspreche *„sowohl dem Wesen des Sozialismus, als auch dem Verfassungstext und der Verfassungswirklichkeit des sozialistischen Staates"*. [51]

Die Feststellung, dass Atheismus und Sozialismus nicht identisch sind, ist allerdings banal. Es fragt sich nur, was vom Sozialismus ohne seine atheistische Komponente bleibt. Denn streicht man diese aus dem Bekenntnisumfang zum Sozialismus heraus, entfällt aus ihm auch die marxistisch-leninistische Theorie, deren Bestandteil bekanntermaßen der dialektische Materialismus ist. In diesem wiederum aber hat Gott keinen Platz. Sozialismus ohne Marxismus aber ist wie ein Wagen ohne Räder. Das ist den Oberideologen durchaus bewusst, und um den Sozialismus sowohl komplett als auch als Torso gebrauchen zu können, geben sie dem Atheismus die Eigenschaft einer Prothese, die beliebig an- oder abzulegen ist. Wegen der dabei nicht zu vermeidenden Beschädigung des Marxismus, den man schon auf Grund des Erfordernisses einer wandelbaren Moral nötig hat, vollzieht sich dieser Gestaltwandel im Stillen und ohne viele Worte. Anstelle einer Erläuterung dazu beschränkt man sich auf eine Bestätigung des Sachverhaltes durch Zitate „führender Vertreter der Partei der Arbeiterklasse“ [51]:

> *In einem Rundtischgespräch mit jungen Christen, das auf Initiative des Vorsitzenden der CDU, Gerald Götting, zustande kam, versicherte 1961 der damalige 1. Sekretär des Zentralrates der FDJ, Horst Schuhmann: „Das Bekenntnis zum Sozialismus ist nicht gleichbedeutend mit einem Bekenntnis zum Atheismus.“*

Überzeugend soll dies sein auf Grund der Tatsache, dass das Gespräch durch den „Christen“ Gerald Götting initiiert wurde und ein 1. Sekretär es versicherte. Wer hiernach immer noch zweifelt, bekommt es noch von Professor Albert Norden gesagt, „dass man, ohne Bekenner der marxistisch-leninistischen Weltanschauung zu sein, den Sozialismus bejahen könne“. [51] Für den Fall des besonders hartnäckigen Zweiflers, dem auch die Professur Nordens nicht gewichtig genug erscheint, kommt endlich noch ein absolut schlagendes Argument [51]:

> *Auch aus dem Tatbestand, dass die Förderung der Jugendweihe für bestimmte Personenkreise gesetzlich*

> *Pflicht ist ..., ergibt sich, dass die Jugendweihe keine atheistische Bekenntnishandlung ist, weil sonst ja Christen gesetzlich zur aktiven Förderung einer atheistischen Bekenntnishandlung verpflichtet wären, was dem in der Verfassung und im Programm der SED festgelegten Prinzip der Glaubens- und Gewissensfreiheit widersprechen würde.*

Genau dies ist aber tatsächlich der Fall; die Verfassung *ist* totes Papier. Weil das aber nicht sein darf, ergibt zwei plus zwei nach den Rechenregeln der ostdeutschen Ideologie fünf.

Im Allgemeinen wird davon ausgegangen, dass hier niemand nachrechnet. Mit der freien Handhabung des Atheismus glaubt man, das Problem zur Zufriedenheit beider Seiten gelöst zu haben. Die Lösung soll aber nicht nur den Konflikt zwischen Konfirmation und Jugendweihe betreffen, sondern soll generell dem zwischen Kirche und Staat die Substanz nehmen.

7.3 Kirche im Sozialismus

In den 80er Jahren, auffallend parallel zur Entwicklung des Ausreisephänomens, ist eine regelrechte Kampagne zu verzeichnen, die den Sozialismus zum Lebensraum von Menschen jeglicher Weltanschauung erklären soll. Den maßgeblichen Anteil an dieser Kampagne hat selbstverständlich die CDU der DDR, die als sogenannte Blockpartei die Funktion der ideologischen Toleranzkulisse hat. Ihr obliegt es, die Möglichkeit des Miteinanders von Christen und Marxisten sowohl gegenüber der Bevölkerung als auch auf internationaler Szene zu demonstrieren. Anlässlich ihrer Parteitage pflegt die CDU „Grußadressen“ an die Staatsführung zu veröffentlichen, in denen sie Treue und Verbundenheit zum sozialistischen Staat beteuert. Im Oktober 1987, als der 16. Parteitag in Dresden stattfand, lautete die Überschrift der Grußadresse an Erich Honecker: „Christenpflicht und Bürgerpflicht in unserer Republik eng verbunden“. Darin heißt es [52] (Zitat von Otto Nuschke, im Original nicht hervorgehoben):

> *Uns leitet die im Alltag immer wieder bekräftigte Erfahrung, dass die sozialistische Gesellschaft umfassende Möglichkeiten bietet, in enger Verbindung von Bürgerpflicht und Christenpflicht mitzugestalten und Frieden schaffen zu helfen. ... Christliche Ethik und menschliche Vernunft veranlassen uns, die Anstrengungen unserer Partei im weltweiten Wirken für den Frieden zu verstärken... Wir sind für den Sozialismus, weil wir in ihm eine tatchristliche Ordnung sehen, in der die Sorge um den Menschen im Mittelpunkt aller Betrachtungen steht.*

Hier hört man die Stimme der Macht aus dem Munde von Beherrschten, wie es bezeichnender kaum noch möglich ist. Man kann den Sozialismus nicht gut als christlich bezeichnen, also nennt man ihn „tatchristlich“, um den Widersinn darin sprachlich zu verwischen.

Sehr willkommen war dem Staat zur Demonstration seiner konfessionellen Toleranz das Mormonentum, als sich die Gelegenheit dazu ergab. Auch für die Repräsentanten dieser Kirche nämlich entspricht der Sozialismus „christlichen Zielen und Wertvorstellungen“, denn im Sozialismus werde „alles verwirklicht, was dem Wohlergehen des Menschen dient“. Man dankt dem Staat für „Vertrauen und Verständnis“ und bekräftigt [53]:

> *Die Position der Kirche Jesu Christi der Heiligen Letzten Tage im Verhältnis zur staatlichen Obrigkeit ist*

> *immer klar und deutlich gewesen, nämlich die Regierungen zu achten und zu unterstützen, die uns das Recht gewähren, unseren Glauben auszuüben.*

Für die wortführenden Mormonen erschöpft sich darin offenbar bereits der Umfang der Humanität. Wer sie nur gewähren lässt, steht unter ihrem Schutz, eine Mauer mit Stacheldraht spielt dann keine Rolle. [53]

> *Beständiger Grundsatz war und ist auch, dass wir kirchliche Autorität nicht mit politischem Einfluss verbunden sehen wollen.*

Einen solchen Kniefall lässt sich der Staat überaus gern gefallen. Diese Haltung ist es auch, welche die an sich so nebensächliche Begegnung zwischen Honecker und Thomas S. Monson, der „Mormonischen Generalautorität" (1988), ermöglicht haben dürfte, über die der Artikel berichtet und sie zu einem so breit angelegten Ereignis werden lässt. Indem sie sich auch noch verpflichten, *„sich im öffentlichen Leben zu engagieren und sich für Frieden und Recht einzusetzen"*, was der Regierung gleiches unterstellt und weshalb die *„jungen Männer in der Kirche ... auch ihrer Pflicht zur Wehrdienstleistung nachkommen"*, nehmen die Mormonen von selbst genau den Platz ein, den der Staat der Kirche zuweisen will.

Dass sich die evangelische Kirche nicht ebenso unterwürfig gibt, hat seine Ursachen in ihrer großen- und traditionsbedingt viel komplexeren Struktur. Die evangelische Kirchenleitung steht im Spannungsfeld der staatlichen Forderungen und denen der breiten Masse der Gemeinden, der unteren Kirchenämter und Pfarrer. Mit den Forderungen aus dem Inneren der Kirche muss sie vor den Staat treten, der ihr sein grundhumanistisches

Anliegen demonstriert, so dass sie zu Gesten der Ergebenheit gezwungen ist – es sei denn, sie bestritte die Wahrhaftigkeit eines solchen grundhumanistischen Anliegens.

Doch dies tut sie nicht. Die maßgeblichen Herren der Kirchenführung anerkennen das „Gute am Sozialismus". Sie tun dies, obwohl der Alltag in der DDR gekennzeichnet ist von Inhumanität, Aggressivität und Lebensverachtung. Sie sollten sich dessen bewusst sein, nur den Schein von Humanität, den Schein des friedlichen, lebensbejahenden sozialistischen Systems anzuerkennen.

Denn auch vor den Augen dieser Herren können die genannten Merkmale des sozialistischen Alltags nicht verborgen bleiben. Die Anerkennung scheinbarer Werte kann selbst nur eine scheinbare Anerkennung sein. Auf diese Weise aber lassen sich die Herren integrieren in die große Lüge der sozialistischen Realität, und die Tatsache, dass sie in eine Lüge integrierbar sind, könnte in gewissen Kreisen die Meinung entstehen lassen, sie seien geistige Nachfolger eines Ludwig Müller. Waren die Christen vor 50 bis 60 Jahren mit einem Mal nicht mehr nur Christen, sondern Deutsche Christen, so kommt man nicht umhin, bestimmte Kirchenleiter der evangelischen Kirche der DDR samt ihrer schweigsamen Hörigen als *Sozialistische Christen* zu bezeichnen. Denn mit ihrer Anerkennung des sozialistischen Scheins, die ihnen das persönliche Überleben als das, was sie sind, sichern soll, rechtfertigen sie die Existenz eines von Grund auf inhuman konzipierten Regimes und der in diesem etablierten Machthaber, womit sie beitragen zum Fortbestand dieser Ordnung.

Was geschähe denn, wenn sie sich dieser Lüge entzögen und die Rolle, die sie als kirchliche Würdenträger zu spielen vorgeben, wirklich innehätten? Marx hat daran nichts geändert – es bleibt sich gleich, ob man die Macht im antiken Rom, zur Zeit der Inquisitoren, der Kapitalisten oder der Kommunisten in Frage stellt – nach wie vor erwartet den Aufbegehrenden das Kreuz, auch wenn seine Macht von seiner Machtlosigkeit ausgeht. Verweigerten jene evangelischen Oberhirten die Konversion zum sozialistischen Christentum, verlören sie zumindest ihr Amt, weil, wenn sie es behielten, der Weiterbestand der gesamten Kirche fraglich würde. Aus dem Inneren der Kirche heraus würden sie daher verdrängt, wo genügend sozialistische Christen nur darauf warten, aufzusteigen. Die Einwilligung der Amtierenden in die Lüge rechtfertigt diese Aussicht natürlich nicht. Unter den Bedingungen der DDR kann die Konsequenz gar nicht das totale Verschwinden der Kirche sein – auch wenn dies dem Staat nach wie vor das Allerliebste wäre –, sondern nur die Anpassung der Kirche an das Regime. Letztlich läuft jedoch auch diese auf eine gewisse Form der Vernichtung der Kirche hinaus. Ob der Oberhirte dann den Namen eines Weimarer Superintendenten oder einen anderen Namen trägt, ist für die Kirche völlig gleichgültig, nicht aber für die Zeche, die der gerade Amtierende beim jüngsten Gericht zu zahlen haben wird.

Was unter „Kirche im Sozialismus“ zu verstehen ist, konnte ein namhafter Landesbischof nicht in wenigen Sätzen sagen, als er in einem Interview des Deutschlandfunks danach gefragt wurde. Seine Antwort ergab trotz ihres Wortreichtums sinngemäß nur, dass man darunter „Kirche im Sozialismus“ zu verstehen habe. Dass „im“ eine Ortsbestimmung ist, bedarf nämlich beispielsweise keiner Erklärung.

Das Interview wurde aus Anlass des Gesprächs geführt, zu dem sich der besagte Bischof und Honecker in den 80er Jahren getroffen hatten. In dessen Verlauf kam aber dann letzten Endes doch zum Ausdruck, was „Kirche im Sozialismus“ bedeutet, ergänzt auch durch ein weiteres Interview [54], das der Landesbischof dem bundesdeutschen Fernsehen gab, um zur Rolle der Kirche während der Frühjahrsunruhen in Ostberlin 1988 Stellung zu nehmen.

Bei beiden Interviews steht die Problematik des Ausreisegeschehens an zentraler Stelle, ohne dass sie offiziell zu deren Thema erhoben worden wäre. Seine Ursache hat dies in der Bestimmtheit, die dieser Problematik anhaftet. Von dieser ist nämlich nicht nur der Staat betroffen, gegenüber dem jeder Antragsteller in für DDR-Verhältnisse ganz ungewohnter Form Stellung bezieht, sondern auch die Kirche, die offensichtlich nicht in der Lage ist, den zum Gehen entschlossenen eine Hoffnung entgegenzusetzen. Sie fühlt sich auch insofern von dieser Bestimmtheit betroffen, dass ihr selbst eine solche fehlt. Dabei ist ganz außer Acht gelassen, dass viele Antragsteller zur Kirche ohnehin keine Beziehungen haben. Der Unfähigkeit, eine Alternative zu bieten oder auch nur in erlebbare Aussicht zu stellen, ist man sich in den Kirchenleitungen durchaus bewusst. Indem man unter Berufung auf die vollzogene Trennung von Kirche und Staat einer kirchlichen Macht auf politischem Gebiet offiziell abgeschworen hat, muss man sich allerdings auf die Anmahnung von Geduld beschränken.

Einen Grund, das Land zu verlassen, erkennt der Landesbischof erst in dem Augenblick, *„in dem* [man] *als Christ nicht mehr in seiner Gemeinde leben und sich für den dreieinigen Gott bekennen kann.“* [54] Dies aber könne von der augenblicklichen Situation nicht gesagt werden.

Wenn sich das Christsein darauf beschränkt, an Gemeindenachmittagen mit Kleinkindern Marienkäfer zu basteln, am Sonntag in die Kirche zu gehen, den Pfarrer persönlich zu kennen und zu sagen „Guten Tag, Herr Pfarrer!“, wenn man ihm auf der Straße begegnet, seine Kinder taufen zu lassen und auch die anderen sakramentalen Handlungen ernst zu nehmen, vor Tisch Dankgebete zu sprechen und so weiter, dann steht ihm der reale Sozialismus tatsächlich in keiner Weise entgegen. Auf die Vorstellungen des Bischofs von einem christlichen Leben würfe dies aber nur ein sehr trübes Licht.

„Das Wort Christi und die Lüge können nicht friedlich beieinander wohnen.“ Dieser Satz ist ein unanfechtbares christliches Axiom, dessen Anerkennung kein Christ verweigern wird. Der Alltag der DDR quillt von Lüge derart über, dass jeder Christ durch den zitierten Satz unausgesetzt unter dem Druck stehen müsste, diese Verlogenheit bloßzustellen. Doch der Durchschnittschrist der DDR tut dies ebenso wenig wie die Oberhirten, denn dieser und jene wissen, dass man *diese* Konsequenz des Christseins von staatlicher Seite nicht mehr tolerieren würde.

Das Christsein wird weitgehend beschränkt auf das Ritual – vom Handeln wird erwartet, dass es sozialistisch sei. Zwar sind ja die Ziele des Sozialismus ihrer Proklamation gemäß ideal humanistisch, so dass kein Christ etwas dagegen zu sagen hätte, doch der Weg, der zu diesen Zielen führen soll, und dessen Beschreiten identisch ist mit dem täglichen Handelnmüssen, ist mit christlichem Tun unvereinbar. Über die „Praxis im Alltag“ wird gesagt, dass der Frieden mit den Mitteln des Friedens zu suchen sei. Der Frieden ist das offiziell erklärte Ziel des DDR-Staates. Dieser Erklärung soll das nach außen gerichtete Bemühen um – vor allem nukleare – Abrüstung als Bestätigung dienen. Wie es einzuschätzen ist, wurde bereits in Verbindung mit dem DDR-Militarismus dargestellt: Man findet es logisch, sich für die Abrüstungsabsichten zu loben und gleichzeitig zu einer „noch höheren“ Bereitschaft aufzurufen, die Offizierslaufbahn einzuschlagen.

Für das christliche Handeln wesentlicher, weil sich dieses gewissermaßen ganz „an der Basis“ der Gesellschaft abspielen muss, ist der in dieser Basis herrschende Frieden. Die Praxis von Zwängen, Repression, Zensur, Bespitzelung und Willkür ist das Gegenteil von Frieden. Es ist der Zustand, in dem sich Schlange und Kaninchen befinden, wenn sich ihre Blicke treffen. Unter der Drohung des Reptils, das nicht umsonst Pate stand bei der anthropomorphen Schöpfung des Drachens, soll der Christ seine Gebete verrichten und sich im Übrigen glücklich und zufrieden fühlen.

„Was würde Jesus dazu sagen?“ Dieses Leitwort Martin Niemöllers sollte sich der Christ in der DDR besser nicht zur Maxime machen. Mit diesem Verzicht kann er zwar dann nur sozialistischer Christ, dafür aber glücklich und zufrieden sein. Nach der Auffassung des Landesbischofs aber kann es für den Christen der DDR keinen Grund geben, das Land zu verlassen, denn [54]

> *alle anderen Gründe liegen eigentlich außerhalb des ausgesprochen christlichen Grundes. Sie sind dann also bedingt in familiären Situationen, in Gesundheitssituationen oder auch in der Frage des Fortkommens im Beruf. Aber an dieser Stelle rufen wir ja als Kirche dazu auf, möglichst lange die Grenze der Geduld hinauszuschieben und zu bleiben.*

Der Landesbischof übernimmt hier die Gründe, über die offiziell zwischen Ausreiseantragsteller und Staat verhandelt wird, die aber meist nur der „erlaubte“

Vorwand für die wirklichen Gründe sind, die zu nennen tabu ist: Sie bestehen in der allseitigen Unfreiheit und im Zwang zur Lüge.

Im Übrigen haben es der Landesbischof und seine gleichrangigen Kirchenbrüder wesentlich leichter mit einer solchen Geduldsprobe. Sie residieren in Amtssitzen, deren Ausstattung mit westlichen Polstermöbeln und westlicher Hochtechnologie der kirchlichen Predigt von materieller Anspruchslosigkeit spottet. Im Schreibtisch liegt ihr Pass, ihr zwischenmenschlicher Umgang ist zum überwiegenden Teil innerkirchlich, so dass sie die „materialistischen Reibungen", von denen sie reden (siehe weiter unten), selten am eigenen Leib spüren müssen. Ausgerechnet in Bad Godesberg muss ein namhafter Bischof für die Anerkennung der DDR-Staatsbürgerschaft plädieren [55]. Ist die Grenze innerhalb Deutschlands für ihn so wenig ein wirklicher Stachel im Fleisch, dass er dies nicht als Affront empfindet?

„Warum vergleichen Sie sich mit ihren Kollegen in der BRD, denen es materiell so viel bessergeht, und nicht mit denen in der Dritten Welt?" Diese Frage richtet der Bischof an die ausreisewilligen Ärzte in der DDR. Mit welchem Recht konzentriert er den Blick so auf die Ärzte und warum spricht er vom materiellen Wohlergehen? Kann er nicht in anderen Kategorien denken oder legt er es darauf an, von den wirklichen Gründen der Bevölkerung abzulenken? Ganz ohne Zweifel erweist er dem Regime mit seinen Äußerungen einen unschätzbaren Dienst.

Am 17. Januar 1988 waren es keineswegs nur Christen, die eine staatlich verordnete Politdemonstration eigenmächtig erweitern wollten. Als der staatliche Terror zuschlug und sich allerorten Unruhe breitmachte, öffnete man die Kirchentüren, „um die Demonstration von der Straße wegzubekommen." Warum wollte die Kirche, wollte der Landesbischof dies? Die Demonstrationen, die zu verhindern die Kirche auf diese Weise dem Staat half und ihn überdies davor bewahrte, seine humane Maske ein weiteres Mal ablegen zu müssen, hätten ein weitaus deutlicheres Wort gesprochen, als es in den „Aussprachen“ möglich gewesen wäre, über die man von kirchlicher Seite Wege zu finden versuchen wollte. [56]

In dem Augenblick, in dem sich das Kaninchen in Wut und Angst entscheidet, endlich einmal Mungo zu sein, endlich aufzubegehren gegen die Ungerechtigkeit, deren Werk nie der Frieden sein wird, da wächst dem Drachen an ganz unerwarteter Stelle ein zusätzlicher Kopf. *„Aber auf jeden Fall hat die Haltung der Kirche nach meiner Überzeugung zur Stabilisierung eines erwünschten inneren Friedens in der Gesellschaft beigetragen, der bedroht gewesen ist.“* [56]

Das ist wieder die sozialistisch-christliche Sichtweise, diesmal in der Form der Anerkennung eines inneren Friedens, den es nicht gibt, und – vorsichtig oder verräterisch – des Zusatzes, dass dieser Frieden „gewünscht“ sei, was seine Distanz von der Gegenwart andeutet, von der sehr wohl gewusst wird. Nicht der innere Frieden war hier bedroht, sondern der Staat.

Der Landesbischof weiß diese Position noch auf mancherlei Weise zu untermauern. Er spricht von „Verfassungswirklichkeit“, ein Ausdruck, den die Tatsache der Nichtübereinstimmung von Verfassung und Wirklichkeit erst hervorbringt. Der Bischof geht davon aus, dass *„ganz natürliche Reibungsflächen“* in einer Gesellschaft entstehen müssen, in *„der Marxisten und Christen miteinander leben“* und in der *„der Marxist seinem Überzeugungsauftrag treu ist und also Menschen zu seiner Weltanschauung rufen will, von der er ja überzeugt sein muss und sein Ruf natürlich auch Christen* *erreicht.“* Das wäre sehr plausibel, wenn die Prämisse vom „Überzeugungsauftrag“ des überzeugten Marxisten zuträfe. Doch sie trifft nicht zu. Die wenigen Einzelfälle, in denen sie erfüllt ist, liegen weit unten zwischen wenigen „jungen Genossen“ und Christen, wo sie nichts beitragen zu der zu verzeichnenden Gespanntheit zwischen Kirche und Staat. Wo Spannungen entstehen, streitet der Marxist längst nicht mehr für den Marxismus, sondern ausschließlich um die Macht, und seine Ideologie dient ihm nur noch als Rechtfertigungsgrund für seinen Machtanspruch.

Auch hinsichtlich der Wehrdienstverweigerung bezieht der Landesbischof nicht die Position, die das Evangelium sinngemäß mit dem Aufruf „Die Waffen nieder!“ klar von ihm fordert. Tatsächlich klingt dies ja auch immer noch wie ein Ansinnen ohne jeden Realitätsbezug. Das liegt aber nur daran, dass die Welt heute nicht näher an einem von christlicher Ethik geprägten Paradies ist als vor 2000 Jahren, als Jesus von Nazareth dazu aufrief, sich von der Realität loszusagen. Das Christentum wird nicht real, solange es mit der Realität paktiert.

Der „möglichst schonende Umgang“ der DDR mit Totalverweigerern, wie er in neuerer Zeit in Form des Ignorierens praktiziert wurde (siehe Seite 247) habe natürlich ein Ende, wenn diese *„einfachste Art des Umganges mit dem Wehrdienst* [das Ignorieren der Totalverweigerer] *öffentlichkeitswirksam“* wird, so der Landesbischof. Weil sie nicht öffentlichkeitswirksam werden darf, müsste der Staat sich zur Einführung eines Zivildienstes gedrängt fühlen, zumal es einen *„echten Bedarf an Arbeitskräften innerhalb des humanitären Bereichs und auch innerhalb bestimmter Industriegebiete* [gibt]. *“* [54]

Für den Staat ist das Problem damit zu Ende gedacht – Zivildienst kann keine Lösung sein. Von staatlicher Seite wurde jedenfalls dazu nichts mehr gesagt. Die Totalverweigerer weisen darauf hin, dass mit der Einführung des Zivildienstes „ganz normale" Nichtverweigerer vom Wehrdienst freigesetzt würden, was erst recht öffentlichkeitswirksam wäre.

Der Einsatz sogenannter Bausoldaten erfolgt zum Teil in Industriebetrieben, die auf Grund der katastrophalen Arbeitsbedingungen in ihnen auf normalem Weg keine Arbeitskräfte mehr gewinnen können. Mit dem Wegfall der Totalverweigerungssklaven durch Einführung eines Zivildienstes ließe sich dieser Bedarf kaum noch decken. Im ökologischen Katastrophengebiet Bitterfeld werden zum Beispiel Bausoldaten in der Aluminiumproduktion eingesetzt. So, wie man die Schmelzflusselektrolyseanlagen vor über 60 Jahren gebaut hat, arbeiten sie heute noch: Ohne Rücksicht auf die Gesundheit des geknechteten Proletariers. Die Überschreitung der sogenannten MAK-Werte, der maximal zulässigen Arbeitsplatzkonzentrationen von Schadstoffen, ist „normal": *„bei Fluorwasserstoff 3- bis 4-facher MAK-Wert, bei Kohlenmonoxid 3- bis 7-facher MAK-Wert. Die Staubbelastung ist extrem,* (sie) *ermöglicht oft nicht die Sicht von einem Ende der Halle zum anderen. ... In der Halle ist eine ständige Temperatur von 30 - 35°C zu messen. In Ofennähe liegt sie bei 75°C und darüber. Zahlreiche Arbeiten ... müssen in unmittelbarer Nähe des Ofens erfolgen... Diese Bedingungen verursachen dann Fluorose und Erkrankungen der Atmungsorgane wie Staublunge, Bronchitis..."* [57]

Dies alles ist in der Kirche „öffentlich" bekannt, spätestens seit die Dresdner Umweltgruppe es „innerkirchlich" publizierte. Aber der Landesbischof dürfte auch ohne diese Papiere nicht behaupten können, er „habe davon nichts gewusst“. Für ihn ist ja die Frage eines Zivildienstes ohnehin verbunden mit der Stärke des Truppenkontingents, das die DDR innerhalb des Warschauer Paktes zu stellen hat. *„Da wir geburtenschwache Jahrgänge haben“*, ist die Frage nach dem Zivildienst *„nicht sehr leicht zu beantworten und der Realismus schlägt hier schon durch.“* [54]

Für den Landesbischof ist es auch realistisch, die vom Staat so übermäßig betonte Trennung von Kirche und Staat als gegeben anzuerkennen. Er hält sie für vollzogen, weil der Staat sie für vollzogen erklärt. Trennung von Staat und Kirche bedeutet aber zweierlei: Nicht nur darf die Kirche nicht teilhaben an der staatlichen Macht, sondern es darf auch der Staat keinen Einfluss haben auf das Geschehen in der Kirche. Diese zweite Wirkungsrichtung ist aber in der DDR durchaus nicht aufgehoben. Alles, was bis hierher über das Verhältnis von Staat und Kirche gesagt worden ist, hat dies bereits vorweggenommen. Die Situation der Kirchenpresse sei unerträglich, wurde im Oktober 1988 von kirchlicher Seite eingeräumt. Aber dass eine so beeinträchtigte Kirche keine unabhängige Kirche und also keine vom Staat getrennte Kirche ist, wird nirgendwo geäußert. Warum nicht? Weil diese Trennung eine heilige Kuh des sozialistischen Staates ist, wenn auch nur eine ausgestopfte.

Ein Generalsuperintendent äußerte sich aus Anlass des konziliaren Prozesses im Frühjahr 1988 unter anderem so [58]:

> *Christliche Weltverantwortung erhält ... ihr spezifisches Profil, also ihre Identität erst von dem Friedenshandeln Gottes in Jesus Christus her. Deshalb verbünden sich die Christen mit allen, die für Gerechtigkeit, Frieden und die Bewahrung der Schöpfung eintreten, deshalb trennen*

sie sich aber auch von Personen und Gruppen, die Positionen vertreten bzw. Methoden verfolgen, die dem Geist Christi widersprechen.

Fragte man den Generalsuperintendenten, ob dies auch auf das Verhältnis von Kirche und Staat anwendbar sei, antwortete er sehr wahrscheinlich: „Natürlich!“ Auch dies ist ein Aspekt der Trennung von Kirche und Staat und auch die Konsequenz aus dieser Sichtweise steht aus. Gesprochen wurden die zitierten Worte nämlich gar nicht mit Blick auf den Staat, sondern mit Blick auf die einzigen offenen Gegner dieses Staates, auf jene also, die sich den unglaublichen Affront geleistet haben, diesem System offen abzuschwören. *„Wir können uns nicht mit jedem und allem identifizieren, was im Namen von Frieden und Gerechtigkeit vertreten wird.“* [58].

Die Distanzierung von den Ausreisewilligen, die Trennung von *ihnen*, ist inzwischen von kirchlicher Seite mehrfach betont wurden. Man begründet es damit, dass sie sich nur deshalb der Kirche anvertrauten, um unter deren Schutz straflos unliebsam werden zu können. Die Kirche dürfe sich nicht missbrauchen lassen, wird gesagt. Ein Recht einzufordern, schon gar bei der Kirche, der über alle Zweifel erhabenen Instanz der Gerechtigkeit, kann offenbar nicht geduldet werden. Die Handlungsweise eines bekannt gewordenen Weimarer Superintendenten zeigt, dass die Unduldsamkeit umso härter wird, desto entschiedener man das Versprechen der Kirche, für Gerechtigkeit einzutreten, einfordert.

Es darf unterstellt werden, dass der Generalsuperintendent die Zusammenhänge zwischen dauerhaftem Frieden und den Mitteln zu diesem kennt. Seine Sätze lesen sich gut, ebenso gut, wie sich eigentlich die Phrasen oder staatlichen Ideologen läsen vom Mittelpunkt aller Bemühungen, in dem der Mensch stehe usw. – wenn noch jemand daran glaubte. Der Generalsuperintendent weiß auch, denn er schreibt es ja, *„dass die Kirche ihre Identität als Kirche Jesu Christi auch verlieren kann, wenn sie in den Fragen des gesellschaftlichen und politischen Lebens versagt."* [58]

Mit der Höhe des Amtes scheint dieses Versagen zu steigen. Die im Zusammenhang mit der Umweltproblematik schon erwähnten Gruppen widersetzen sich dem Versagen ganz zweifellos. Natürlich meint die Kirchenleitung, dass es in der Kirche keine Gruppen gäbe, die eine reine Oppositionsrolle einnähmen. Dies muss jedoch als Äußerung gewertet werden, die dem Soll der Nichtexistenz irgendeiner Opposition in der DDR Rechnung tragen soll. Der Schutz der Gruppen, der sich aus dieser Bemerkung auch ergibt, fällt nur nebenbei mit ab. Vollständig abblocken kann die Kirche die Opposition in den Gruppen nicht. So duldet sie sie in Maßen und unter *„Umwandlung der konkreten Forderungen der Basisgruppen in Bitten und Wünsche der Kirchenleitungen gegenüber dem Staat."* [59]

Aber die Opposition in den Basisgruppen richtet sich auch gegen die kirchliche Politik. Unter den gegebenen Umständen der nur einseitig vollzogenen Trennung von Kirche und Staat macht die Gruppen das zu einem ernstzunehmenden Faktor. Dies wiederum weiß man in den Kirchenleitungen, die ihren Einfluss natürlich auch „unten", an der „Basis" zu nehmen verstehen. Deshalb wohl wurde der Entwurf eines ausgezeichneten „Konsenspapiers" zum Selbstverständnis der Gruppen auf dem 88er Seminar „Konkret für den Frieden" in Cottbus nicht angenommen. Darin wird nämlich gefordert [36]:

> *Die Gruppen wünschen in kritischen Situationen, die zu staatlichen Eingriffen führen, von den Kirchen nicht*

zuerst geheimdiplomatische Bemühungen und Teilnahme der kirchlichen Mandatsträger am Spiel der Mächtigen. Es sollte immer deutlich bleiben, dass sie sich dem Ideengut einer menschenwürdigen Kultur und ihren Vertretern vorrangig solidarisch verpflichtet fühlen.

Dafür aber kann es den Segen der kirchlichen Mandatsträger nicht geben.

Der Landesbischof hätte einen Satz finden können, um auf die Frage, was unter „Kirche im Sozialismus" zu verstehen sei, zu antworten: „Man versteht darunter eine Kirche, deren Leitung versucht, ihre Existenz über ihren Auftrag zu setzen und die damit zu ihrem Auftrag unfähig wird." Doch in der DDR ist es nicht nur möglich, als Christ Sozialist zu sein. Man kann in ihr auch als Marxist Professor für Theologie werden. Dieses Amt verlangt keinesfalls, dass sich sein Inhaber zum Christentum bekennt. Der Verfasser des Artikels über „Konfirmation und Jugendweihe" des Theologischen Lexikons etwa, ordentlicher Professor für Theologie in Ostberlin, verfasste auch den Artikel zum Stichwort „Weltbild – Weltanschauung – Glaube". Professor Jenssen sagt dazu [51]:

Der Christ kann und wird die auf der Erkenntnis der gesellschaftlichen Gesetzmäßigkeit basierende Voraussage der objektiv notwendigen Ablösung der kapitalistischen Gesellschaftsformation durch die sozialistische in keiner Weise als Einengung der Freiheit Gottes empfinden, sondern mit Dank gegen Gott begrüßen als Ermöglichung und Voraussetzung eines sinnvollen, wahrhaft menschlichen Zielen dienenden Engagements in der Geschichte.

Ob hier der Glaube an Gott oder der Glaube an die marxistische Ablösungsprognose der tiefere ist, unterliegt keinem Zweifel. Freilich sieht H. H. Jenssen hier gar keinen Widerspruch; er zeigt, wie man an beides glauben kann. Dass dies einen Verrat an Jesus Christus darstellt, der offenbar die Erde knapp 2000 Jahre zu früh betrat, fällt dabei nicht weiter auf. Davon abgesehen aber bäumt sich auch hier wieder die Frage geradezu auf, ob denn das sozialistische Weltsystem nicht Beweis genug dafür ist, dass die Marx'schen Hypothesen nie zur Theorie werden können. Nicht Marx, sondern seine Kritiker erhielten den Beweis ihrer Anschauung durch die Praxis. Wer für das, was die DDR oder Rumänien gesellschaftlich ausmacht, Gott danken soll, müsste sich von ihm abkehren. Er hörte auf, Christ zu sein.

Die *katholische* Kirche zeigt sich intern höchst antikommunistisch und das Ende der Despotie herbeisehnend. Nichtsdestotrotz hält auch sie nichts vom Weg des lauten Aufbegehrens, schwingt nicht die Peitsche, um die Wechsler und Wucherer aus dem Tempel zu jagen, sondern zieht angesichts der Übermacht die „stille Diplomatie" vor. Ebenso wie die unprotestantischen Protestanten mahnt sie zur Geduld. Da sie aber mehr nach Rom blickt als nach Berlin oder Eisenach, umgeht sie die Konfrontation mit der Staatsführung der DDR. Das gereicht ihr nicht zu großer Ehre. Man möchte meinen, in ihr kocht man noch mehr das eigene Süppchen, als das ihren protestantischen Brüdern und Schwestern gelingen kann. Das Verbrechen und das Unrecht sehen sie durchaus. Aber dass sie das Regime mit mehr als Passivität fördern, kann ihnen schwerlich vorgeworfen werden. Gesagt werden muss, dass die katholische Kirche sich für Ausreisewillige einsetzt. Sie kümmert sich um

Einzelschicksale im Rahmen der Möglichkeiten. Dafür gebührt ihr Dank.

7.4 Sozialismus als Religion

Die Formel von der „Kirche im Sozialismus“ hat ungewollt noch einen ganz anderen Sinn, auf den sie überhaupt nicht zielt, auf den die drei Worte aber ebenso passen. Gemeint ist hier das „Kirchliche im Wesen des Sozialismus“, besser noch: die sozialistische Religiosität.

Den Beweis der Richtigkeit des Atheismus hat der Sozialismus nämlich gar nicht bringen können. Durchaus im Marx'schen Sinne, der, wie eingangs erwähnt, die Religion unter anderem als den *„allgemeinsten Rechtfertigungsgrund einer unmenschlichen Ordnung“* bezeichnete, kommt der Ideologie des Staates genau diese Rolle zu. Nun ist die Rechtfertigung der Macht durch eine Ideologie noch kein hinreichender Grund für den religiösen Charakter der betreffenden Ideologie. Von Anfang an aber hat man die Ideologie der DDR mit den Attributen einer – wenn auch prähistorisch primitiven – Religion versehen. Es gibt in ihr Tabus, Heiligtümer, Riten, Götzen, Tempel und Götter.

Die Götter des Marxismus-Leninismus sind selbstredend die Klassiker desselben. Ihre Schriften sind die Grundlage ihrer Dogmatik – sie sind unfehlbar, über jede Kritik erhaben und ewig gültig (weil wissenschaftlich). Das Kurzwort für ihre gesammelten Werke ist ein geschickt gewähltes Apronym: MEGA. Die sprachlich als Riesenzahl gebrauchte Million – die „Millionen“, die sich heute angeblich zu diesen Göttern bekennen – steht in Beziehung zur „Marx-Engels-Gesamtausgabe“. (Lenin läuft noch separat, hat dafür aber seinen Ehrenplatz in der Bezeichnung der Weltanschauung, für die Engels –

immerhin Angehöriger der Bourgeoisie – möglicherweise weniger geeignet erschienen sein mag.)

Tabu sind die entthronten Götter – allen voran Stalin –, die Lügen der Geschichte und die Verbrechen der Gegenwart.

Der Heiligtümer gibt es unübersehbar viele – es sind dies die „Kampfstätten der Arbeiterklasse“ und die „Nationalen Mahn- und Gedenkstätten“. Zu denen gehören auch und besonders die Hinrichtungsstätten der Nationalsozialisten. Wer die Opfer von Verbrechern ehrt, stellt sich in den Schein der Tugend, ganz gleich, wer er sonst sein mag, und die Ehrerweisung kostet nicht viel. Gleichzeitig geht dadurch die tatsächliche Achtung vor diesen Opfern verloren, da die Tendenz besteht, dass die neuen Unterdrückten die einstigen Opfer mit den neuen Machthabern identifizieren. Zu den Heiligtümern gehört auch jedes der -zigtausend Portraits von Erich Honecker, Horst Sindermann und Willi Stoph, die mit ihren für sie so nachteilhaft bösartig erfassten Konterfeien dreieinig so manche Kantine verunzieren. Wer ein solches Bild mutwillig beschädigt – was deshalb nie vorkommt –, macht sich eines der Tempelschändung entsprechenden Deliktes schuldig.

Die Riten sind die Brimborien zu den politischen Gedenk- und Feiertagen, zu Sportfesten und Staatsempfängen. Zu ihnen gehören aber auch die sozialistischen Sakramente, von denen es neben der Jugendweihe auch die sozialistische Eheschließung und die sozialistische Namensgebung gibt. (Die sozialistische Eheschließung ist übrigens das tatsächliche Äquivalent zur kirchlichen, nicht die standesamtliche Trauung, wie es Jenssen im Zitat auf Seite 300 fälschlicherweise sagt.) Selbst ein parteilich betontes Begräbnis ist im Angebot, ungeachtet des Vorbildes, das Friedrich Engels mit dem

Wunsch, man möge seine Asche ins Meer streuen, den Materialisten anbietet.

Was die Jugendweihe betrifft, so sei hier noch erwähnt, dass das Zitat auf Seite 300 leider durch einen wahren Anteil im Artikel „Jugendweihe“ des „Kleinen Politischen Wörterbuchs“ zu ergänzen ist. Er lautet [4]: *„Die Feiern zur Jugendweihe nehmen ... einen bedeutsamen Platz ... im Leben ... ein.“* Auf den sich dahinter verbergenden Tatbestand passt überaus treffend der Vierzeiler von Erich Kästner:

Was auch geschieht –
nie dürft ihr so tief sinken,
von dem Kakao, durch den man euch zieht,
auch noch zu trinken.

Trotz Pseudomanipuliertheit, einer Errungenschaft der DDR, können sehr viele DDR-Bürger aber genau das Mitmachen in diesem Punkt nicht lassen. Mit der zwanghaften Gier zum Feiern allein, die im Alltag der DDR zu beobachten ist und die ihren Ursprung zweifellos in der Tristheit des Alltags hat, ist der Rummel, den die allermeisten Familien anlässlich der Jugendweihe ihrer Kinder veranstalten, nicht zu entschuldigen, auch wenn im Kreise der Familie der Festakt, die Jugendstunden und der ideologische Kakao keine Rolle spielen. Wichtig sind hier die Einkleidung des „Jugendweihlings“, die familiäre Festtafel in der Größenordnung einer üppigen Hochzeit und die Geschenke, die von überall her anreisende Verwandte ins Haus bringen. Wer nicht kommen kann, schickt wenigstens eine der im Handel vielfältig angebotenen Jugendweihe-Glückwunschkarten oder das speziell bereitgehaltene Schmuckblatt-Telegramm der Post. Die Geschenke der Eltern haben meist einen beachtlichen Wert, wobei zu bedenken ist, dass die hier am häufigsten in Betracht kommenden Dinge in der DDR zu den teuersten gehören: Eine Kamera, ein Radiorekorder, ein Rennrad, sogar ein Moped oder – sofern auftreibbar – ein Klavier werden als angemessen empfunden.

Wie gesagt, verliert man an den ideologischen Gehalt der Angelegenheit bei Sekt und Mahl in der Regel keine Silbe. Es ist nicht Gegenstand von Überlegungen, warum man die Jugendweihe in der Familie feiert. Man feiert halt die Feste wie sie fallen, und schließlich ist es ein Grund, wenn man erwachsen wird...

Eine Frau schimpfte lauthals auf der Straße und erzählte ihrer Nachbarin, dass sie extra nach Berlin fahren musste, um für ihre Tochter ein paar „ordentliche“ Schuhe für die Jugendweihe zu besorgen. Auch bekäme man nur sehr schwer ein hübsches Kleid. Und dass die Kinder zur Jugendweihe schön angezogen sein wollen, könne man schließlich verstehen... (Dessau, 1972)

Überall kann man dem zwingenden Regime die Schuld geben, sogar an der Nötigung zum Ablegen des Jugendweihegelöbnisses als nur einem unter vielen Bekenntnissen. Wenn aber ein *privates* Fest aus diesem Akt der Unterwerfung gemacht wird, geht jede Möglichkeit der Rechtfertigung verloren. Hier ist man wieder auf dem alten Gleis, das in die verhängnisvolle Richtung führte, als man des Führers Geburtstag im Kreise der Familie feierte und der Vorname Adolf häufig wurde. Ist dies zwar nun verbraucht, so feiert man doch die Aufnahme der Jugendlichen in den Kreis der sozialistischen Erwachsenenwelt.

Das sozialistische Sakrament ließ sich ohne Schwierigkeit auf den Stumpf des überlieferten christlichen aufpfropfen, weil das Verlangen nach mystischen Riten weiterbestand, da es bewusst gepflegt wurde. Die marxistische Ideologie macht sich selbst zu dem, wozu Marx sämtliche Religionen einschließlich des Christentums degradierte – zu „Opium für das Volk“, zur „feierlichen Ergänzung“, zur „allgemeinsten Theorie“ ihres unmenschlichen Systems und auch zu einer „Form des entfremdeten Bewusstseins“. Ihre Götzen sind Staat und Gesellschaft, denen ein jeder zu dienen hat. Der Dienst an ihnen geht über alles andere, weil, so sagt die Ideologie, dieser Dienst allen zugutekomme.

Das jedoch bestätigt die Realität nicht. Die Götzen verschlingen die dargereichten Opfer, ohne Segen zu spenden. Der Lohn sind hohle Phrasen und die Aufforderung zum Erbringen neuer Opfer: „Höhere Leistungen...!“, „Übererfüllte Pläne!“, „Das Beste für unseren Staat!“ – Der Dank klingt dann so: „Dank den Werktätigen der Deutschen Demokratischen Republik, den Erbauern des Sozialismus!“

Wer lässt die Götzen sprechen? Wem nützt es? Wem nützt es, wenn das Volk sich abrackert? Es ist niemand anders als die herrschende Clique an der Spitze der Staatspartei.

Der Staatsreligion, mit der man noch einmal die Trennung von Kirche und Staat ad absurdum führt, fehlt freilich jegliche Ethik, wie sie ja auch eine solche bei anderen Religionen für nicht sonderlich bemerkenswert hält und diese somit ihrer Grundlage beraubt. Ihre Moral ist die „sozialistische Moral“, die gelegentlich auch zur „Wehrmoral“ oder zur „politischen Moral“ wird.

Eine Religion, in deren Namen Macht ausgeübt wird, konnte noch nie etwas mit ethischen Werten anfangen; solche waren und sind ihr hinderlich. Macht und Moral stellen nicht nur irgendeinen, sondern *den* antagonistischen Widerspruch dieser Welt überhaupt dar. Das zwingt jede Macht, ihr Tun zum Gebot „ihrer Moral“ zu erklären, wofür die Geschichte an Beispielen übervoll ist. Denn sie ist nicht eine Geschichte von Klassenkämpfen, wie es der Marxismus behauptet, sondern, viel allgemeiner und sehr einfach, eine Geschichte von Machtkämpfen.

8. Der sozialistische Alltag

8.1 Lebenszeit

Für jeden Menschen der Erde hat der Tag 24 Stunden. „Keine Zeit“ zu haben, wäre also ohne einen darin implizit enthaltenen Zusatz „wofür“ eine völlig unsinnige Äußerung. Die Behauptung eines Menschen, er habe keine Zeit, mit dem Vorwurf zurückzuweisen, er nehme sie sich nur nicht, ist für Beschäftigungen, die über die zur Lebenserhaltung notwendigen Tätigkeiten hinausgehen, vielleicht berechtigt. Wenn sich aber jemand die Zeit für eine Sache nicht nehmen *kann*, weil er dann Hunger leiden müsste, wäre es zynisch, ihm die Priorisierung seiner Beschäftigungen vorzuwerfen. Auch der Tag dieses Menschen hat 24 Stunden, und dennoch hat er „keine Zeit“.

Dieser Mensch ist eigentlich der Einzige, der ein Recht zu dieser Behauptung hat. Er braucht seine Zeit zum Überleben, und im Überleben erschöpft sich seine Kreativität. Wofür also fehlt ihm die Zeit? Bekanntlich lebt der Mensch nicht von Brot allein. Menschliches Leben ist durch mehr gekennzeichnet als durch Stoffwechsel. *Menschliches* „Leben“ schlechthin wird zum Homonym für menschliche Kreativität, wobei der Stoffwechsel eine selbstverständliche Voraussetzung ist, die keiner Erwähnung bedarf.

Insofern erweist sich die DDR-Wirtschaft nicht nur als insuffizient, sondern in eben dieser Insuffizienz als *menschenfeindlich*. Denn auf Grund des permanenten Mangels an all jenen Dingen, die der Mensch im weitesten Sinne zur Erhaltung seines Stoffwechsels benötigt, wozu hier auch die Minimalforderungen einer gewissen

Lebensqualität gezählt werden sollen, also das, was über Wasser und Brot hinausgeht, wird ihm die Zeit für jenes gekürzt, was ihn über seine Biologie hinaus zum Menschen macht.

So manchem Ostseitigen wird dieser Vorwurf überspitzt erscheinen. Doch das liegt daran, dass man sich allgemein diese Tatsache kaum noch bewusstmacht. Der hohe Zeitaufwand für die Heranschaffung von Lebensmitteln und ganz normalen Gebrauchsgütern sowie auch für die Organisierung einigermaßen erträglicher Wohnverhältnisse ist derart zum Standard geworden, dass man ihn nicht mehr als wesentliche Einschränkung seiner selbst aufzufassen pflegt. Es tritt jetzt sogar oft der kuriose Effekt ein, dass die brachliegende Kreativität eingesetzt wird, um trotz des allgegenwärtigen Mangels über das Unmögliche zu verfügen. Es entsteht eine Art Wettstreit in dem Bemühen, unter Mangelbedingungen mangelfrei zu leben. In seinem Zeichen baut sich ein ganzes System von Beziehungswirtschaft und Korruption auf. An diesem Wettstreit nehmen nicht alle teil. Aber es sind sehr viele, bei denen man sich fragen muss, wofür sie eigentlich diesen Aufwand treiben, und deren Bestreben, sich im Leben einzurichten, erst durch ihren Tod beendet wird.

Der Typus, der von dieser Erscheinung betroffen ist, ist nicht ein Ergebnis dieser Verhältnisse. Das lebenslange Vorbereiten auf das Leben ist keine Eigenart, die von der sozialistischen Mangelwirtschaft erzeugt wird. Jedoch ist sie für einen solchen Lebensinhalt noch besser geeignet als die Wirtschaft nach westlichem Muster – im Osten ist jede Erwerbung ein trophäenhafter Erfolg.

Der Bau eines Eigenheimes etwa gibt dafür unbegrenzte Möglichkeiten. Das beginnt bereits mit dem Erhalt der Baugenehmigung. Innerhalb der Gruppe der durch dieses Papier bereits privilegierten geht es nun um möglichst viele Sonderausführungen – keinesfalls nämlich kann jeder Bauherr seinen Vorstellungen beliebigen Raum lassen. Die Grenzen setzt ihm nicht sein Geldbeutel, sondern vor allem die staatliche Baustoffversorgung. Diese Grenzen *genehmigt* zu überschreiten, weckt die Bewunderung der anderen Eigenheimbauer der Umgebung. Es zeugt von besonderer Cleverness, Kupfer statt Aluminium für die Elektroinstallation zu verwenden, denn der Einsatz von Kupferleitung ist nicht erlaubt. Es ist ein Erfolg, „normale" Fliesen für das Badezimmer zu verwenden, denn im Handel gibt es nur die überteuerten Rückstände des Westexports. Es gilt als bewundernswerte Leistung, einen Tischler zu finden und zu veranlassen, eine Wendeltreppe im Inneren des Hauses zu bauen. Das Dach wird schiefergedeckt, der Zaun schmiedeeisern, der Briefkasten aus Edelstahl... Es wird zur Lebensaufgabe, sich immer neue Extras einfallen zu lassen, die nur über Beziehungen und übermäßige Preise zu verwirklichen sind.

Diese Lebensaufgabe muss keineswegs den hier aufkommenden negativen Beigeschmack haben. Es muss auch kein Eigenheim sein, an dem sie sich entfaltet. Es genügt die ganz normale Wohnung, für die man endlich die zu den Möbeln passende „Auslegware" (Teppichboden) erhält und die mit derselben Furnierimitation wie die Schrankwand versehenen Gardinenstangen. Auch dafür ist Aufwand zu treiben, der nichts zu tun haben muss mit Verkauf unter dem Ladentisch und auch keinen Einfluss hat auf die Neidgefühle des Nachbarn. Nur muss man eben die fraglichen Geschäfte unzählige Male aufsuchen, ehe alles zueinander passt. Das wird dann als wahrhafter Erfolg empfunden.

Dem Staat muss diese Haltung recht sein. Wer sich um solche Dinge kümmert, der rüttelt nicht am politischen

Fundament, auch wenn er sich beklagt über die Probleme, die ihm bei der Verwirklichung seiner Pläne im Wege stehen. Das Schimpfen dieser Art gehört zum Ritual; der Staat duldet es. Denn die ewigen Puzzler sind nicht die Unzufriedensten. Wäre ihr Puzzle leichter, käme so mancher beizeiten in die Notlage, über seine Zeit nachdenken zu müssen. Seine Zufriedenheit wäre gestört.

Wenn also das sozialistische System mit seiner Mangelwirtschaft auch diesen Typus nicht gerade hervorbringt, so bietet es doch einen idealen Nährboden für ihn. Der Mangel in der Versorgung wird dem nicht wirklich unrecht sein, der selbst am Mangel einer anspruchsvolleren Sinnsuche leidet. Er ist der ideale DDR-Bürger, wie der Staat ihn sich wünscht und wie er nur in einem solchen eigentlich zufrieden sein kann.

Ob das staatliche Bildungssystem mit seinen früh beginnenden Versuchen, die geistige Fremdherrschaft über die Individuen zu erlangen, hier einen Anteil hat, ist zwar nicht sicher, trotz des Scheiterns dieser Versuche jedoch wahrscheinlich. Auf jeden Fall geht sein Einfluss in eben diese Richtung.

Der Staat fördert aber diesen Typus direkt, indem er die anspruchsvollere Sinnsuche erschwert. Dies drückt sich aus in der Enge des kulturellen Angebotes, in der Mangelhaftigkeit der Informationen, der geistigen Armut überhaupt und in dem Bestreben, die Arbeit in Beruf und „für die Gesellschaft“ über alles zu setzen.

Man kann die Betroffenen nicht für ihr Bemühen verurteilen. Letztlich tun sie nichts anderes, als ihre innen- oder außenarchitektonischen Vorstellungen von ihrem Zuhause an die Spitze ihres Interessenkataloges zu setzen. Dies zu tun muss jedem freistehen. Auch sind diese Vorstellungen natürlich nur beispielgebend. Ebenso kann man auch seinen „Trabanten“ selbst „tunen“, was beliebig viel Mühe machen kann, oder alles daransetzen, eine französische Küche zu führen.

Die Einteilung der Freizeitbeschäftigungen in solche, die auf die Schaffung von Lebensbedingungen ausgerichtet sind, und solche, die darüber hinausgehen, ist einfach. Bei der Einschätzung, welche der beiden Gruppen mehr staatliche Förderung erhält, ergibt sich eindeutig, dass es die der Einrichter ist. Damit lassen sich von staatlicher Seite gleich zwei Probleme angehen. Das eine ist die wünschenswerte Bindung der Kreativität an das Profane. Das andere ist die Verlagerung eigentlich von staatlicher Seite zu erbringender Leistungen auf den Einzelnen. Dies beinhaltet im Rahmen der Maxime „Selbst ist der Mann“ eine teilweise Aufhebung der die Zivilisation kennzeichnenden Arbeitsteilung. Deren Funktionieren ist durch Oktroyierung der ideologischen Planwirtschaft vorgeschädigt. Durch das Erbringen von „Eigenleistungen“ soll dieser Defekt wenigstens teilweise kompensiert werden.

Dafür gibt es ungezählte Beispiele. Die staatliche Förderung der Selbsthilfe auf etlichen Bereichen wird dabei zumeist allgemein positiv eingeschätzt. Sie wäre es zweifellos, wäre man nicht in vieler Hinsicht auf sich selbst *angewiesen.* Am auffälligsten sind die sogenannten „Selbsthilfewerkstätten“ der staatlichen Gebäudeverwaltungen. Diese Verwaltungen sind nämlich völlig außerstande, ihren Pflichten als Vermieter nachzukommen. Es gibt viel zu wenig Handwerksbetriebe, als dass sie sich auf diese in einem Maße stützen könnten, das den Erhalt der Gebäude gewährleistete. Deshalb wird die Arbeitsleistung zur Instandhaltung und Instandsetzung der Wohnungen, Installationen, Dächer und des häuslichen Umfeldes zunehmend auf die Bewohner übertragen. In einem speziellen „Selbsthilfekatalog“ sind die Richtlinien für die Vergütung und den erlaubten Materialverbrauch aufgegliedert. In den Selbsthilfewerkstätten werden verschiedenste Arbeitsgeräte zum kostenlosen Verleih bereitgehalten.

Die Vergütung für derartige Eigenleistungen ist denkbar niedrig. Sie verlässt nicht den Rahmen des Gesetzes über „zusätzliche Arbeit", demgemäß ein steuerfreier Zusatzverdienst nicht über 4,50 Mark pro Stunde liegen darf. Für dieses Geld sind Betriebe und Handwerker nicht zu gewinnen. Der Mieter wird sich auf diese Arbeiten also grundsätzlich nicht wegen des zu erwartenden Verdienstes einlassen. Es ist ihm freigestellt, die Arbeit einer autorisierten Firma zu übertragen, die in diesem Fall direkt von der Wohnungsverwaltung bezahlt wird und natürlich nicht unter „zusätzlicher Arbeit" zu verbuchen ist. Die Schwierigkeit ist nur, eine solche Firma zu gewinnen, was ohne Beziehungen und Schmiergelder fast unmöglich ist.

Auch dem Mangel an Autowerkstätten soll symptomatisch entgegengewirkt werden. Jedoch hat es hier mit dem gelegentlichen Angebot von Selbsthilfeliteratur aus den staatlichen Verlagen fast schon sein Bewenden. Die Industrie ist nicht in der Lage, den großen Bedarf an Ersatzteilen zu decken, den das Benutzen völlig überalterter Fahrzeuge auf schlechten Straßen mit sich bringt. Immerhin kann man eine recht solide Vorrichtung kaufen, die es ermöglicht, einen „Trabanten" derart in eine Schräglage zu kippen, dass der Boden und untenliegende Teile zugänglich und Grube oder Hebebühne ersetzt werden. Diese Vorrichtung besteht aus zwei kleinen Böcken mit Gelenken, einem höheren Stützbock und einer Säule mit integriertem Kurbel-Seilzug. Wer die beigelegten Hinweise auf festen Untergrund unzureichend beachtet, begibt sich mit diesem Selbsthilfeinstrument in Lebensgefahr.

Das Prinzip der Kompensation des systembedingten Mangels durch individuelle Initiative ist auch in der Hobbygärtnerei zu beobachten. Diese im wahrsten Sinne des Wortes bodenständige Tätigkeit sieht der Staat bei seinen Bürgern sehr gern: Sie ist ortsbindend, kreativitätsbindend, ablenkend und – produktiv. Der Produktivität versucht er durch Planvorgaben Vorschub zu leisten. Diese sind zwar praktisch nicht durchsetzbar, aber dennoch nicht unwirksam, zumal die Bepflanzung von Schrebergärten mit Ziergehölzen, Nadelbäumen und das Anlegen von Rasenflächen über ein sehr kleines Stück hinaus verboten sind. Gleichzeitig aber mangelt es an ausreichender Bereitstellung von Pflanzgut. Auch Gärtnereien gibt es zu wenig, als dass der Bedarf zum Beispiel an Tomatenpflanzen alljährlich zu decken wäre. Man muss „dazukommen", wenn es sie gerade gibt oder man zieht sie sich selbst zu Hause auf dem Küchenfensterbrett. Damit ist ein weiterer Vorgang der Arbeitsteilung entzogen und auf den Einzelnen übertragen.

Wenn die Produkte der Kleingärtner zur Reife gelangen, wird in den Verkaufsstellen für „Obst und Gemüse" nicht mehr nur verkauft, sondern auch angekauft. Das Angebot ist während dieser Zeit vor allem vom Ankauf aus den Kleingärten abhängig. Die sozialistische Wirtschaft bringt es mit sich, dass der Ankaufspreis höher liegt als der des Verkaufs.

Dem Mangel an Obst und Gemüse ist mit dieser Methode nicht beizukommen. Wer zur Erdbeerzeit sicher sein will, Erdbeeren zu bekommen, muss als Erntehelfer selber pflücken gehen. Voraussetzung dafür ist nur, dass es in seiner Gegend Erdbeerplantagen gibt.

Jedes Jahr stellen die staatlichen Anbaubetriebe Tausende solcher freiwilligen Helfer zur Obsternte ein, die kaum wegen des zu verdienenden Geldes auf die Plantagen gehen, sondern wegen der Möglichkeit, für dieses Geld Obst zurückzukaufen. Nicht die Einstellung von Saisonarbeitskräften ist also das Bemerkenswerte, sondern deren Motiv, der Erwerb von Naturalien, wodurch sich diese Methode in die sozialistische Praxis des Selbermachens einordnet.

Im Rahmen der sogenannten „Arbeiter-Wohnungsbau-Genossenschaft" („AWG") ist das Erbringen von Aufbauleistungen zum direkten Gesetz geworden. Wer dieser Genossenschaft beitritt, um von ihr eine Wohnung zu erhalten, verpflichtet sich zum Leisten eines gewissen Arbeitspensums auf den Baustellen. Der Einsatz erfolgt dabei nicht an oder in dem Haus, das später auch persönlich bezogen werden soll, sondern irgendwo anders. Man erzwingt auf diese Weise unter Ausnutzung des Wohnungsnotstandes die wenigstens zeitweise erfolgende Doppelbeschäftigung, man gewinnt unbezahlte Arbeitskräfte. Immerhin brauchen sich die Betreffenden nicht selbst um die Arbeitsorganisation zu kümmern. Wenn sie am Sonnabendvormittag auf der Baustelle erscheinen, wird ihnen die Schaufel gewissermaßen in die Hand gedrückt.

Die Wohnungsnot zwingt nicht nur derartige AWG-Mitglieder zur Eigenleistung. Vor allem viele junge Menschen, die eine Familie und einen eigenen Haushalt gründen wollen, sind auf die Angebote des staatlichen Vermieters (das sind die Abteilungen „Wohnungspolitik" bei den Räten) angewiesen. Die völlig unzureichende Gebäude-Instandhaltung und die alles durchflechtende Korruption führen dazu, dass diese Angebote oft der reine Hohn sind. Bevor solche Wohnungen überhaupt beziehbar sind, machen sich umfangreiche Restaurierungsarbeiten notwendig. Die „Gebäudewirtschaft“, der staatliche Eigentümer also, verteilt großzügig Reparaturaufträge an die künftigen Mieter. Für die (geringe) Vergütung der Arbeit ist das Vorliegen eines solchen Auftrages Voraussetzung.

In Fällen von besonders umfassenden Erneuerungsmaßnahmen werden sogenannte „Um- und Ausbauverträge“ mit den Bewerbern auf eine Wohnung abgeschlossen. Der erfolgreiche Abschluss aller damit im Zusammenhang stehender Aufgaben ist die Voraussetzung für den Erhalt der „Zuweisung“ der Wohnung. Wesentlich bei allen Arbeiten ist hier, dass ihr gesamter Umfang auf den Schultern des Bewerbers liegt. Er hat sich um alles zu kümmern: Um das Material, um die Transporte, um die Ausführung. Es bleibt ihm überlassen, andere Personen oder Firmen mit der Arbeit zu beauftragen. Jedoch kann er die ersten von dem Lohn, den ihm die Verwaltung für „seine“ Arbeit zahlen wird, seinerseits nicht bezahlen, und Firmen, die ihre Rechnung direkt an die Verwaltung schicken dürfen, bekommt er in der Regel nicht. Gerade deshalb schiebt der staatliche Vermieter ja das Beschaffen der Firmen auf den Mieter ab.

Für einen Lohn, für den reguläre Arbeitskräfte nicht anzuwerben sind, und unter Abschiebung sämtlicher Beschaffungsprobleme auf den Einzelnen, rekonstruiert, modernisiert und erhält der Staat so eine Vielfalt von Wohnungen, die dem Verfall preisgegeben wären, zwänge nicht die Wohnungsnot den Einzelnen dazu, sich zur Verfügung zu stellen.

Die Übertragung von immer mehr Tätigkeiten auf den Einzelnen, die eigentlich speziell dafür existierenden Berufsgruppen obliegen, ist eine zwangsläufige Erscheinung der wirtschaftlichen Desorganisation. Der

Einzelne als letztes Glied in der Kette gesellschaftlicher Verknüpfungen muss die Ausregelung von Folgen der staatlichen Fehlkoordination und Desorganisation bewirken. Das ist für ihn verbunden mit einem hohen Maß an täglichen Frustrationen, mit hohem physischem und finanziellem Aufwand und vor allem mit dem Verlust seiner Zeit.

Ohnehin lässt der neuneinhalbstündige Arbeitstag, nicht selten verbunden mit langen Anfahrtswegen, nicht viel Zeit des Tages übrig. Nicht umsonst deklariert die sozialistische Ideologie die Arbeit (gemeint ist stets die Arbeit im Beruf) als wichtigsten Lebensinhalt. Doch außerhalb dieser zehn bis zwölf Stunden haben die täglichen Verrichtungen zur Lebenserhaltung zu erfolgen. Für viele steckt darin ein höheres Maß an Stress als in der Tätigkeit am Arbeitsplatz.

Die ganz normalen Einkäufe sind immer wieder neu problematisch. Dies ist schon derart alltäglich, dass es kaum noch gespürt wird. Der Staat lobt sich unausgesetzt ob seiner konstanten Preise für die Grundnahrungsmittel. Eine wirklich zuverlässige Versorgung aufzubauen, ist ihm aber bislang nicht gelungen.

Wer eine halbe Stunde vor Ladenschluss noch Milch kaufen muss, findet oft nur noch ein paar geplatzte Milchbeutel, die in der losen Milch anderer geplatzter und ausgelaufener Beutel in den Transportbehältern schwimmen. Das Brot ist oft vom Vortag oder noch älter. Wen das schon nicht stört, den stört meist der Umstand, dass etliche Kunden das stets unverpackte Brot in den Selbstbedienungsregalen mit den Händen drücken, um die zurecht bezweifelte Frische zu prüfen. Die Versorgung mit Milchprodukten ist oft so eingerichtet, dass das Verfallsdatum schon überschritten ist, wenn die Ware zum Angebot kommt. Der Kauf von Wurst und Fleisch ist prinzipiell mit längerem Anstehen verbunden. Währenddessen hat der Kunde Zeit, aus dem Angebot das für ihn in Frage kommende zu sondieren. Keinesfalls sollte er mit festen Einkaufsplänen aufwarten, wenn er an der Reihe ist. Nicht jedem liegt das dann erforderlich werdende schnelle Umdisponieren des Speiseplans von Rindfleisch über Schwein und Gehacktes auf Bockwurst, zumal ihm die Ungeduld der hinter ihm Wartenden im Nacken sitzt. Fleischkonserven gibt es sehr wenig, so dass ein Ausweichen auf diese auch kaum möglich ist. Wer täglich ein Mittagessen zu bereiten hat, steht jeden Tag vor einem neuen Problem. So gesehen ist die Vollbeschäftigung der allermeisten natürlich von Vorteil.

Das mangelhafte Angebot ist aber nicht auf Lebensmittel beschränkt, sondern es ist „allumfassend“. Nichts, aber auch gar nichts, gibt es mit wirklicher Sicherheit. Kleine Artikel wie Kugelschreiberminen, Briefumschläge, Glühlampen, Wäscheklammern oder Teesiebe, teurere Dinge wie Handtücher, Strumpfhosen, Schuhe oder Tapete, seltene Anschaffungsgegenstände wie Waschmaschinen, Fernsehgeräte, Möbel und endlich die teuersten, die Autos – nichts ist zielgerichtet planbar beschaffbar.

Es ist nicht möglich, einfach in die Stadt zu gehen, und das Benötigte zu kaufen. Ehe man ein paar Schuhe ersteht, betritt man das Schuhgeschäft ein dutzendmal vergebens. Das Einkaufen erfolgt mit der Zeit nach einem ganz speziellen Prinzip. Man durchstreift mehr oder weniger regelmäßig die verschiedenen Geschäfte und sichtet das Angebot. Was auf der Besorgungsliste steht, hat man im Gedächtnis. Von der Liste werden an erfolgreichen Tagen einige Dinge gestrichen, während der Alltag stets neue hinzufügt.

Meist aber sind Besorgungen, vor allem die kostenintensiven, mit bestimmten, zeitlich festliegenden Vorhaben verbunden. Das Renovieren einer Wohnung wird in der Regel kaum davon abhängig gemacht werden können, wann man endlich Tapete, Leim und Deckenfarbe beisammenhat, sondern von der dafür zur Verfügung stehenden Zeit, von der Jahreszeit usw. Man wird also die fraglichen Geschäfte in solchen Fällen doch gezielt aufsuchen. Damit setzt die Kette der vorbereitenden Frustrationen ein. Man kämmt die Läden durch, bittet Bekannte und Verwandte, in anderen Städten zu recherchieren, man fährt sogar nach Berlin, um die bessere Versorgungslage dort auszunutzen. Bei Vorhandensein von Beziehungen kommen diese nun zum Tragen oder das Verkaufspersonal wird bestochen, damit es von der eisernen Reserve, die es zu genau diesem Zweck aufbewahrt, etwa noch ein paar Rollen „Rauhfasertapete" herüberreicht.

Das Telefon wäre hier eine große Hilfe, doch der private Anschluss ist eine Seltenheit. So wird nach Möglichkeit ggf. vom Arbeitsplatz aus telefoniert, oder von Telefonzellen aus, die aber oft im entscheidenden Augenblick versagen. Oft liegt in ihnen auch kein Telefonbuch, weil auch dieses zur Mangelware gehört und entwendet wurde. Eine simple Besorgung, die unter vernünftigen Bedingungen zwanzig Minuten dauert, kann in der DDR zu einer Tagesaktion auswachsen.

Dass dies eine ökonomische Katastrophe ist, wird von vielen begriffen. Austragen muss sie der Einzelne, das besagte letzte Glied. Der Grundsatz „Zeit ist Geld" bewahrheitet sich für ihn auf eine neue Art. Das sporadische Angebot führt zu Gelegenheitskäufen allein auf den *Verdacht* hin, dass man das gerade Käufliche vielleicht einmal gebrauchen könnte. Die sich daraus ergebende vorbeugende Lagerhaltung verstärkt das Mangelsyndrom weiter.

Auf diesen Zwang zu kaufen passt das Wort „Konsumterror“ viel besser als auf den vom westlichen Über- oder Sonderangebot ausgehenden Kaufzwang, für den es die DDR-Westhetze gern benutzt.

Besonders deutlich spürbar wird die sozialistische Form des Kaufzwangs dem literarisch Interessierten. Die relativ hohen Verkaufszahlen des Buchhandels lassen sich darauf zurückführen, dass Bücher ganz besonders oft deshalb gekauft werden, weil es sie „gerade gibt“, und nicht, weil man sie „gerade jetzt“ lesen möchte. Ein besonderes Buch muss „erwischt“ werden; es entwickelt sich auch hier eine regelrechte Trophäenjagd. Die Ursache dafür liegt im Widerspruch zwischen den beiden Bestrebungen, einerseits die Zahl der veröffentlichten Titel hoch zu halten, um das geistig-kulturelle Niveau zu demonstrieren, andererseits die Auflagen gering zu halten, um Papier zu sparen und die literatur-bedingte Aufklärung trotz Titelvielfalt im Zaum zu halten.

In dem durch das unstetige Angebot bedingten Zeitverlust und den damit verbundenen häufigen Enttäuschungen ist die eigentliche Belastung durch die Versorgungssituation zu sehen und nicht in der Tatsache, dass es viele Dinge prinzipiell nicht gibt. Das prinzipielle Fehlen zahlreicher Dinge ist für viele Menschen noch irgendwie erträglich, aber durch den Zusammenhang zwischen Angebot und Zeit erhält der materielle Aspekt durchaus eine Aufwertung in der Liste der Unbehagensgründe in der DDR. Das sporadische Angebot führt erneut zur Konzentration auf das Profane, und dies umso mehr, als die fraglichen Artikel durchaus nicht dem Luxus zuzurechnen sind.

Indem der Einzelne die Lücken, Engpässe und Zufälligkeiten durch seine Geduld langatmig abfängt, vermeidet er ernsthafte Folgen dieser Misswirtschaft und trägt zu ihrem Erhalt bei. Da eine Änderung nur über einen vorangehenden Zusammenbruch zu erreichen ist, dieser aber immer gerade noch verhindert wird, bleibt alles beim Alten. Denn dieser Zusammenbruch entzöge zuerst dem Einzelnen die Substanz, was dieser um der Erhaltung seiner selbst willen nicht geschehen lassen will. Und so treibt er den Aufwand verbissen und gereizt und sieht zu, dass er sich von diesem Stress an seinem Arbeitsplatz wenigstens etwas ausruhen kann.

Die Möglichkeiten zur Erholung an diesem Ort sind sehr verschieden und reichen von gar nicht bis hin zu ausgezeichnet. Indem aber ein beachtlicher Prozentsatz dazu in gewissem Maße tatsächlich in der Lage ist, wird die wirtschaftliche Leistungsfähigkeit nicht eben günstig beeinflusst. Von unmittelbarer Wirksamkeit ist jedoch in dieser Hinsicht die mangelnde Befriedigung, die aus einer Tätigkeit erwachsen muss, die zu einem mehr oder minder großen Teil als unsinnig erkannt wird oder ganz und gar nur aus dem Absitzen der Zeit besteht. Davon sind vor allem die akademisch Gebildeten betroffen, und unter diesen besonders die jener Branchen, wo der parteistaatliche Auftrag der vorhandenen materiellen Basis vorauseilt, oder, negativ und damit hier treffender ausgedrückt, die Basis hinter dem Auftrag hinterherhinkt. Gemeint sind die mit den sogenannten Schlüsseltechnologien verbundenen Industriezweige. Besonders von hier ist nicht selten die Klage zu hören, dass man das Gefühl hat, seine Lebenszeit zu vergeuden.

Gerade in diesem Kapitel mag die Detailschilderung die Gefahr der scheinbaren Aufbauschung mit sich bringen. Aber besonders hier ist es die *Summe* der

Einzelheiten, die im DDR-Alltag für ein Kontinuum kleinerer und größerer Frustrationen sorgt und somit zu einem entscheidenden Kriterium der *Lebens*qualität wird.

8.2 Klassengesellschaft

Das Warenangebot in der DDR wird nicht nur durch die Misswirtschaft bestimmt. Um diese am Leben zu erhalten und sich dennoch solche Unternehmungen wie das Kernkraftwerk Stendal leisten zu können, das seit über 15 Jahren im Bau ist und eine der größten Nuklearanlagen Europas werden soll, wird der größte Teil der Produktion, auch der Konsumgüter, ins westliche Ausland exportiert.

Von diesem Exportprogramm ist fast nichts ausgeschlossen. Das Spektrum reicht ebenso wie beim inländischen Mangel von Pfennigartikeln bis zu den teuersten Dingen. Dies führt nicht nur zu einer Einschränkung der Vielfalt im Angebot, sondern auch zu einer Verminderung der Qualität des im Inland Angebotenen. Denn was „für den Westen" produziert wird, hat sich danach zu richten, was für die Qualitätsmaßstäbe des dortigen Marktes gehalten wird. Schon dadurch wird die Produktion zweigleisig. Die hochwertigen Dinge, für die es zwangsläufig einen ungeheuren Bedarf gibt, gelangen nur dann auf den DDR-Binnenmarkt, wenn sie makelbehaftet sind.

Besonders auffällig ist das bei der Möbelproduktion. Gelegentlich tauchen in den Möbelgeschäften Stücke auf, die sich durch auffällige Solidität und enorme Preise von den übrigen unterscheiden. Der Kunde sieht die Fehler kaum, wegen der diese Stücke bei der Gütekontrolle des Westexportes durchgefallen sind. Es sind kaum spürbare Abweichungen im Farbton der einzelnen Teile untereinander, kleinste Beschädigungen oder sonstige

Produktionsfehler. Auch dieser „Ausschuss“ ist aber Mangelware, denn auf seine Minimierung kommt es ja im Interesse der Deviseneinnahme an. Immerhin lassen sich für ihn noch extreme Inlandpreise erzielen.

Das ganze Prinzip passt in das Bild vom Menschen zweiter Klasse, zu dem die DDR-Bürger auch innerhalb ihres Staates gemacht werden.

Angesichts der zahlreichen Spitzenhotels, die der Staat für westliche Besucher von westlichen Firmen bauen lässt, wird dieses Bild noch deutlicher. Die meisten Einrichtungen dieser Hotels sind dem DDR-Bürger völlig versperrt, die, die ihm zugänglich sind, setzen eine überdurchschnittliche Zahlungsfähigkeit voraus. Die Westbürger werden vergleichsweise hofiert, während der normale DDR-Bürger draußen bleibt.

Einen Hohn auf das DDR-eigene Warenangebot stellt das der sogenannten Intershops dar. Offiziell sollen die Intershops dazu dienen, den sogenannten „Devisenausländern“ die Möglichkeit zu geben, Waren des täglichen Bedarfs vom westlichen Markt in der DDR zu kaufen. Inzwischen wurde aber der Zweck dieser Läden längst erweitert. Auch DDR-Bürger, die im Besitz von Devisen sind, dürfen diese dort ausgeben. Voraussetzung ist für sie lediglich der vorherige Umtausch ihrer harten Währung in sogenannte „Forumschecks“, ein speziell eingeführtes Papiergeld, das einzig für den Kauf in den Intershops verwendet werden kann. Der Zweck dieses Umtausches liegt im Zufließen des Geldes in die Staatskasse schon *vor* dem Erwerb der Waren. Während der Staat schon über das Geld verfügt, trägt der Bürger recht nutzloses Papier mit sich herum. Gibt er es schließlich aus, fordert der Staat Preise, die über denen derselben Waren auf dem westlichen Markt liegen.

Dem Zweck der Deviseneinnahme entsprechend geht das Angebot in den Intershops natürlich weit über die Waren des täglichen Bedarfs hinaus. Es reicht bis hin zu Möbeln und Autos und ganzen Badezimmerausstattungen einschließlich der Fliesen. Der Zynismus darin ist kaum zu überbieten. Die Standardausführung der DDR-Neubauwohnung, mit der ein jeder zufrieden zu sein hat, sieht als Badezimmer ein fensterloses Kämmerchen vor, in dem sich gerade so Wanne, Waschbecken, WC und eine Waschmaschine unterbringen lassen. Gefliest wird in der DDR serienmäßig nicht. Geflieste Räume zählen zum Luxus. Ein wesentlicher Teil der Bevölkerung aber verfügt überhaupt nicht über ein Bad, und eine Wanne, zu der cremefarben geflieste Stufen emporführen, begleitet von einem dick verchromten Geländer, und neben der noch Platz ist für eine exotische Palme, löst bei den meisten nur ein müdes Lächeln aus.

In den Intershops sind aber auch Dinge zu haben, die das DDR-Angebot ansonsten gezielt ausspart. So ist es nur mit Sondergenehmigung möglich, elektrisch zu heizen. Der DDR-Einzelhandel bietet demgemäß auch keine elektrischen Heizgeräte an. Nur die Intershops führen die elektroenergie-intensiven Ölradiatoren. Kein Prinzip ist dem Staat für Devisen unantastbar.

Indem die Handelspropaganda immer mehr vom angeblichen Bedarf an „hochwertigen Konsumgütern" spricht, versucht man die Einführung von „Delikatläden" und das Angebot von völlig überteuerten Waren vor allem des technischen Sektors zu rechtfertigen. Von einer Abkehr vom „kapitalistischen Konsumdenken", mit der die Armut auf dem Binnenmarkt im Sinne einer „sozialistisch-fortschrittlichen" materiellen Bedürfnislosigkeit zu begründen wäre, kann also nicht gesprochen werden. Umso zynischer ist es, den Menschen diese

Armut zu oktroyieren, gleichzeitig vom „gehobenen Bedarf“ zu sprechen und in ihnen einen solchen durch Intershops, Delikat- und Exquisitläden zu wecken.

Der Teilung in Ost- und Westbürger folgt durch dieses Angebot die Teilung in Arme und Reiche auch innerhalb der DDR-Gesellschaft. Diese Teilung entsteht nicht hier, wird an dieser Stelle aber besonders sichtbar.

Mit welcher Selbstverständlichkeit die Kunden in einem nicht abreißenden Strom die Kassen der Delikatkaufhalle des Kaufhauses Berlin-Ostbahnhof passieren und dabei für die vollen Einkaufswagen Beträge von mehreren hundert Mark routiniert hinblättern, lässt manchem Normalbürger, der dieses Terrain ausnahmsweise einmal betritt, die Haare zu Berge stehen.

Es zeigt sich hierin aber auch der Zweck der Delikatläden: Sie bilden das Gegengewicht zu den hohen Gehältern der staatstragenden Neureichen, denen die Menge des Geldes allein nicht das Gefühl des Reichtums geben kann, das die Treue zum Staat fördern soll. Sie brauchen auch die Möglichkeit, dieses Geld auszugeben. Sie sind die Träger des gehobenen Bedarfs, der hier gedeckt werden soll.

8.3 Urlaubszeit

Der gesetzliche Grundurlaub in der DDR beträgt 16 Arbeitstage. Praktisch liegen die Zahlen bei 20 bis etwa 24, bei Schichtarbeitern um die 30 Tage.

Wie alles im Leben der DDR, hat auch die Erholung streng organisiert zu sein. So jedenfalls wäre es dem Staat am liebsten.

Wenn Betriebe ihr Sozialangebot in Stellenangeboten offerieren, gehören die ihren Mitarbeitern verfügbaren Urlaubsplätze zu den wichtigsten Punkten. Oft haben sie eigene Ferienheime oder Bungalowsiedlungen in den begehrten Urlaubsgegenden an der Ostsee oder in den Mittelgebirgen. Mitglieder des FDGB („Freier Deutscher Gewerkschaftsbund“), also fast alle „Werktätigen“, können sich für solche Urlaubsplätze anmelden. Die Wartezeiten über mehrere Jahre belegen, dass ihre Zahl bei weitem nicht ausreicht. Um den Durchsatz zu erhöhen, wurde die Aufenthaltsdauer in solchen Urlaubsorten derart verkürzt, dass sie heute oftmals nur noch bei elf Tagen liegen. Während eines solchen Kurzurlaubs ist eine wirksame Erholung aber nicht mehr möglich.

Noch bezeichnender für die Verhältnisse des DDR-Urlaubsgeschehens ist der Individualtourismus, besonders der über die Grenzen des Landes hinausgehende. Das Ziel tausender Urlauber sind alljährlich die dem DDR-Bürger erlaubten Länder Polen, CSSR, Ungarn, Rumänien und Bulgarien. Maximal 30 Tage darf er im Jahr außerhalb „seiner Heimat“ zubringen. Auf diese 30 Tage konzentrieren sich oftmals monatelange Bemühungen der Vorbereitung und Organisation. In ihnen versucht er, seinem Bedürfnis zu reisen, seiner individuellen Beweglichkeit und seinem Fernweh Rechnung zu tragen.

Wer er ist – nämlich Bürger der DDR – bekommt er auch im Ausland zu spüren. Er kann den Makel der sofortigen Unmündigkeitsassoziation nicht zu Hause lassen.

Er reist ohne Pass. Der Staat, die Behörden, stellen das als Entgegenkommen dar, als besonderen Vorteil, den der DDR-Reisende genießt. Man spricht vom „visafreien Reiseverkehr“. Ein Dokument aber benötigt er dennoch. Der DDR-Bürger erhält auf einen formgebundenen Antrag hin nach Ablauf einer mehrwöchigen Bearbeitungsfrist eine sogenannte „Reiseanlage“. Für dieses Dokument im Format A6 hat er eine Verwaltungsgebühr von bis zu 25

Mark zu zahlen. Die Gebühr richtet sich nach der Dauer des beantragten Auslandsaufenthaltes. Das Dokument gilt in Verbindung mit dem Personalausweis; ohne es sind nur die unmittelbaren Nachbarstaaten CSSR und Polen bereisbar.

An den Grenzen der erwähnten Länder kennt man den blauen DDR-Personalausweis und das zugehörige Einlegeblatt. Der DDR-Bürger könnte es als Vorteil empfinden, dass die Kenntnisnahme dieses Dokumentes bei den Grenzbeamten oft mit einem Abwinken quittiert wird. Und doch fühlt er sich dadurch übergangen. Tatsächlich ist er dies auch, nur eben nicht mit dem achtungsvollen Respekt, den der Beamte demjenigen zollt, der ihm einen Diplomatenpass zeigt, sondern mit einer Ignoranz, die man bei der Kontrolle eines unbekannt zusammengesetzten Haufens Menschen nur den Gefesselten unter ihnen zeigte.

Die wichtigste Ursache für diese Gleichgültigkeit gegenüber den DDR-Bürgern liegt in der Existenz ihrer westlichen Landsleute. Diese nämlich sind es, die das Geld ins Land bringen, sei es in die Kassen der ungarischen Hotels und Urlaubseinrichtungen am Balaton, oder in die privatisierten Uniformtaschen der rumänischen Beamten, die sich lieber mit D-Mark bestechen lassen als mit dem landeseigenen Leu.

Überall muss sich der deutsche Tourist fragen lassen, woher er denn komme: aus dem demokratischen oder aus dem föderativen Deutschland. Anerkennendes Kopfnicken, als sei es ein Verdienst, erhält der Bundesbürger. Der DDR-Bürger bekommt wieder sein Abwinken: „Germania mica, ä!“

Einer der Frager wiederholte einmal die in der Antwort enthaltene Bezeichnung „DDR“, indem er die Abkürzung aussprach, das letzte Wort, „Republik“, aber durch ein glucksendes Lachen ersetzte.

Von Touristen oder Reisenden aus anderen Ländern der Welt, denen der DDR-Bürger im Ausland gelegentlich begegnet, wird er mitunter als Kommunist eingeordnet. Sie gehen von der Vorstellung aus, dass man als Deutscher die Wahl habe zwischen zwei verschiedenen Staaten, von denen einer eben der kommunistische sei. Wer dort lebt, muss zwangsläufig Kommunist sein. Für den DDR-Bürger, dem diese eigentümliche Form der Weltfremdheit begegnet, ist es eine traurige Erfahrung zu sehen, wie die Vereinnahmung seines Staates, der er unterliegt, weltweit für bare Münze genommen wird.

Der Strom der jugendlichen Rucksacktouristen wälzt sich alljährlich über die Strecke Dresden - Prag - Bratislava nach Budapest, von wo aus er sich verteilt. Er setzt sich zusammen aus zwei großen Hauptgruppen. Die eine ist die der vornehmlich immer noch Jeans-bekleideten Globetrotter-„Typen“, die eine Art Gammlermanier an den Tag legen, und die die Primitivität ihres Reisens zu ihrer Tugend machen. Sie nehmen nicht viel mehr mit als die viel zitierte Zahnbürste und eine Decke. Die andere Gruppe ist die der „ernsthaften“ Touristen, die im Rahmen der Möglichkeiten expeditionsartig ausgerüstet zumeist die Hochgebirge der Balkanhalbinsel zum Ziel haben. Die Südkarpaten, das Rila- und das Piringebirge sind ihr Alpenersatz. Trotz der zweifellosen Schönheit der Gebirge auf der Balkan-Halbinsel schmerzt sie die Unerreichbarkeit der Alpen. Und das Unrecht des Verbots ist für viele unverdaulich.

Im Süden des Piringebirges endet jede Bergtour. In der Nähe der kleinsten Stadt Bulgariens, Melnik, befindet sich inmitten der zerklüfteten bizarren Landschaft aus lockerem Konglomeratsandstein ein exponierter Punkt. In der flimmernden Hitze, die hier in den Sommermonaten fast immer herrscht, kann man von diesem Punkt aus den weiten Talkessel zwischen dem Massiv des Pirin und den Nordhängen der griechischen Gebirge überblicken. Man erkennt die hellen Bänder der in Serpentinen die Berge hinaufführenden Straßen. Etwas westlich zeichnet sich ein tiefer Einschnitt ab, der Durchbruch des Flusses Struma nach Süden. Dort ist die Grenzübergangsstelle Kulata, ein Tor zur Welt, sichtbar und unpassierbar. Dort fahren die Züge nach Thessaloniki. Hinter den Bergen, sehr viel näher, als die den Wanderer mit Sicherheit zurückerwartende DDR, liegt die ägäische Inselwelt, dann kommt das Mittelmeer mit seinen sagenumwobenen Küsten, dann Afrika...

Für den DDR-Bürger hat all dies in doppelter Hinsicht sagenhaft zu bleiben. „Bis nunter nach Bulgarschn, tut er die Welt beschnarschn“, besingt ein Leipziger Kabarettist die Reiselust der Sachsen. Ein wenig Sarkasmus darf man darin durchaus vermuten. Für keinen DDR-Bürger geht es hier weiter. Denn links und rechts des tiefen Einschnitts im nahen Horizont verläuft, von hier aus unsichtbar, aber mit Sicherheit vorhanden, die *Grenze*. Für den DDR-Bürger ist dieses Wort kein Abstraktum. Er assoziiert es mit Hindernissen. Wie mag die Grenze aus der Nähe aussehen? Ob man durchkommen könnte? Gibt es hier einen Schießbefehl? Liefern die Griechen einen aus? Oder wäre es nach Jugoslawien einfacher? Man müsste sich bis nach Athen oder Belgrad zur deutschen Botschaft durchschlagen...

An diesem Aussichtspunkt werden Tramper und Bergtouristen gesprächig. Die Ferne von Vater Staat lässt sie sich einig fühlen und das heimische Misstrauen untereinander lässt nach. Sie werden sich ihrer imaginären Fessel bewusst: Für sie ist hier Schluss. An den Straßen, die von Melnik aus südlich in den Talkessel führen, stehen riesige gelbe Schilder: „Achtung Grenzzone! Passieren verboten!“ Es steht nicht da in Englisch oder Französisch, Russisch oder Ungarisch, nein, es steht in Deutsch geschrieben. Nur eine bulgarische Version wird noch hinzugefügt, sehr klein, als sei es nur die informierende Übersetzung für den bulgarischen Weinbauer, damit dieser sich nicht zu sehr über das riesige Blech in fremder Sprache wundere.

Der DDR-Bürger sollte sich hüten, den Fuß in diese Zone zu setzen. Wird er gefasst, ist es sehr schwer, die Angehörigen der DDR-Sicherheitsorgane, die sofort von ihren bulgarischen Kollegen informiert werden und die sich nur zu diesem Zweck dienstlich und bezahlt in Sofia aufhalten, von der Zufälligkeit dieses Fehltrittes zu überzeugen. Es geht das Gerücht um, dass die Bevölkerung für Hinweise auf potentielle Grenzverletzer Prämien erhalten soll.

Die jungen Wanderer wenden sich schließlich ab vom Horizont ihrer Sehnsucht und wieder dem erlaubten Terrain zu. Auf dem Weg zum nahegelegenen Kloster springen hunderte von Grashüpfern vor ihrem DDR-Standardwanderschuh oder den DDR-Standard-“Jesus-Latschen“ davon, deren Trägern es schmerzlich bewusstwerden mag, dass jeder dieser Hüpfer mit ein paar tausend Sprüngen ganz ungehindert über die Sperrlinien gelangen könnte.

Wenn die Tramper wieder in Budapest Station machen, gehen sie nicht in ein Hotel. Auch die Zeltplätze sind für sie finanziell meist undiskutabel. Sie werden zu Dauerbelegern der Schließfächer auf dem Bahnhof, die aus diesem Grund während der Sommerzeit immer zu 100% belegt sind. Ständig stehen einige Suchende vor den Schließfächern und warten darauf, dass irgendwann mal jemand sein Fach aufgibt. Meist aber entnehmen die Schließfachinhaber nur irgendeinen Gegenstand, um das Fach danach wieder zu verschließen, was sie jedes Mal einige Forint kostet. Am Abend werden die Erwerbungen des Tages gegen den Schlafsack ausgetauscht, mit dem die jugendlichen DDR-Touristen dann auf die Margareteninsel ziehen, um sich in den dort befindlichen Parkanlagen zur Ruhe zu begeben.

Das wurde bis etwa 1982 von den ungarischen Behörden geduldet. Dann unterbanden sie es, stellten dafür aber einen hoch eingezäunten Platz außerhalb des Stadtzentrums zur Verfügung, wo man in großen Armeezelten kostenlos übernachten durfte. Auch das Aufstellen des eigenen Zeltes wurde kostenlos erlaubt, jedoch unter der Bedingung, dass das Zelt am nächsten Morgen wieder verschwand.

Selbst in dem kleinen Teil der Welt, der dem DDR-Bürger offensteht, muss er die Rolle des Herumtreibers spielen. Das Angebot in den Geschäften der „Schmuckbaracke des sozialistischen Lagers“ Budapest ist für ihn nicht erreichbar. Er labt sich am Obst, das es hier im Gegensatz zum heimatlichen Gemüseladen gibt, kauft sich ein Kleidungsstück oder ein paar Bücher aus ostdeutschen Verlagen, die es zwar hier, nicht aber in der DDR gibt. Er muss sich auf ganz wenige Raritäten beschränken, die ihm zu Hause Erinnerung sein werden an seine Ausflüge in das Stück der ihm erlaubten Freiheit.

Resümee II

Die ganze Welt des Sozialismus ist eine Scheinwelt. Dieser Aussage, die am Beispiel der DDR-Realität beschrieben wurde, darf ohne weiteres verallgemeinert werden, da die Gesetzmäßigkeiten überall dieselben sind. Nichts, was den Sozialismus ausmachen soll, ist von wirklicher Substanz. Ein Propagandaspruch der 70er Jahre lautet: *„Der Sozialismus ist allumfassend.“* Dieser Satz allerdings ist wahr.

Der zweite Teil des Buches soll die Unechtheit dessen, was das äußere Bild der DDR ausmacht, in wichtigen Bereichen des Lebens bloßstellen. Der Staat gibt sich aus als fortschrittlich in jeder Hinsicht: Umweltprobleme kennt er nicht, alle seine Bestrebungen sind auf eine friedliche Weltordnung ausgerichtet, in ihm sind sämtliche Menschenrechte alltägliche Praxis, er ist eine Hochburg der Kultur, „seine“ Menschen sind lebensfroh, optimistisch und selbstbewusst, sie können dem Staat gar nicht oft genug danken für seine Wohltaten.

Doch je älter die DDR wird, desto oberflächlicher und unglaubwürdiger wird dieses Bild, desto nachlässiger auch werden die Menschen bei der Erhaltung dieses Bildes. Die Farbe wird nur noch an die Wände geworfen, weil das so verlangt wird, keinen interessieren noch die Konturen, die dabei entstehen. Fast kommt es nur noch auf den Vorgang des Kaschierens an und nicht mehr auf seinen Erfolg. Das Ergebnis ist, dass sich immer mehr die wahre Beschaffenheit des Übertünchten durchsetzt: Die Umwelt ist ruiniert, der Militarismus blüht, die Menschenrechte sind hohle Phrasen, die Kultur liegt am Boden, die Menschen sind unzufrieden, pessimistisch, sie fühlen sich versklavt und gedemütigt. Sie hassen das Regime, und immer mehr von Ihnen verweigern die Gesten des Bekenntnisses.

Die Lüge des Sozialismus hat das Leben einer ganzen Gesellschaft ausgehöhlt. Wie der Schwamm im Gebälk eines Hauses hat sie sich ausgebreitet. Selbst die Dielung und das Mobiliar blieben nicht verschont. Gegenmaßnahmen werden schwer geahndet, ebenso Hinweise auf die stockende Luft, die alle Räume füllt. Die Massen halten mit ausgestreckten Händen die Decken, stemmen sich gegen die reißenden Wände. Die Herren aber lassen Teppiche über das zerfressene Parkett legen. Sie zwingen das Volk zum Bestätigen ihrer Behauptung, dass dieses Haus das wohnlichste sei, das jemals erbaut worden ist.

„Im Mittelpunkt aller Bemühungen steht der Mensch.“ So lautet eine weitere Parole der DDR-Demagogie. Wer bemüht sich eigentlich? Die Regierung? Für wen?

Natürlich ist man in der DDR bestrebt, den Menschen im Mittelpunkt der Bemühungen zu halten. Dort gehört er hin, es ist sein Platz im Sozialismus: Er steht im Zentrum der Anstrengungen, er steht dort, wo die Last des lebensuntauglichen Regimes abgefangen werden muss wie die Last eines Gewölbes von einem Kapitell.

Die Kraft der Massen in diesem Zentrum der Bemühungen ist daher unverzichtbar. Und sie halten durch und stützen die modernden Fassaden. Doch es werden zunehmend weniger, die daran teilhaben wollen.

Epilog Herbst 1989 – Entlassung aus der Lüge

Es wäre eine unhaltbare Behauptung, an dieser Stelle nun zu sagen, dass jeder, der die DDR verlassen hat (und verlässt!), auf der Flucht ist vor der Lebenslüge dieses Staates. Jedoch wäre es ebenso falsch, keinem der Flüchtlinge dieses Argument zuzugestehen. Eine praktische Differenzierung in solche und solche ist aber weder sinnvoll noch durchführbar. Die Betroffenen differenzieren sich allerdings von selbst.

Je stabiler der Eiserne Vorhang war, desto größer war unter den Flüchtlingen der Teil derjenigen, die *wegen* dieses Vorhangs das Leben hinter ihm nicht ertragen konnten. Entsprechend groß waren auch das Risiko, das so manche direkte Flucht bedeutete, und die zu erwartende Diskriminierung bei Stellung eines Ausreiseantrages. Der Weg über den Antrag ist dabei durchaus als eine Form der Flucht aufzufassen, denn keinem Antragsteller war der Lauf der Dinge nach seinem Entschluss im Voraus bekannt, und fast jeder hätte die Möglichkeit zur *eigentlichen* Flucht genutzt, wenn er sie nur gehabt hätte.

Dabei wäre sicher nicht jeder bereit gewesen, sein Leben aufs Spiel zu setzen. Das ist auch nicht das entscheidende Kriterium der Flucht. Entscheidend ist, dass jeder im weitesten Sinne als Flüchtling zu bezeichnende sich darüber im Klaren war, dass ihm das Verlassen der DDR nicht ohne irgendein Opfer gelingen würde, und er dieses Opfer immer zu bringen bereit war.

Gewiss, manche hatten Glück und verloren wenig. Sie stellten einen Antrag, warteten ein halbes Jahr und siedelten über, ohne dass sie irgendwelche Repressalien zu erdulden gehabt hätten.

Doch das wusste am Anfang niemand. Der berüchtigte Strafvollzug der DDR lauerte allen im Hintergrund. Jeder musste damit rechnen, viele Jahre zu warten und beruflich diskriminiert zu werden, und wenn er seinem Willen allzu energisch Nachdruck verlieh, etwa indem er ihn allen nur denkbaren Staatsinstitutionen schriftlich verkündete, war ihm die Haft sicher. Wer es gar ablehnte, sich mit diesem Staat auf Verhandlungen einzulassen und ganz frech selbst nach der Freiheit griff, der verlor in der Regel all sein Habe, nicht selten die Gesundheit und oft auch sein Leben.

Dieses hohe Maß der Opferbereitschaft ist ein Resultat der Verhältnisse im Inneren der DDR. Die Verhältnisse aber sind an die Existenz des Eisernen Vorhangs gebunden; sie bedingen einander: Mauer und DDR gehören zusammen.

Ein Verschwinden der Mauer war immer nur vorstellbar in Verbindung mit dem Ende der DDR, und ebenso wusste man allgemein, dass nur ein Ende der DDR zum Zerfall der Mauer führen würde.

Doch wie sollte diese ungemein festsitzende Herrscherclique beseitigt, wie dieser festgebissene Parasit vom Volk abgeschüttelt werden? Noch bis in den Sommer 1989 war man höchst pessimistisch. Die Wirtschaft lag am Boden, aber man verwies auf Rumänien, um die Länge der Talfahrt, die ihr noch bevorstand, zu beschwören. Man war sich allgemein sicher, dass Honecker und seine Gefolgschaft nicht davor zurückschrecken würden, das Land in den Abgrund zu führen, auf dessen Grund man das Regime Ceauşescu's längst liegen sah.

Was seit Jahren aber am SED-Regime zehrte, war das Problem der Abtrünnigkeit der Untertanen. Ein kleiner Teil des Volkes organisierte einen permanenten kleinen Privatstreik, indem seine Vertreter vor den Staat hintraten und ihm ins Gesicht sagten, dass sie nicht mehr am

Aufbau des entwickelten sozialistischen Paradieses mitwirken wollten. Dies war angesichts der Tatsache, dass auf die Behauptung des Gegenteils – wenn auch bitte schön doch nur auf die *Behauptung*! – der allergrößte Wert gelegt wurde, eine Ungeheuerlichkeit. Es war ein Affront, den das Konzept der Ideologie einfach nicht vorsah und auf den es nicht zu reagieren wusste. Zu allem Überdruss genoss dieses Verhalten des Meuterns auch noch wachsende Popularität – jedenfalls eine Zeitlang. Als Ausreiseantragsteller brauchte man kaum zu befürchten, im Kreis seiner Freunde, Bekannten oder Kollegen für seine Absicht gescholten zu werden, selbst wenn man davon recht oft glaubte ausgehen zu müssen. Offenbarte man jemandem seine Pläne oder seine Tat, bekam man meist keine Kritik zu hören, sondern die Rechtfertigung, warum der andere dies nicht, noch nicht oder nicht mehr zu tun gedenke.

Eine Zeitlang genossen Antragsteller ganz zweifellos eine Art anerkennender Bewunderung. Warum dies so war, liegt auf der Hand. Sie waren die ersten, die aktiv von der Bühne des sozialistischen Scheinlebens abtraten. Ihre Aktivität bestand paradoxerweise in ihrem Willen zur Passivität diesem Staat gegenüber, womit dem in wortloser Wut lethargisch dahinfließenden Scheinleben plötzlich ein lebenswerter Akzent verliehen wurde. Für diesen Akzent war man dankbar, man hatte das Gefühl, dass endlich etwas passierte, endlich etwas in Bewegung geriet. Jeder neue Antrag im Kreis der Bekannten war eine kleine Sensation, bald schon kamen die versiegelten Wohnungstüren der Entkommenen dazu. Das Thema Ausreise begann die Pausengespräche der Betriebe zu beherrschen, in denen sonst regelmäßig auf die Misere des Sozialismus geschimpft wurde, nach denen man aber immer brav an seine passive Aktivität im sozialistischen Produktionsprozess zurückkehrte.

Die Popularität, die dem Antragstellen zuteil wurde, ist freilich zum großen Teil auch ein Verschulden des Staates selbst. Es wurde in der Einleitung bereits gesagt, dass seine Beweggründe wohl schwerlich ans Licht kommen werden. Heute, nach dem Zusammenbruch, kann das nun doch nicht mehr ausgeschlossen werden, da so mancher Staatsdiener jener Zeit sich seines Schweigegelöbnisses entbunden sehen mag. Doch das bleibe dahingestellt.

Das konfuse Verhalten des Staates in Fragen des Antrages, die herrschende Willkür, die Diskriminierung und die letztlich *doch erfolgende Stattgabe* sprechen jedoch für die besagte Konzeptionslosigkeit, mit der der Staat an das Problem der Abtrünnigen heranging. Es war in der Tat eine Meuterei, ein Streik, der das Regime zur Reaktion *zwang. „Ist einem Volke keine politische Form der Willensäußerung gegeben, so bleiben ihm nur zwei Möglichkeiten übrig, seinen Willen zum Ausdruck zu bringen: Streik und Aufruhr."* Diese Worte H. G. Wells finden hier eine Bestätigung. Nur zum Aufruhr kam es vorläufig noch nicht. Das ganze Potential des Unwillens strömte in den Streik, in die definitive Absage an das Regime. Den Aufruhr konnte man damals nicht wagen, darüber gab es eine große Einigkeit. Es war bereits viel, wenn man sich mit größter Vorsicht aus dem Geschehen zurückzog.

Entscheidend war, dass der Staat nachgab. Nachdem er damit einmal auf Grund einer unerforschlichen Laune irgendeines seiner großen Manager begonnen hatte, gab es für ihn kein Zurück mehr. Die Erteilung von Stattgaben war unbedingte Voraussetzung für Antragsneustellungen. Mit dem Anwachsen der Zahl beider sank zweifellos das Risiko, das mit dem Antrag verbunden war.

Der Anteil der „Wirtschaftsflüchtlinge“ unter den Abtrünnigen stieg zwingend mit der Zunahme der Einfachheit, mit der man den nicht genehmen Verhältnissen entrinnen konnte.

Doch *ausgelöst* hatten diese sich nunmehr entwickelnde Lawine nicht die Konsumbegierigen. Denen wäre die Gefahr des Opfers ihrer bisherigen Errungenschaften viel zu groß gewesen. Ausgelöst worden ist diese Lawine in der Verweigerung der Treue zum Staat von jenen, die bereit waren, alles hinzugeben, nur um diesem Regime der Lüge zu entkommen, und wenn sie nackt in der Freiheit vor einem Neuanfang gestanden hätten. Sie sind gekrochen, geklettert, geschwommen und geflogen, sie haben sich durchgewühlt, einschweißen lassen, verschütten lassen. Sie wurden dabei mitunter verstümmelt oder getötet. Sie wurden gefoltert und geprügelt. *Sie* waren die Flüchtlinge.

Der Staat hatte eine neue Straftat definiert: Die „Republikflucht“, kurz „RF“ genannt. Sie war ein echtes Novum im Strafrecht der zivilisierten Welt, eine wahrhafte Errungenschaft des Sozialismus. Eine Parallele fand dieses Delikt einzig in den Sklavenhaltergesellschaften der Geschichte, nur dass man sich in der DDR natürlich nicht scheute, das ehrenhafte Wort „Republik“ mit ihm in sprachliche Verbindung zu bringen.

Dann kamen die Wartenden, von denen die Bibliotheken nach den Gesetzen durchwühlt wurden, die der Staat für sie bereithielt; die wochen- oder monatelang oder noch länger schlaflose Nächte verbrachten, in denen sie sich über ihren Plan zermarterten, sich fragten, ob es denn möglich sei, diesem Staat seine eigenen Gesetze vorzuhalten und ihre Einhaltung zu fordern, die schließlich mit bis zum Hals schlagenden Herzen ihren Brief mit dem Antrag auf der Post aus der Hand gaben oder persönlich an der Tür der Abteilung Inneres beim Rat der Stadt „um ein Gespräch baten“.

Tatsächlich wurde auch der Vorwurf, dass diese Leute den Lockungen des Westens erlegen seien, damals nicht laut. Er hätte wohl auch wenig Echo gefunden, denn wer setzt sein Leben oder seine Existenz aufs Spiel, nur um „Westler“ zu sein? Man tut dies viel eher, um nicht mehr Sklave zu sein, und zwar nicht einmal anerkannter Sklave, sondern Sklave im Glorienschein der freien sozialistischen Persönlichkeit.

Natürlich spielt es dabei eine Rolle, dass man diese Alternative für das Leben so nahe vorgeführt bekam. Aber ohne das eigene Sklaventum wäre diese Vorführung wirkungslos gewesen.

Und dann kam die Masse. Mit ihr kam die Panik des Staates vor dem Phänomen Ausreise. Es setzte ihn in unerträglicher Weise unter Druck. Es bedeutete für ihn ein gnadenloses Dilemma: Dass er nachgab, gebot die internationale Kontrolle, also tat er es und schmückte sich damit, das Problem verharmlosend: *„Es gibt überall Leute, die ihr Glück woanders zu finden glauben.“* (Honecker) Doch es war den Mächtigen mit Sicherheit bewusst, dass dieses Nachgeben zur Katastrophe führen musste. So versuchten sie, den Hahn wieder zu schließen – leider aber ein ebenso untaugliches Verfahren, der Lage Herr zu werden. Man ließ nun manche Leute so lange warten, dass sie endlich ihren Glauben an die Ausreise verloren. Und das einstige Ansehen, das sie genaßen, wich mehr und mehr einer tatsächlichen Diskriminierung, denn in der Bevölkerung bekamen mit der Zeit diejenigen die Oberhand, die zwar nach wie vor unzufrieden waren, die aus den verschiedensten Gründen aber nicht gehen wollten oder konnten. Viele von denen wollten ein ruhiges Leben. Die Antragsteller mit ihrem bissigen Bohren störten sie.

Das Problem war ihnen lästig geworden, weil es immer neue Zweifel an der Richtigkeit ihrer eigenen Entscheidung, der des Bleibens, heraufbeschwor.

Doch die Welt war aufmerksam geworden und der Staat musste der Öffentlichkeit hin und wieder ein paar Opfer bringen. Es war nicht mehr möglich, den Hahn völlig zuzudrehen. Hinzu kam ein progressiver Niedergang der wirtschaftlichen Situation. Trotz Drosselung des Ausreisestromes und Schaffung sogenannter „Reiseerleichterungen", für die die evangelischen Kirche aus dem Mund eines ihrer namhaften Sprecher bekanntlich ein „rundes, volles Ja" ertönen ließ, schwoll der Druck im Innern ins Unermessliche. *Unermesslich* war er tatsächlich, denn die Spekulationen über die Zahl der Ausreiseanträge in der DDR gingen bis zur 10%-Grenze. Jeder aber wusste aus eigener Erfahrung, wie hoch die Zahl der *potentiellen* Antragsteller sein müsste, wenn er sich in seinem Bekanntenkreis umsah. Die Bezifferung mit der Hälfte der Bevölkerung, von der in der inzwischen offiziellen DDR-Opposition gesprochen wurde, ist durchaus real. Der Bankrott des Regimes zeichnete sich schon jetzt ab: Ein Volk verlässt seinen Staat – teilweise physisch, zum größten Teil aber in innerer Abkehr.

Die Fluchtbewegung aus diesem Land hat den Staat in seiner Substanz weitaus mehr geschädigt, als die im Schutz der Kirche entstandenen Oppositionsgruppen das vermochten. Diese ließen sich stumm ihrer neu erworbenen westlichen Büro-, Kommunikations- und Umwelttechnik berauben und glaubten noch immer, das Regime in einen Dialog bringen zu können. Doch die Kraft dieser Gruppen konnte sich erst entfalten, *nachdem* der Staat zusammengebrochen war. Natürlich waren sie dann ein wichtiger Faktor, denn sie füllten nun zum Großteil das entstandene Vakuum.

In welcher Situation entwickelte sich das Demonstrationsgeschehen der „sanften Revolution“ in der DDR? Die ersten Demonstranten, die Leipzig das Demonstrieren wieder lehrten, waren *Antragsteller*, Abtrünnige. Die ersten Zusammenstöße in Dresden gab es zwischen der Polizei und jenen Leuten, die in der Absicht den Bahnhof gestürmt hatten, einen der aus Prag kommenden und zur Weiterfahrt nach Hof bestimmten Züge mit Botschaftsbesetzern anzuhalten. Als die viel zitierte „Volksseele“ bereits am Kochen war, gingen endlich auch andere auf die Straße und erinnerten daran, dass es auch noch Menschen gab, die sich als Volk verstanden und *nicht* zu gehen beabsichtigten. Unausgesprochen wurde zur Parole: Wenn schon jemand geht, dann Ihr – womit man einem Wort Wolf Biermanns nun Folge leistete.

Und die Herren gingen tatsächlich. Aber sie gingen auch nur, weil ihr Plan, auch in ihrem Reich den himmlischen Frieden nach chinesischem Vorbild durchzusetzen, vereitelt wurde. Ein einziger Schritt der Mächtigen nach hinten aber musste die Wucht des Protestes erst richtig entfesseln. Ihr Wanken wurde gnadenlos ausgenutzt, um sie beiseitezufegen – sie selbst mochten die Wut, die sie jahrelang genährt hatten, unterschätzt haben.

Jetzt aber schaut die Welt auf und sagt „Ach so? So schlimm war das? Wie ist denn das möglich gewesen? ...“ Es fehlt nur noch das „Davon haben wir nichts gewusst“, doch fehlt es wahrscheinlich nur, weil dieser Ausspruch bereits zum geflügelten Wort geworden ist und man ungern die Wiederholung eines Fehlers eingesteht. Immer neue Abgründe des Morasts tun sich auf, alles bricht auf einmal hervor.

Das besonnene Volk aber wird gelobt – zu Recht.

Da haben wir es wieder: Das Volk. Denkt es? Handelt es? Spricht es? *Fühlt* es?

Wer gegangen ist, hat daran keinen Anteil mehr. Er hat sich aus dem Staub gemacht, er hat nun schon gar kein Mitspracherecht mehr im Volk. Die Ehrenhaften sind die, die geblieben waren.

Doch dies darf nicht vergessen werden: Es gehörte viel mehr Mut dazu, als einzelner vor die selbstsicher hinter ihren Schreibtischen sitzenden Staatsdiener auf der Abteilung Inneres zu treten, als im Herbst 1989 in der anonymen Masse auf die Straße zu gehen. Es war ganz gleich, welchen „Grund" man den Behördenangestellten für sein „Ersuchen" nannte, immer war der genannte Grund nur die rituelle Verpackung der Ablehnung gegenüber dem Staat. Das wusste man auf den Räten der Gemeinden, Städte oder Stadtbezirke auch sehr genau und entsprechend war die Behandlung der Vorsprechenden: Wer seinen „Antrag auf Übersiedlung in die BRD" einbrachte, stellte sich selbst bloß als *Staatsfeind*, und zwar *nicht* anonym, sondern mit Namen und Adresse.

Doch wozu noch ihrer gedenken? Haben sie sich nicht so ziemlich alle im Westen etablieren können?

Sie haben dies. Aber ihre Opfer blieben erbracht.

Das Verhalten des Staates gegenüber den Antragstellern war ihm letztlich doch adäquat, auch wenn er hier ein Problem zu bearbeiten hatte, das in seinem Funktionsplan nicht vorkam. Er war bestrebt, die „rechtlich-moralische" Position der Antragsteller selbst festzulegen. *Antragsteller* nämlich durften sie nicht sein. Man sprach ihnen das Recht zu einem solchen Schritt ab. Man machte sie zu Bittstellern, zu *Ersuchenden*. Damit verwirklichte man ein weiteres Mal die Parodie der Bürokratie mit dem „Antrag auf den Antrag", denn erst wer endlich vom Staat als entbehrlich befunden wurde, erhielt die Genehmigung, nun seinen „Antrag auf Entlassung aus der Staatsbürgerschaft der Deutschen Demokratischen Republik“ zu stellen. Dieser Antrag war freilich nur noch ein formaler Akt, ohne den logischen Sinn, der einem *Antrag* eigentlich innewohnt.

Dieses Verfahren folgte den Worten der „Durchführungsverordnung zum Gesetz über die Staatsbürgerschaft der DDR“, in der es heißt (§4 Absatz 3) [60] (im Original nicht hervorgehoben):

> *Bürger der DDR, die ihren Wohnsitz in der DDR haben, können den Antrag auf Zustimmung gemäß §3 Abs. 2 des Gesetzes bei dem für ihren Wohnsitz zuständigen Rat des Kreises, Abteilung Innere Angelegenheiten, stellen, wenn die Genehmigung der dafür zuständigen staatlichen Organe vorliegt, den Wohnsitz oder ständigen Aufenthalt außerhalb der DDR zu nehmen.*

Der darin genannte §3 Absatz 2 „des Gesetzes“ – gemeint ist das „Gesetz über die Staatsbürgerschaft der DDR“ – lautet [61]:

> *Ein Staatsbürger der DDR, der die Staatsbürgerschaft eines anderen Staates zu erwerben beabsichtigt, bedarf der Zustimmung der zuständigen staatlichen Organe der DDR.*

Bevor also der Antrag gestellt werden darf, muss die Genehmigung der zuständigen „staatlichen Organe“ eingeholt werden. Doch für diesen Schritt gibt es keine gesetzliche Regelung. Man hat sogar mit der Schaffung der „Verordnung zur Regelung von Fragen der Familienzusammenführung“ [1] direkt versucht, hier eine Gegenregelung zu erstellen, indem man die Berechtigung zum Antrag an relativ selten vorkommende familiäre

Konstellationen band. Auf diesen Punkt bezieht sich die bei den meisten „Ersuchenden" mehrfach wiederholte Feststellung der Behörden, dass für ihr „Anliegen keine Regelung in Sicht" sei.

Dass es bereits eine Regelung gab, nämlich in Form des Artikels 12 Absatz 2 der Menschenrechtskonvention von 1966 [45] oder gar in Form des Artikels 13 der Deklaration der Menschenrechte, wurde stets bestritten. Die Deklaration der Menschenrechte sei nur eine zu nichts verpflichtende Empfehlung, der Text der Konvention hingegen habe den Charakter einer Absichtserklärung. Dass auch dieser Text nicht bindend sei, komme im Übrigen dadurch zum Ausdruck, dass er im Teil II des Gesetzblattes stehe... Und überhaupt, der Text des Artikels 12 der Konvention sieht die Einschränkung des Rechts auf Freizügigkeit selbst vor, denn es steht geschrieben [45]:

> *3. Die oben genannten Rechte dürfen keinen anderen Beschränkungen unterworfen werden als solchen, die durch das Gesetz vorgesehen sind, die zum Schutz der nationalen Sicherheit, der öffentlichen Ordnung, Gesundheit oder Moral oder der Rechte und Freiheiten anderer notwendig sind und mit den anderen in dieser Konvention anerkannten Rechten zu vereinbaren sind.*

Dies ist nun wirklich eine Glanzleistung der DDR-Völkerrechtsadvokaten. Man könnte meinen, dass sie sich hier den Forderungen einiger diktatorischer Staaten gebeugt haben. Denn diese Konstruktion, in der die Beziehbarkeit der Nebensätze völlig unklar ist, die zumindest aber einer *Interpretation* bedarf, die die Konvention selbst jedoch nicht anders liefert als in der Form des Artikels 5, verschlägt dem „Ersuchenden" die

Sprache, der sich juristisch beschlagen haben will, bevor er sich auf Diskussionen mit seinen Widersachern einlässt.

Mit diesem Absatz drängt ihn der Genosse von der Abteilung Inneres bereits so in die Defensive, dass er gar keinen Mut mehr hat, auf den Artikel 1 hinzuweisen, der die *Auslegung* des Konventionstextes gegen die Absichten der Konvention verbietet – denn wozu auch? In letzter Konsequenz ist ja alles nur eine unverbindliche Absichtserklärung. Was bleibt, ist sprachlose Wut.

> *Der Verlust der Staatsbürgerschaft der DDR regelt sich ausschließlich nach den §§9 bis 14 des Staatsbürgerschaftsgesetzes.* ([60]§4 Absatz 5)

So steht es in der Durchführungsverordnung. Und der relevante §10 des Staatsbürgerschaftsgesetzes heißt [61]:

> *(1) Ein Staatsbürger der DDR kann auf seinen Antrag aus der Staatsbürgerschaft der DDR entlassen werden, wenn er seinen Wohnsitz mit Genehmigung der zuständigen staatlichen Organe der DDR außerhalb der DDR hat oder nehmen will, er eine andere Staatsbürgerschaft besitzt oder zu erwerben beabsichtigt und der Entlassung aus der Staatsbürgerschaft der DDR keine zwingenden Gründe entgegenstehen.*
> *(2) Über die Entlassung aus der Staatsbürgerschaft der DDR wird eine Urkunde ausgestellt.*

Mit dieser Formulierung treibt der sozialistische Staat seinen Zynismus noch einmal auf die Spitze.

Der Name des Menschen, der diesen Gesetzestext einst schuf, wird wohl unbekannt bleiben. Trieb er seinen Hohn mit den Mächtigen? Oder gehörte er selbst so sehr zu ihnen und fühlte sich dermaßen als Herrscher, dass er das Wort „Entlassung“ mit kalter Sachlichkeit gebrauchte und damit den Hohn gegen das Volk wandte, einen Hohn, der sich bereits so sehr verselbständigt und *verselbstverständlicht* hatte, dass er nicht mehr als solcher empfunden wurde?

„Entlassung" – es passte so treffend auf den Stacheldraht rund um dieses Land, dass jeder, der nach ihr ersuchen wollte, sich auf die Knie gezwungen fühlte. Die Entlassung kann er freilich nicht beantragen, schon gar nicht einfordern, *die Entlassung kann er nur erflehen.*

Dieses Flehen aber musste der Staat verlangen, weil er wusste: die, die damit vor ihn traten, waren die konsequentesten seiner Gegner. Ihre Konsequenz musste er degradieren, er musste die Antragsteller in die lächerliche Haltung des Knieenden zwingen, sie durften nichts an sich haben vom stolzen Forderer eines Rechts.

Diese tiefe Erniedrigung, die jedem Antragsteller widerfuhr, konnte ihn nur in seinem Entschluss festigen. Die Taktik des Staates, die die Konsequenz kompensieren sollte, wirkte, wie alles, nur oberflächlich. Die einzigen, die aber Kontakt zu dieser Oberfläche hatten, waren die subalternen Staatsdiener der Abteilungen Inneres. Die Menschen des Volkes ringsum sahen davon nichts, für sie war der Antragsteller fast immer in gewisser Weise bewundernswert.

So diente die erzwungene Demutshaltung also wohl nur dazu, die in der Masse der Antragsteller aufkeimende Macht der Gegnerschaft im Staatsapparat selbst zu verharmlosen, gewissermaßen als Mittel der Immunität gegenüber dem Geist der Revolte, der sich hier zu artikulieren begann.

Nur die Entschlossenen schreckte das nicht, wie gesagt, im Gegenteil. Und so musste auch dieses Scheingefecht mit einem Fiasco enden.

Den Riesenzahlen, die die Ausreiseszene Ende 1988 bestimmten, konnte der Behördenapparat weder in technischer noch in ideologischer Hinsicht gerecht werden. Und das, obwohl die Abteilungen Inneres jahrelang vergrößert worden waren und gezielt Verhaltensmaßregeln von höchster Ebene erhielten. Die Ausreise wurde institutionalisiert, als sei ein neuer Punkt im Exportprogramm der DDR zu etablieren. Doch damit machte sich der Staat seine Zerstörung selbst zur Einrichtung. Auf keine seiner Maßnahmen passt das Wort „Nach uns die Sintflut“ besser als auf diese.

Die Antragsteller bildeten die erste wirksame Gegenkraft im Regime der DDR. Die Kraft, die sie vertrieb, ist diesem Regime immanent. Zuviel hatte es den Menschen zugemutet; die Mauer konnte den Zerfall nicht beliebig lange verhindern.

Es ist völlig abwegig zu behaupten, dass die Gründe für den Exodus aus der DDR in der Bundesrepublik zu suchen seien. Auch ohne das westliche Deutschland hätte es den Druck in der DDR gegeben, der die Menschen vertrieb. Es gibt ihn im Übrigen in allen Ostblockstaaten, wenn auch im Zuge der sich ausbreitenden Reformen mit seinem Nachlassen zu rechnen ist. Es gibt ihn in Vietnam, ebenso in Polen oder Rumänien. Doch die Menschen all dieser Länder haben es schwerer als die Deutschen der DDR, die „nur“ das Gebiet der Bundesrepublik zu erreichen brauchen, um ohne Bedenken weiter in Deutschland leben zu können.

Dass dieses „nur“ unpassend ist, wurde beschrieben.

Es ist nicht verwunderlich, dass es die Vertreter kommunistischer Gruppen sind, die in der Bundesrepublik die Ansicht verbreiten wollen, der Exodus sei nur auf die Politik des Westens zurückzuführen. Sie sind es, die damit die wahren Geschehnisse im stalinistischen Osten ignorieren, die nichts wissen wollen von den Lebensumständen dort, die nichts registrieren wollen, die die

Lüge der sozialistischen Scheinwelt scheinbar übersehen und das Regime im Osten allen Ernstes als Alternative für das westliche System anbieten wollen. Der Zusammenbruch in der DDR muss ihnen nun freilich jede Perspektive rauben.

Präambel der Erklärung der Menschenrechte von 1948

Allgemeine Erklärung der Menschenrechte

verkündet von der Generalversammlung der Vereinten Nationen am 10.12.1948

Präambel

Da die Anerkennung der allen Mitgliedern der menschlichen Familie innewohnenden Würde und ihrer gleichen und unveräußerlichen Rechte die Grundlage der Freiheit, der Gerechtigkeit und des Friedens in der Welt bildet,

da die Verkennung und Missachtung der Menschenrechte zu Akten der Barbarei führten, die das Gewissen der Menschheit tief verletzt haben, und da die Schaffung einer Welt, in der den Menschen, frei von Furcht und Not, Rede- und Glaubensfreiheit zuteilwird, als das höchste Bestreben der Menschheit verkündet worden ist,

da es wesentlich ist, die Menschenrechte durch die Herrschaft des Rechts zu schützen, damit der Mensch nicht zum Aufstand gegen Tyrannei und Unterdrückung als letztem Mittel gezwungen wird,

da es wesentlich ist, die Entwicklung freundschaftlicher Beziehungen zwischen den Nationen zu fördern,

da die Völker der Vereinten Nationen in der Satzung ihren Glauben an die grundlegenden Menschenrechte, an die Würde und den Wert der menschlichen Person und an die Gleichberechtigung von Mann und Frau erneut bekräftigt und beschlossen haben, den sozialen Fortschritt und bessere Lebensbedingungen bei größerer Freiheit zu fördern,

da die Mitgliedstaaten sich verpflichtet haben, in Zusammenarbeit mit den Vereinten Nationen die allgemeine Achtung und Verwirklichung der Menschenrechte und Grundfreiheiten durchzusetzen,

da eine gemeinsame Auffassung über diese Rechte und Freiheiten von größter Wichtigkeit für die volle Erfüllung dieser Verpflichtung ist,

verkündet die Generalversammlung

die vorliegende Allgemeine Erklärung der Menschenrechte als das von allen Völkern und Nationen zu erreichende gemeinsame Ideal, damit jeder einzelne und alle Organe der Gesellschaft sich diese Erklärung stets gegenwärtig halten und sich bemühen, durch Unterricht und Erziehung die Achtung dieser Rechte und Freiheiten zu fördern und durch fortschreitende Maßnahmen im nationalen und internationalen Bereiche ihre allgemeine und tatsächliche Anerkennung und Verwirklichung bei der Bevölkerung sowohl der Mitgliedstaaten wie der ihrer Oberhoheit unterstehenden Gebiete zu gewährleisten.

Literaturverzeichnis

[1] Gesetzblatt der DDR Teil l Nr. 26 vom 27. 9. 1983: Verordnung zur Regelung von Fragen der Familienzusammenführung und der Eheschließung zwischen Bürgern der DDR und Ausländern vom 15. 9. 1983

[2] Klemperer, Victor: LTI, Reclam Verlag Leipzig 1978

[3] Gesetzblatt der DDR Teil l vom 30.11.1988: Verordnung über Reisen von Bürgern der DDR nach dem Ausland vom 30. November 1988

[4] Kleines Politisches Wörterbuch, Dietz Verlag Berlin (Ost) 1986

[5] Programm der SED, Dietz Verlag Berlin (Ost) 1986

[6] Verfassung der DDR, Staatsverlag der DDR, Berlin (Ost) 1976

[7] v. Braunmühl, Ekkehard: Zeit für Kinder, Fischer Taschenbuch Verlag Frankfurt/Main 1978

[8] Kob, Janpeter: Soziologische Theorie der Erziehung, Urban Taschenbuch, Kohlhammerverlag 1976

[9] Ostermeyer, Helmut: Die Revolution der Vernunft, Fischer Taschenbuch Verlag

[10] Rousseau, Jean-Jaques: Emile oder Über die Erziehung, Alfred Kröner Verlag in Leipzig o. J. (ca. 1919)

[11] Gruen, Arno: Der Wahnsinn der Normalität, Kösel Verlag München 1987

[12] Monatsbrief der Aktion Sühnezeichen, der DDR, unbekannte Ausgabe

[13] Neues Deutschland, Zentralorgan der SED, Berlin (Ost), 10.12.1987, Seite 5

[14] Zur Entwicklung von gegenseitiger Zuwendung und Aufmerksamkeit der Kinder im Säuglingsalter durch das Manipulieren mit Spielzeug, Neue Erziehung im Kindergarten, Verlag Volk und Wissen Berlin (Ost) Heft 7/8 1984, Seite 169

[15] Dittmann, Sieghart, Waltraud Thilo: Vademekum für Impfärzte, Jena 1980

[16] Die Kinder zur Liebe zum sozialistischen Vaterland und zum Frieden erziehen, Neue Erziehung im Kindergarten, Heft 4 1985, Seite 77

[17] Die Menschen in der Sowjetunion sind unsere Freunde, Neue Erziehung im Kindergarten, Heft 4 1985, Seite 69

[18] Wie Vorschulkinder an der Vielfalt unseres sozialistischen Lebens teilnehmen, Neue Erziehung im Kindergarten, Heft 4 1984, Seite 80

[19] Vorschulgemäße pädagogische Arbeit – richtig verstanden?, Neue Erziehung im Kindergarten, Heft 4 1983, Seite 83

[20] Die Erziehung der Kinder eng mit dem sozialistischen Leben verbinden, Neue Erziehung im Kindergarten, Heft 12 1985, Seite 255

[21] Die Eltern, die besten Verbündeten bei der Erziehung und Bildung der jüngsten Staatsbürger, Neue Erziehung im Kindergarten, Heft 7/8 1984, Seite 149

[22] In der pädagogischen Arbeit das Beste leisten, Neue Erziehung im Kindergarten, Heft 7/8, Seite 137

[23] Unser Bestes für das Wohl und Glück der Kinder – unter welchen Bedingungen fühlen sich Dreijährige im Kindergarten wohl?, Neue Erziehung im Kindergarten, Heft 4 1983, Seite 70

[24] Karl Marx und Friedrich Engels über Erziehung, Bildung und Bildungspolitik, Neue Erziehung im Kindergarten, Heft 4, Seite 65

[25] Ökumenische Versammlung für Gerechtigkeit, Frieden und Bewahrung der Schöpfung, l. Vollversammlung Dresden 1988: Zeugnis der Betroffenheit im Wortlaut – Frauen für den Frieden

[26] Fröhlichsein und Singen, Heft 4 1986, Seite 21, Verlag Junge Welt Berlin (Ost)

[27] Die ABC-Zeitung, Heft II 1984, Seite 18, Verlag Junge Welt Berlin (Ost)

[28] Neues Deutschland, Zentralorgan der SED, Berlin (Ost) 16.6.1983, Seite 5

[29] Schöpfer einer menschenwürdigen Gesellschaft, Neue Erziehung im Kindergarten, Verlag Volk und Wissen Berlin (Ost), Heft 10 1984, Seite 204

[30] Luxemburg, Rosa: Gesammelte Werke, Band 4 Seite 359, Dietz Verlag Berlin (Ost)

[31] Gesetzblatt der DDR Teil l Nr. 27 (1980) Seite 273: Anordnung über Fluggerät

[32] DDR-Abreißkalender 1988, Rückseite vom 18. Februar

[33] Honecker, Erich: Wir sind für den Frieden auf der Erde und im Kosmos, Interview für „Die Zeit", Dietz Verlag Berlin (Ost) 1986

[34] Umweltblätter des Friedens- und Umweltkreises der Zionskirchgemeinde Berlin, Nr. 12/1988, Griebenowstr. 16, Berlin 1058

[35] Gesetzblatt der DDR Teil l Nr. 26 Seite 461 vom 19.6.1975: Eingabenverordnung

[36] Hans-Jochen T.: Teilnahme statt Ausgrenzung – Weg zu einer solidarischen Lebens- und Weltgestaltung, Arbeitskreisinformation der evangelischen Samariter-Kirchgemeinde, Samariterstr. 27, Berlin 1035, 3.8.1988

[37] Streiflichter, Publikation der Umweltgruppe Leipzig, 22.12.1988

[38] Umweltbrief 11-12/1987 der christlichen Umweltgruppe Rötha

[39] Gesetzblatt der DDR Teil II Nr. 37 1971: Absolventenverordnung

[40] Elektronisches Jahrbuch für den Funkamateur 1989, Militärverlag der DDR, Berlin (Ost), 1988

[41] Schliwa, Harald: Individuelle Freiheit in Geschichte und Gegenwart, Dietz Verlag Berlin (Ost), 1988

[42] Die Union, Tageszeitung der CDU, Dresden und Karl-Marx-Stadt, 10./11.12.1988

[43] Deutsches Sportecho, Ausgabe A, 12.12.1988

[44] Neues Deutschland, Zentralorgan der SED, Berlin (Ost), 10.12.1987

[45] Internationale Konvention über zivile und politische Rechte, 19.12.1966, in: Gesetzblatt der DDR Teil II 1974 Nr. 6 Seite 58ff.

[46] Internationale Konvention über wirtschaftliche, soziale und kulturelle Rechte, dito

[47] Haedrich, Martina: Die Einheit der Menschenrechte – ein zentrales Thema der Vereinten Nationen, Neue Justiz, Berlin (Ost), Heft l 1987

[48] Gesetzblatt der DDR Teil II Nr. 6 Seite 57ff. vom 26.2.1974: Bekanntmachung über die Ratifikation der Internationalen Konvention über zivile und politische Rechte vom 14. Januar 1974

[49] Kleines Wörterbuch der Marxistisch-Leninistischen Philosophie, Dietz Verlag Berlin (Ost), 1979

[50] Die Union, Tageszeitung der CDU, Dresden und Karl-Marx-Stadt, 14./15.5.1988

[51] Theologisches Lexikon, Union Verlag Berlin (Ost), 1981

[52] Neues Deutschland, Zentralorgan der SED, Berlin (Ost) 16.10.1987, Seite 5

[53] Die Union, Tageszeitung der CDU, Dresden und Karl-Marx-Stadt, 29./30.10.1988, Seite 1

[54] Interview der Woche vom Deutschlandfunk, ca. April 1988

[55] Die Kirche, evangelische Wochenzeitung, Berliner Ausgabe, 13.5.1989

[56] Interview des Deutschen Fernsehens, ca. März 1988

[57] Wir Ahnungslosen, Informationsblatt des Dresdener Umweltkreises, 9-12 1988

[58] Die Union, Tageszeitung der CDU, Dresden und Karl-Marx-Stadt, 13/14.2.1988

[59] Umweltblätter der Zionskirchgemeinde Berlin (Ost), 1988

[60] Gesetzblatt der DDR Teil II Nr. 92 Seite 681 vom 3.8.1967: Durchführungsverordnung zum Gesetz über die Staatsbürgerschaft der DDR

[61] Gesetzblatt der DDR Teil l Nr.2 Seite 3 vom 20.2.1967: Gesetz über die Staatsbürgerschaft der DDR (Staatsbürgerschaftsgesetz)

[62] Allgemeine Erklärung der Menschenrechte, Generalversammlung der Vereinten Nationen, 10.12.1948

Abkürzungsverzeichnis

AWG	Arbeiter-Wohngenossenschaft
BGL	Betriebsgewerkschaftsleitung
CDU	Christlich Demokratische Union
COCOM	Coordinating Committee on Multilateral Export Controls
DSF	Deutsch-Sowjetische Freundschaft
EOS	Erweiterte Oberschule
FDGB	Freier Deutscher Gewerkschaftsbund
FDJ	Freie Deutsche Jugend
FZR	Freiwillige Zusatzrentenversicherung
GST	Gesellschaft für Sport und Technik
KSZE	Konferenz über Sicherheit und Zusammenarbeit in Europa
LVO	Landesverteidigungsobjekt (Annahme)
MAK	Maximale Arbeitsplatzkonzentration
ML	Marxismus-Leninismus
NSW	Nichtsozialistisches Wirtschaftsgebiet
NVA	Nationale Volksarmee
PGH	Produktionsgenossenschaft des Handwerks
RF	Republikflucht
ROA	Reserveoffiziersanwärter
SBWL	Sozialistische Betriebswirtschaftslehre
SED	Sozialistische Einheitspartei Deutschland
SKET	Schwermaschinenbau-Kombinat Ernst Thälmann
VEB	Volkseigener Betrieb
VP	Volkspolizei
ZK	Zentralkomitee
ZV	Zivilverteidigung

Personenverzeichnis

FV B200607

aethun@t-online.de